KB142309

전쟁의 종식과 신라 불교계의 변화

전쟁의 종식과
신라 불교계의 변화

박 광 연 지음

혜안

세상에서 가장 쓰기 어려운 글이 책 머리글인 것 같다. 쓰고 지우기를 며칠 째. 오늘은 기필코 넘겨야 한다는 마음으로 다시 책상 앞에 앉았다. 이 책이 어떤 사유의 과정 속에 나왔는지는 이미 서장에 썼고, 이 책을 통해 앞으로 어떤 논의가 진행되기를 희망하는지는 종장에 썼다. 더 이상 할 말이 없는데 이 머리글에는 무엇을 써야 하나. 편집장님께서 감사한 사람들 이름을 주욱 써보라고 하셨다. 생각나는 분들만 적었는데, A4 두 페이지가 훌쩍 넘어간다. 그리고도 빠진 분들이 없는지 걱정이다. 이건 아니다 싶어 새 문서를 열었다.

경주 살이 오년 째. 이제는 신라의 사찰 이름과 함께 그 위치가 떠오른다. 아직 많이 다녀보진 못했지만, 경주 거리를 걸으며 머릿속 으로 옛 신라인들의 길을 그려보는 것도 흥미진진하다. 이 '공간'에서 신라시대라는 '시간'을 살아간 '인간'들의 '삶'이 궁금했고 그려보고 싶었다. 늘 불교의 역사가 아니라 역사 속의 불교를 공부하고 있다고 말해왔지만, 내가 쓰는 글에는 공간에 대한 이해도, 삶에 대한 모색도 없었다. 이 책은 지금까지 썼던 글들에 대한 반성이며, 앞으로 써보고 싶은 글들에 대한 도전이기도 하다. 그렇다고 거창하게 삶을 그려내 지도 못했다.

5

올해 3월 지도교수이신 김영미 선생님께서 경주에 오셨다. '선생님 어떻게 써야 할지 모르겠어요', '선생님 말이 되는지 한 번만 읽어봐 주세요' 찡찡대는 제자에게 선생님께서는 늘 '밥먹으러 와'라고 하시며 맛있는 밥을 해주셨다. 세상엔 공부 말고도 재미있는 것이 많다며 내치셨던 선생님께서 박사과정 입학을 허락하신 2002년 2월 이후, 늘 이렇게 따뜻하셨다. 입학 후 얼마 지나지 않아 청파에서 정병삼 선생님을 뵈었다. 최고의 명주(名酒)와 최고의 답사로 선생님과 청파 가족들과 함께 해온 시간들이 이 책에 묻어 있다. 이 글에 인용한 모든 선학들, 인용하지는 않았지만 읽었던 모든 글을 쓰신 분들께 감사하다. 선학들이 쌓아올린 토대가 없었다면 벽돌 한 장 올리는 것도 불가능하다는 것을 알고 있다.

가르쳐주시고 도와주신 모든 분들께 감사의 말씀을 전합니다. 늘 마음속으로 존경하는 혜안의 오일주 사장님, 김태규 실장님, 김현숙 편집장님. 보잘 것 없는 원고를 받아주시고 멋진 책으로 만들어주셔서 진심으로 감사드립니다. 늘 사랑으로 지지해주시는 아빠, 엄마, 그리고 가족들에게도 감사의 마음을 전합니다.

2023년 10월
경주에서 박광연

차 례

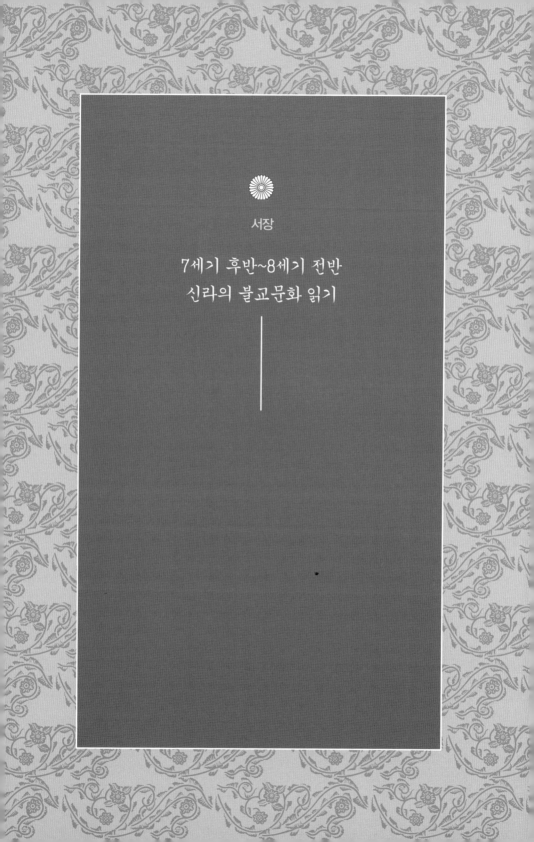

서장

7세기 후반~8세기 전반
신라의 불교문화 읽기

1. 전쟁, 전쟁의 종식과 불교계의 역할

병사들이 굶주리고 추위에 떨어 손발이 얼고 상했으며 길에서 죽은
자가 이루 헤아릴 수 없습니다. (중략) 작은 신라에서 두 곳으로 나누어
공급하느라 사람들의 피로함이 극에 달하였고 소와 말은 죽은 것이
대부분입니다. 농사는 때를 놓쳐 곡식이 익지 않았고, 비축한 창고의
곡식은 실어 나르느라 다 소진하였습니다. 신라 백성들은 풀뿌리도
오히려 부족합니다.[1]

웅진 지역의 백제 부흥운동을 진압하며 한편으로는 고구려를 공격
하던 당에 협조해야 했던 662년, 당시 신라의 병사들과 백성들이
겪었던 고통을 묘사하고 있다. 671년(문무왕11) 7월 26일 문무왕이
당의 장수 설인귀에게 보내는 답서에서 신라가 당을 배반한 것이
아니며 그동안 얼마나 충성을 바쳐 왔는가를 말하는 부분이므로,
과장이 있을 수는 있지만 사실에 기반하고 있다. 신라인들은 전쟁에
동원되어 죽음의 공포에 시달리는 한편 군량미를 보급하느라 굶주림
속에 살아야 했다.[2]

진평왕 때 자신의 아버지가 연로하였지만 정곡(正谷)에 외적을 방어
하러 가야 하는 당번이 되었다. 설씨녀는 아버지가 노쇠하고 병이

---

1) 『삼국사기』 권7, 「신라본기」 7, 문무왕 11년(661) 7월.
2) 김영미, 1993, 「新羅 阿彌陀信仰과 新羅人의 現實認識」, 『국사학논총』 42,
   105쪽.

있어 차마 멀리 보낼 수 없었다. 또 여인의 몸으로 대신갈 수 없음이 한스러워 홀로 근심하고 걱정할 뿐이었다. (중략) 마침 나라에 변고가 있어 다른 사람에게 교대하지 못하게 하였으므로 (가실은) 6년을 머물고도 아직 돌아오지 못하였다.[3)]

나이가 많고 병이 들어도 민가(民家)의 남자들은 요충지를 지키는 번을 써야만 했다. 정해진 기한을 채우고도 돌아오지 못하는 경우도 있었다. 연모하는 설씨녀의 아버지의 역을 대신했던 가실은 몸과 뼈가 여위어 파리한 모습으로 겨우 살아 돌아왔다. 민가에 남아 있던 사람이 할 수 있는 일이라곤 걱정하며 기다리는 것뿐이었다. 544년(진흥왕5) 진흥왕이 대당(大幢)을 설치한 이후 군역을 의무화하였다. 설씨녀 이야기를 통해 진평왕 때는 노인도 군역 부담을 져야 했고, 군역 기간은 적어도 1회 3년이었음을 알 수 있다. 군역은 도성의 모든 신분에게 부과되었다.[4)]

설씨녀의 이야기는 진평왕(재위 579~632)이 다스리던 시기를 배경으로 하고 있다. 당시 백제의 무왕(재위 600~641)은 지속적으로 신라를 공격하였다. 신라는 진흥왕(재위 540~576)의 과격한 영토 확장 이후 676년(문무왕16) 당 군대가 백제 지역에서 완전히 철수할 때까지 110년간 전쟁을 멈추지 않았다.[5)] 특히나 642년(선덕왕11) 8월 백제에게 대야성을 함락당한 이후 신라는 고구려에 군대를 청하였고 고구려

---

3) 『삼국사기』 권48, 「열전」 8, 薛氏女.
4) 김영하, 1999, 「신라의 백제통합전쟁과 체제변화 : 7세기 동아시아의 국제전과 사회변동의 일환」, 『한국고대사연구』 16, 131쪽.
5) 서영교, 2006, 『나당전쟁사 연구』, 아세아문화사, 5쪽.

와 신라가 당항성을 협공하였다. 이때부터, 더 본격적으로는 660년 (무열왕7) 나당연합군이 백제 사비성을 함락시킨 때부터는 전쟁의 스케일이 커졌다. 한반도를 배경으로 신라, 고구려, 백제, 당, 왜 그리고 돌궐, 회흘, 말갈 출신의 기병들도 참여한 국제전이 펼쳐지면서 타 지역에서 온 군인들에 의해, 원정 나갔다 돌아온 신라군에 의해 신라에는 전염병이 돌기도 하였다.[6]

기록의 조각조각을 찾아 겨우 그려본 7세기 한반도 전쟁의 실상이다. 675년(문무왕15) 9월 매소성 전투에서의 승리, 676년(문무왕16) 11월 기벌포 전투 이후 전쟁이 종식되었다는 것은 전쟁, 이와 함께 하던 굶주림과 전염병, 이로 인한 고통과 죽음, 죽음보다 더 무서운 죽음의 공포에서 벗어날 수 있었다는 것을 의미한다. 그런데 신라인들이 쉽게 전쟁의 트라우마에서 벗어날 수 있었을까.

진흥왕은 568년(진흥왕29) 황초령·마운령 정복을 끝낸 뒤 전쟁을 일단락했던 것 같다. 그로부터 4년이 지난 572년(진흥왕33) 1월 진흥왕은 연호를 홍제(鴻濟)로 바꾸면서 오랜 전쟁에 지친 백성들을 위로하고자 하는 마음을 표방하였고,[7] 이해 겨울 10월에 진흥왕은 외사(外寺)에서 7일 간 팔관연회(八關筵會)를 개설하였다.[8] 『삼국사기』는 팔관연회의 개설 목적을 '전사한 사졸을 위해'라고 적시하고 있다. 생로

---

6) 이현숙, 2003, 「7세기 신라 통일전쟁과 전염병」, 『역사와 현실』 47, 119~129쪽.

7) 홍제는 널리 구제한다는 의미의 불교 용어로, 홍제로 연호를 바꾼 뒤 황룡사 장육상 조성 등 불교 관련 기사가 증가한다(최병헌, 2019, 「신라 진흥왕대의 국가발전과 정치사상─진흥왕순수비·황룡사장육존상 조성의 역사적 의의」, 『신라문화』 54, 107~115쪽.

8) 『삼국사기』 권4, 「신라본기」 4, 진흥왕 33년(572).

병사의 고통에서 벗어날 수 있는 방법을 고민하며 출가했던 석가모니는 죽음을 응시하며 살아가라는 가르침을 남겼다. 윤회하는 인간은 자신이 쌓은 업(業)에 의해 죽은 후 생천(生天)할 수 있고, 내세(來世)의 삶이 있을 수 있다고 하였다.[9] 지배자나 영웅만 죽으면 하늘로 올라가거나 신이 된다고 믿었던 신라인들에게 팔관연회에서는 전쟁에서 죽은 이들 모두 산 자의 추선(追善)에 의해 천상에 태어날 수 있다고 말해주었을 것이다.[10]

> 나지 말지어다. 죽는 것이 괴롭도다.
> 죽지 말지어다. 사는 것이 괴롭도다.[11]

원효(617~686)가 사복(蛇福) 어머니의 시신을 마주하고 한 기도말이다. 원효는 태어나면서부터 그의 나이 60세가 될 때까지 전쟁 속에 살아갔다. 신라가 당과 함께 고구려를 공격하던 661년에 김유신이 소정방이 보내온 난새와 송아지 그림을 이해하지 못해 원효에게 물으니 군대를 돌리라는 의미라며 해석해주었다는 일화에서 볼 수 있듯이,[12] 불법의 연구와 교화에 몰두하던 출가자들도 전쟁에서 자유로울 수 없었다.

670년(문무왕10) 김흠순·김인문이 비밀리에 당의 출병 준비 소식

---

9) 김영미, 1999, 「불교의 죽음관」, 『전주사학』 7, 92~97쪽.
10) 김영미, 2000, 「불교의 수용과 신라인의 죽음관의 변화」, 『한국고대사연구』 20, 159~167쪽.
11) 『삼국유사』 권4, 「의해」 5, 사복불언.
12) 『삼국유사』 권1, 「기이」 1, 태종춘추공.

을 알리게 해 급히 귀국한 의상(義相, 625~702),[13] 671년 당 총관 설인귀의 편지를 문무왕에게 전달한 임윤(琳潤),[14] 당의 출병 소식을 접한 뒤 방어책을 자문했더니 낭산에 사천왕사를 세우자고 자문한 명랑(明朗)[15] 등 여러 출가자들이 도움을 보탰다. 임윤법사를『삼국사기』에서는 '왕이 거느린 승[王所部僧]' '사인(使人)'이라 표현하고 있다. 669년(문무왕9) 정관대서성에 임명된 신혜(信惠)법사나 674년(문무왕14) 대서성에 임명된 의안(義安, 명랑의 형)법사 외에도 왕이 거느린 승려가 별도로 있었고, 그들이 여전히 사신 역할을 하였음을 알 수 있다.

이처럼 국왕이나 고위관료 등 지배층과 교류하며 출가자로서의 역할을 수행하고 이름을 남긴 이들도 있었지만, 그렇지 않은 이들이 훨씬 많았을 것이다. 7세기 들어 늘어난 사찰 수만큼이나 출가자 수가 증가하였다. 전쟁의 종식 후 출가자들은 어떠한 사회적 역할을 수행하였으며, 신라 불교계를 어떻게 변화시켜갔을까.

문무왕이 통치하던 시기는 신라사의 시기 구분에 따르면 중대(中代)에 해당한다.[16] 중대는 국제 관계의 변화를 기준으로 세 시기로 구분할 수 있는데, 제1기는 무열왕(재위 654~661) 즉위부터 나당전쟁이 종식되는 676년(문무왕16)까지로 전쟁이 진행되던 시기이고, 제2

---

13) 『삼국유사』 권4, 「의해」 5, 의상전교.
14) 『삼국사기』 권7, 「신라본기」 7, 문무왕 11년 7월.
15) 『삼국유사』 권2, 「기이」 2, 문호왕법민.
16) 『삼국사기』에서 국왕을 기준으로 신라 역사를 상대, 중대, 하대로 구분하였다. 상대는 박혁거세~진덕왕(재위 647~654), 중대는 무열왕(재위 654~661)~혜공왕(재위 765~780), 하대는 선덕왕(재위 780~785)~경순왕(재위 927~935)이다.

기는 676년부터 성덕왕(재위 702~737) 때까지로 전쟁의 종식 후 당·
일본과의 외교를 재개하며 교류를 확대하던 시기이고, 제3기는 효성
왕(재위 737~742) 때부터 혜공왕(재위 765~780) 때까지로 일본과의
외교적 마찰 속에 당과의 친밀도가 높아지던 시기이다. 이 책에서
다루려는 시기는 중대의 제2기, 즉 문무왕 재위 후반기(7세기 후반)부
터 성덕왕 재위기(8세기 전반)까지이다.

2. 이 시기 불교문화를 해석하는 틀과 문제 제기

신라 중대 불교계의 변화와 불교문화를 설명하는 많은 연구들이
있다. 선학들이 가장 주목했던 부분은 신라인들의 유식학, 화엄학
등 불교교학을 이해하는 수준이 높아졌다는 것과 아미타신앙, 미륵신
앙, 지장신앙 등 다양한 불교 존격에 대한 신앙이 확산되었다는 점이
었다.[17] 그리고 불교대중화라는 과제를 실천하고자 하였고,[18] 중대
말에 칠처가람설 등 불국토 인식이 성립되었다고 하였다.[19] 국가와
불교계의 관계 변화에도 주목하였는데, 중대의 조정에서는 중고 시기

---

17) 최병헌, 1984, 「신라 불교사상의 전개」, 『역사도시 경주』 ; 김복순, 2005,
「신라 중대의 불교」, 『신라문화』 25 ; 정병삼, 2005, 「8세기 신라의 불교사상
과 문화」, 『신라문화』 25 등이 있다.
18) 김영미, 1994, 「신라통일기 불교계의 동향과 추이」, 『역사와 현실』 14 참조.
19) 신동하, 2000, 「신라 불국토사상의 전개 양상과 역사적 의의」, 서울대 박사학
위논문 참조.

(법흥왕~진덕왕)의 통치 이념이었던 불교를 대신하여 유교를 중시하여 국정 운영에서 불교에 대한 의존이 상대적으로 낮아졌고, 전시 상황과 맞물리면서 국가가 교단을 예속하여 교단의 발전을 최대한 억제하려 하였다고 보았다.[20]

7세기 후반~8세기 전반 불교계의 여러 변화 가운데 주목되는 것은 교학 연구에 뛰어든 학승이 증가하였고 이들에 의해 찬술된 불교문헌이 많다는 사실이다. 원효(元曉, 617~686) 210부, 경흥(憬興, 7세기 중반~8세기 초) 77부를 비롯하여 수많은 신라 찬술문헌들이 어떤 환경에서 등장할 수 있었을까. 원광의 귀국 이후 당으로 유학간 승들이 증가하고 국가 간의 교류가 활발해지면서 7세기 중반 신라에서는 당의 장안에서 쏟아지던 새로운 한역 경론을 빠르게 접할 수 있게 된 영향도 적지 않을 것이다. 그렇지만 전쟁이 지속되었고 선행 연구에 의하면 국가가 불교계의 활동을 억제하는 상황 속에서, 어떻게 신라인들의 독자적인 해석을 담은 불교문헌들이 다수 찬술될 수 있었을까.

당의 역경(譯經) 과정을 보면, 수당 교체의 혼란 속에 한동안 황제의 역경 사업에 대한 후원이 주춤하였다가 정관 연간(627~649)에 다시 시작되었고, 특히 현장(玄奘, 602~664)의 귀국 이후 태종이 대폭적으로 지원하였다.[21] 정관 연간에도 황제의 권력 하에 불교계가 예속되어 있었지만, 626년의 사태(沙汰)[22] 이후 9세기 중엽까지 대규모의

---

20) 남동신, 2001, 「삼국통일과 사상계의 동향」, 『한국고대사연구』 23, 176~177쪽.
21) 현장은 총 76부部 1347권을 한역하였다.
22) 사태란 원래 쌀 속에 섞인 모래 등의 이물질을 골라내는 것으로 선과 악을 간별한다는 의미를 지닌 용어이다. 626년 5월에 당 태종은 불교·도교 사태 조서를 내려, 비구, 비구니, 도사, 여관 중 부지런히 수행하고 계율을 지키는 자들은 大寺, 大觀에 거주하게 하지만 그렇지 못한 이들은 고향으로 돌려보

사태는 없었다. 그러므로 당에서는 국가의 예속 하에 역경이라는 문화가 발전하였다고 말할 수 있다. 역경 사업의 번성을 단순히 신앙심의 발로라고 설명할 수 없을 것이다. 국가와 불교계의 관계가 불교문화에 미친 영향을 단선적으로 말할 수는 없다.

신라의 불교계를 '고대국가'라는 정치체의 구조 속에서 설명하기 위해 승관제(僧官制)에 주목하는 이들이 많았다.[23] 『삼국유사』에서는 550년(진흥왕11)에 진흥왕이 안장(安藏)법사를 대서성(大書省)으로 삼았다고 한다. 『삼국사기』에서는 551년(진흥왕12)에는 죽령 바깥 고현(高峴)의 10군(郡)을 공격하였을 때 혜량이 거칠부를 따라 신라로 왔고 그를 승통으로 삼았다고 한다. 이처럼 사료 곳곳에 등장하는 승통, 대서성 같은 출가자가 받은 관호들을 『삼국사기』에서는 권40, 잡지(雜志) 하, 직관(職官) 9, 무관(武官)에 정리하였다.[24] 이 기록에

내게 하였으며, 도읍에는 사찰 3곳, 도관 2곳만 남기고, 諸州에는 1곳만 남기고 나머지는 모두 없애게 하였다.

23) 승관제에 대한 대표적인 논문들은 다음과 같다. 이홍직, 1959, 「신라 승관제와 불교정책의 제문제」, 『백성욱박사송수기념불교학논문집』; 1971, 『한국고대사의 연구』, 신구문화사 재수록; 이수훈, 1990, 「신라 승관제의 성립과 기능」, 『역사와 세계』 14; 채상식, 1993, 「신라 승관제 이해를 위한 시론」, 『한국문화연구』 6; 정병삼, 1995, 「통일신라 금석문을 통해 본 승관제도」, 『국사관논총』 62; 강봉룡, 1997, 「신라의 승관제와 지방지배」, 『전남사학』 11; 남동신, 2000, 「신라의 승정기구와 승정제도」, 『한국고대사논총』 9.

24) 『삼국사기』 권40, 「잡지」 하, 직관 9, 武官, "政官[어떤 곳에서는 政法典이라 한다.] 처음에 大舍 1인, 史 2인은 관리[同]로 삼았다. 원성왕 원년에 이르러 처음으로 僧官을 두고, 승 가운데 재행이 있는 자로 채웠다. 일이 있으면 교체하였고, 정해진 연한은 없었다. 국통 1인[어떤 곳에서는 寺主라고 함], 진흥왕 12년에 고구려 혜량법사를 사주로 삼았다. 도유나랑 1인, 阿尼. 대도유나 1인, 진흥왕이 처음에 보량법사를 임명하였다. 진덕왕 원년에 1인을 더하였다. 대서성 1인, 진흥왕이 안장법사를 임명하였다. 진덕왕 원년에 1인을 더하였다. 소년서성 2인, 원성왕 3년에 혜영법사, 범여법사를 임명하

18

기반한 승관제 이해를 신라 사회에서 불교의 성격을 설명하는 첫걸음으로 삼아왔다.

그런데 승관제 연구의 대부분이 중고기와 하대를 중심으로 설명하고 있고, 중대는 성전사원(成典寺院)만 별도로 다루고 있는 실정이다.[25] 정관(政官)에 실무 관원인 1명의 대사(大舍)와 2명의 사(史)를 두고 669년(문무왕9)에 신혜법사를 정관대서성으로 삼고, 674년(문무왕14)에 의안법사를 대서성으로 삼은 것이 원성왕 즉위 이전의 마지막 정관 임명 기사이다.[26] 문무왕 이후 중대에는 왜 정관의 임명이 없는지, 원성왕 때 처음 승관을 두었다[초치승관(初置僧官)]는 것이 어떤 의미인지 아직까지 해명되지 않은 문제들이 많이 남아 있다.

중대의 승관제를 만족스럽게 설명하지 못하는 이유에 대해서는 이미 알고 있다. 지금으로부터 30년 전 1994년 9월 2일 '신라통일기 사회를 어떻게 볼 것인가'라는 주제의 학술대회가 있었다. 이 학술대회에서 신라통일기 불교사상의 성격과 그것이 사회 변화에 미친 영향에 대한 발표[27]와 활발한 토론[28]이 이루어졌다. 이 학술토론을 기록

였다. 주통 9인, 군통 18인."

25) 성전사원에 대한 대표적인 논문들은 다음과 같다. 이영호, 1983, 「신라중대 왕실사원의 관사적 기능」, 『한국사연구』 43 ; 채상식, 1984, 「신라통일기의 성전사원의 구조와 기능」, 『역사와 경계』 8 ; 이영호, 1993, 「신라 성전사원의 성립」, 『신라문화제학술발표논문집』 14 ; 박남수, 1994, 「통일신라 사원 성전과 佛事의 조영체계」, 『동국사학』 28 ; 윤선태, 2002, 「신라 중대의 성전 사원과 국가의례」, 『신라문화제학술발표논문집』 23.

26) 정관에 실무 관원인 대사와 사를 처음 둔 시기에 대해 (1) 550년(진흥왕11)으로 보는 견해 (2) 7세기 중엽으로 보는 견해 (3) 651년(진덕왕5)으로 보는 견해가 있다(이수훈, 1990, 앞의 논문, 4~7쪽). 문무왕대 대서성 임명 기사는 『삼국사기』에 있다. 『삼국사기』 권6, 「신라본기」 6, 문무왕 9년 춘정월 ; 『삼국사기』 권7, 「신라본기」 7, 문무왕 14년 9월.

한 글에는 신라통일기 불교계에 대한 연구에서 고민해야 할 점들, 그리고 해결하지 못한 문제들이 적시되어 있다. 이 가운데 눈길을 끄는 문장은 '국가의 불교교단의 지원과 통제를 살펴볼 수 있는 승관제 관련 자료가 중고기와 하대에만 집중되어 있고 중대는 성전사원을 제외하고는 거의 공백지대에 가깝다'는 것이다. 이 문장은 지금까지 연구자들이 중고기의 승관제 및 교단 성립, 그리고 중대의 성전사원(成典寺院) 같은 주제로 신라 정치사회 속에서 불교계의 위상이나 역할을 설명해왔지만 불교를 공인한 법흥왕 때부터 신라 멸망까지 약 400년의 시간 동안의 변화 양상을 일목요연하게 설명하지 못했던 이유가 바로 중대 시기 자료의 공백 때문이었음을 상기시켜 준다.

　자료의 공백을 연구자들은 '종파(宗派)'로 메꾸어왔다. '종파'라는 용어를 끌어오는 데 거리낌이 별로 없었다. 왜냐하면 한국에서 불교사(佛敎史)를 처음 서술할 때부터 종파의 존재는 당연시되었기 때문이었다.[29] 무열왕 때부터 신라에 오교(五敎) 즉 열반종, 법성종, 계율종, 화엄종, 법상종이 건립되었다고 한 논문이 발표된 것이 1937년인데,[30] 이에 대한 비판은 1960년대 가서야 제기되었다.[31] 비판의 근거는 신라 때 독립된 종파로 개종을 선언하였다는 문증을 찾기 어렵다는

---

27) 김영미, 1994, 앞의 논문, 12~32쪽.

28) 남동신 외, 1994, 「토론 : 신라통일기의 사회성격」, 『역사와 현실』 14, 85~121쪽.

29) 權相老, 1917, 『朝鮮佛敎略史』, 新文館, 257~284쪽 ; 李能和, 1918, 『朝鮮佛敎通史』中篇, 新文館, 60~85쪽.

30) 김영수, 1937, 「五敎兩宗에 對하여」, 『진단학보』 8, 178~280쪽.

31) 조명기, 1962, 『신라 불교의 이념과 역사』, 신태양사, 38쪽 ; 우정상·김영태, 1969, 『한국불교사』, 신흥인쇄공사, 94쪽 ; 안계현, 1970, 『한국문화사대계 4 : 풍속·예술사』, 고려대민족문화연구소, 266쪽.

것이었다.32) 그러나 종파로 신라의 불교계를 설명하는 논의들에 대한 비판들이 '통불교론 비판'으로 묻혀 버렸다. 신라 중대에 신인종·법상종·화엄종 같은 종파가 있었다고 하면서 구체적인 유물과 신앙들을 종파별로 구분하여 설명하는 경향이 심화되어 갔다.33) 고대국가 체제의 정비 속에 승관제가 출현하고, 승관제의 전개 하에 교단이 형성되면서 7세기 말~8세기 초에 불교 대중화를 기반으로 한 종파 불교가 성립되었다는 해석의 틀이 마련되었다.34)

이러한 한국학계의 연구 전개는 중국학계와 비교하면 차이가 난다. 중국학계에서도 한국과 마찬가지로 일찍부터 탕용퉁(湯用彤, 1893~1964) 등이 '종파' 중심으로 수당 불교사를 논하였지만, 거자오광(葛兆光, 1950~)은 '종파'의 틀을 버리고 중국사상사를 서술하였으며, 최근 장원량(張文良), 왕송(王頌) 등의 학자들이 당대(唐代)에 '종파'가 성립되지 않았음을 주장하고 있다.35)

---

32) 안계현, 1980, 「삼국유사와 불교종파」, 『신라문화제학술발표논문집1 − 삼국유사의 신연구』, 121~131쪽 ; 1990, 『한국불교사상사연구』, 동국대출판부, 94~95쪽에 재수록.

33) 문명대, 1974, 「신라 법상종(유가종)의 성립문제와 그 미술(하)」, 『역사학보』 63 ; 1976, 「신라 신인종의 연구−신라 밀교와 통일신라사회」, 『진단학보』 41.

34) 채상식, 1993, 「신라 승관제 이해를 위한 시론」, 『한국문화연구』 6, 39~43쪽 ; 2003, 「한국 중세 불교의 이해 방향과 인식틀」, 『민족문화논총』 27, 12~15쪽.

35) 금강대학교 불교문화연구소, 2016, 『동아시아 종파불교 역사적 현상과 개념적 이해』, 민족사 참조. 이 책은 2015년 2월 9일(월)~10일(화)에 "동아시아불교에서 종파의 형성과 전개"라는 주제로 진행된 제1회 금강대학교 동아시아 불교 집중워크숍의 결과물이다. 이 워크숍에서는 이자랑(인도불교), 張文良(중국불교), 박광연(한국불교), 岡本一平(일본불교)의 발표가 있었다.

필자는 한국학계에서의 '종파' 논의의 역사와 신라 중대에 '종파'가 성립되었다는 논의의 허구성을 지적한 바 있는데,[36] 이 주장에 가장 많이 제기하는 질문이 '종파'의 개념이 무엇인가이다. '종파'를 어떻게 정의하느냐, '종파'의 구성 요소를 어떻게 설정하느냐에 따라 '종파'라는 용어를 사용할 수 있는 것이 아닌가 하고 질문한다. 타당성 있는 문제 제기이다. 하지만 그동안 한국학계에서 '종파'라는 용어를 "불교 공동체가 분화되었고, 분화된 개별 집단이 다른 집단과 구별되는 배타적 정체성을 지니고서 내부의 인적·공간적 네트워크를 갖춘 '조직'으로 존재하였다"는 의미를 담고서 사용해왔음을 부정할 수 없을 것이다.[37] '종파'에 대한 문제 제기는 신라 중대, 7세기 후반~8세기 전반에 배타적 정체성과 네트워크를 갖춘 조직으로서의 불교 집단이 과연 존재하였는가 하는 것이다. 이를 증명할 수 있는 자료는 보이지 않기 때문이다.

자료가 부족한 문무왕 후반부터 성덕왕대까지의 불교계를, '종파'마저 빼버리고 나면, 과연 무엇으로 설명할 수 있는가 하는 문제가 남는다. 돌파구를 찾기 위해 이 글에서는 "이 시기 불교계의 변화에 왜 관심을 기울여야 하는가" "이 시기 불교계는 어떠한 사회적 역할을 담당하였는가"라고 질문을 바꾸어보았다.

---

36) 박광연, 2016, 「한국 불교와 '종파' : 고려초 業이 '종파'인가」, 『한국중세사연구』44 ; 박광연, 2017, 「신라의 불교 교단과 '종파' – 신라 중대 종파 성립설에 대한 고찰」, 『사학연구』125.

37) 종파를 구성하는 요소에 대한 정의는 배타적 조직으로서의 종파가 형성되는 고려시대의 상황 속에서 설명이 가능할 것이다. 이에 대한 답을 찾기 위해 고려시대 종파(해동종, 신인종 등)에 대해 천착해나가는 중이다.

3. 불교문화의 신라다운 색깔을 '찾아가다'

한국, 중국, 일본은 소위 '동아시아 세계'에 포함되어 '유교문화권' '불교문화권'이라는 동질성을 가진 국가들이다. 인도로부터 실크로드와 남해를 통해 전해진 불교문화가 현재까지 살아 있는 국가들이기도 하다. 그런데 불교문화의 성격은 국가마다 특색이 있다. 예를 들어 인도를 비롯해 불교를 수용한 대부분의 국가들에서 관음보살이 대중적 인기를 얻었지만, 관음신앙의 구체적인 양상은 차이가 난다. 이러한 차이를 '문화적 지역성' 또는 '글로컬리티'라고 명명하고 있다.[38]

필자는 '글로컬리티의 한국성 : 불교학의 문화확장 담론'이라는 주제의 공동 연구에 참여하면서부터[39] 신라 문화의 글로컬리티가 무엇인가를 고민해왔다. 신라 불교문화의 글로컬리티를 잘 드러내는 주제로는 '의상계 화엄학' '진표계 점찰법과 미륵신앙' '불국토 인식' 등을 들 수 있다. 흥미롭게도 이들이 신라 문화의 특징으로 대두되는 시기는 중대 후반기인 경덕왕대(재위 742~765)이다.

의상(625~702)이 신라에서 활동한 것은 문무왕~신문왕 시기이지만 신라에서 화엄학이 불교계의 주류로 자리잡게 된 데는 의상의

---

38) 박치완, 2019, 『호모 글로칼리쿠스−왜 세계화, 세계 지역화가 아닌 지역 세계화인가?』, 한국외대 지식출판콘텐츠원, 27~30쪽. 박치완은 지리적 근접성에 따르는 유사성뿐만 아니라 각 문화의 고유성과 특수성, 공동체 구성원들의 집단 무의식에서 발현된 '문화 코드'에 대한 이해가 필요하다고 주장한다. 이는 고대 사회에도 적용 가능하다.

39) 한국연구재단 인문한국(HK)지원사업(연구책임자 : 김종욱, 동국대학교 불교문화연구원 주관) 필자는 2011년부터 2018년까지 참여하였다.

손제자인 표훈과 신림의 영향이 크고 그들의 활동 시기는 8세기 중엽이다.[40] 점찰법 또한 마찬가지로, 그 처음 수용은 진평왕대 원광에 의해 이루어졌지만 신라의 문화로 자리잡아 고려시대까지 이어지게 된 데는 경덕왕대에 활동한 진표의 영향이 크다.[41] 칠처가람설 등 불국토 인식이 중대 말에 성립되었다는 것은 이미 밝혀진 바이며,[42] 이때 불국토를 상징하는 불국사가 창건되었다. 『삼국유사』에 등장하는 충담, 월명 등의 인물이나 대중 교화 사례들이 경덕왕대를 배경으로 하고 있는 것은 우연이 아니다.[43] 8세기 중반이 불교문화의 '신라다운 색깔'이 뚜렷해진 시기라고 말할 수 있다. 때문에 신라 불교문화에 대한 연구도 이 시기에 집중되었던 것이다.

경덕왕대 이전 시기, 즉 한반도를 둘러싼 대규모 전쟁이 종식된 7세기 후반부터 성덕왕이 통치하던 8세기 전반까지는 신라다운 색깔을 '찾아가는' 시기였다. 675년(문무왕15)의 매소성 전투, 그리고 676년(문무왕16) 11월 기벌포 전투 후 당군이 철수하자, 730년대 일본과 충돌하기 전까지는, 국가 간의 무력 충돌은 일어나지 않았다. 이후

---

40) 최근 연구로 최연식, 2019, 「통일신라 시기 화엄학의 성격과 위상─의상의 화엄학은 어떻게 통일신라 불교계의 주류가 되었나」, 『역사비평』 128. 266~269쪽이 있다.

41) 점찰법에 대해서는 많은 연구들이 있는데 필자의 논문을 소개하면 다음과 같다. 박광연, 2002, 「원광(圓光)의 점찰법회(占察法會) 시행과 그 의미」, 『역사와 현실』 43, 111~140쪽 ; 박광연, 2006, 「진표(眞表)의 점찰법회(占察法會)와 밀교(密敎) 수용」, 『한국사상사학』 26, 1~32쪽.

42) 신동하, 2000, 앞의 박사학위논문 참조.

43) 『삼국유사』에는 경덕왕대를 배경으로 한 조목이 모두 16개(기이 1, 탑상 6, 의해 2, 감통 2, 피은 3, 효선 2)로, 상대적으로 많은 분량을 차지하고 있다.

24

신라는 문무왕(재위 661~681)의 진두 지휘 하에 다각도로 변모해나갔다. 문무왕은 모든 중앙 관부의 관원을 5단계로 체계화하였고, 675년 (문무왕15) 1월에는 각 관청 및 주군에 구리 인장을 만들어 내려주어[44] 행정 절차를 일원화하였다. 이를 '율령관제(律令官制)'[45] '중앙집권적 관료체제' 등으로 명명하였다. 또한 중고기부터 주변 나라의 영향을 받아 진행했던 격자형 가로구획을[46] 문무왕은 도성의 전 영역으로 확대하는 정비 사업을 진행하였다. 궁역을 월성 북쪽으로 확장하며 왕궁의 공간 구조를 재편하였고,[47] 679년(문무왕19) 2월에는 궁궐을 화려하게 다시 고쳤다.[48] '의봉사년개토(儀鳳四年皆土)' 암키와가 관부 건물지와 사찰터를 중심으로 도성 전역에서 발견되고 있는데,[49] 의봉4년이 바로 679년이다.

이때 궁궐 동쪽 낭산 아래에서는 사천왕사(四天王寺) 공사도 한창이었다. 문무왕 시기에 사찰의 창건은 많지 않다. 당의 침입을 물리치기 위해 공사를 시작한 사천왕사, 당 사신에게 사천왕사의 존재를 숨기기 위해 임시로 가설한 망덕사(望德寺), 일본의 침입을 경계하기 위해 짓기 시작한 감은사(感恩寺) 정도이다. 이 가운데 문무왕 재위 시에

---

44) 『삼국사기』 권7, 「신라본기」 7, 문무왕 15년(675).
45) 이기동, 2000, 「신라의 국제 개혁과 골품제적 권력구조의 제문제」, 『동국사학』 34, 8쪽.
46) 양정석, 2018, 『한국 고대 정전의 계보와 도성제』, 서경, 172~173쪽.
47) 여호규, 2019, 「삼국통일 전후 신라 도성의 공간구조 변화」, 『역사비평』 128, 255~256쪽.
48) 『삼국사기』 권7, 「신라본기」 7, 문무왕 19년(679) 2월.
49) 최민희, 2007, 「「의봉4년개토」 글씨기와를 통해본 신라의 삼국통일의식과 통일기년」, 『경주사학』 21 참조.

경주 사천왕사지

완공한 사찰은 사천왕사뿐이었다.[50) 불교계에서는 문무왕 주도의 도성 재생 공사에 건축 기술과 자재들을 제공하였을 것이다. 불교계는 이미 백제의 기술을 도입하여 황룡사, 영묘사 등 대형 건축물들을 지어본 경험을 축적하고 있었다. 건축에 꼭 필요한 토기, 기와 등의 제작도 사찰에서 관여하였을 가능성이 있다. 예를 들면 왕경 내부 공사에 필요한 기와를 제작한 와요지는 월성 서북권의 석장동 와요지, 금장리 와요지 등이었는데, 이 와요지들에서 제작한 기와와 석장사 (錫杖寺) 창건 기와가 동일한 것이 있다고 한다.[51) 불교계의 건축에

50) 남동신, 2001, 「삼국통일과 사상계의 동향」, 『한국고대사연구』 23, 176쪽. 남동신은 중대초에는 정치적 이유에서 사찰을 창건하였을 뿐 불교신앙, 불교보호의 성격을 띠는 사찰 창건은 억제하였다고 보았다.

관한 축적된 노하우를 공적으로 활용하기 위해 신문왕 때 설치한 관부가 바로 사원성전이었을 수도 있을 듯하다.

신라인들은 7세기 중반 30여 년에 걸쳐 국제전을 치르면서 타국과 긴밀하게 접촉하였다. 고구려와 백제의 불교문화 유산을 흡수하였고 대륙의 불교문화도 빠르게 받아들였다. 675년(문무왕15) 이후 문무왕이 죽을 때(681)까지 나당 간의 공식 교류가 일시 멈췄지만, 신문왕 즉위(681) 후 당이 사신을 보내 신문왕을 책봉하였다. 신문왕은 곧바로 답사를 보내지 않고, 686년(신문왕6) 사신을 보내 필요한 서적들과 원측의 환국을 요청하면서 교류를 재개하였다. 효소왕 때는 사신 파견 기록이 없지만 성덕왕은 달랐다. 성덕왕은 당과 일본에 효소왕의 죽음과 자신의 즉위를 곧바로 알렸고, 이후 36년간 재위하면서 기록된 것만 해도 46회의 견당사를 파견하였다.[52] 이러한 성덕왕의 적극적인 외교 정책으로 인해 대륙의 불교문화가 이전 보다 빠른 속도로, 이전 보다 많은 양이 전해졌기에 신라인들에게 '선택적 수용'이 필요하였다. 이 시기 불교계를 이끌던 이들은 신라인들에게 필요한 최선의 선택을 하기에 충분한 불교에 대한 지식과 경험을 축적하고 있었다.

그러므로 이 글에서는 불교문화의 신라다운 색깔을 '찾아가던' 7세기 후반~8세기 전반에 불교계의 지식인들이 신라 사회에서 어떠한 역할을 담당하였는가를 탐구하였다. 이를 통해 중고에서 중대로 접어든 이후 신라 불교계의 변화상을 설명하고자 하였다. 불교 공인 초창

---

51) 「석장사지 재조명」(제43회 신라학술제 자료집, 2023.10.6), 차순철·노윤성 글 참조.

52) 권덕영, 1997, 『고대 한중외교사 : 견당사연구』, 일조각, 43~45쪽.

기부터 한문을 읽고 쓸 줄 아는 출가승들은 신라 사회의 최고엘리트층이기에 왕실과 정부에서 거기에 부합하는 역할을 수행하였다. 중고기, 특히 선덕왕 때는 불교계 지식인에 대한 국왕의 의존도가 높았고 그만큼 지위를 보장해주었다. 그렇지만 전쟁 이후에 국가 정책에 따라 출가승의 정치적 위상이 약화되었다고 한다. 그럼에도 불구하고 출가자와 사찰의 수는 차츰 증가하였고, 승려들은 주요한 사회 구성원이었으므로, 이들이 수행한 역할을 파악함으로써 7세기 후반~8세기 전반 신라 불교계의 '문화적 지역성'을 설명할 수 있으리라 기대한다.

4. 신라의 선택적 수용, 『무구정광대다라니경』

신라 불교문화의 '문화적 지역성' '선택적 수용'을 대표하는 것 가운데 하나가 『무구정광대다라니경(無垢淨光大陀羅尼經)』이다. 『무구정광대다라니경』은 한국이 보유한 세계 최초의 목판인쇄물로 유명하다. 1966년 불국사 삼층석탑 보수 공사 당시에 2층 사리공의 금동사리외함 안에서 다양한 유물들이 쏟아졌다. 사리호, 사리함, 녹색병 안에 든 사리 외에도 금동사리외함 아래에 현재 '석가탑중수기' 또는 '무구정탑중수기'로 불리는 묵서지편이 있었고 비단에 쌓인 두루마리 형태의 『무구정광대다라니경』도 발견되었다.

경주 불국사 삼층석탑 사리장엄구(ⓒ 문화재청)

경주 불국사 삼층석탑 『무구정광대다라니경』(ⓒ 문화재청)

그런데 신라의 도성이 있던 경주에서 『무구정광대다라니경』의 이름이 거론된 것이 이때가 처음이 아니었다. 1942년 황복사지 삼층석탑을 중수할 때 순금불상 2구를 비롯한 사리구가 담긴 금동사리외함이 발견되었다.53) 이 사리외함 뚜껑의 명문에 '무구정광대다라니경 1권을 석탑 제2층에 안치하다[無垢淨光大陀羅尼經一卷 安置石塔第二層]'라고 적혀 있다. 황복사지 삼층석탑에 『무구정광대다라니경』을 안치한 해는 바로 706년(성덕왕5)이다.

699년(효소왕9) 신목태후가 죽고 얼마 지나지 않아 702년(성덕왕1)에 효소왕이 죽었다. 성덕왕은 형인 효소왕의 뒤를 이어 즉위하였다. 성덕왕은 즉위한 지 5년이 되던 706년(성덕왕5)에 아버지(신문왕), 어머니(신목태후), 형이 열반에 들어 깨달음을 성취할 것을 기원하며 황복사지 삼층석탑을 중수하였다. 『무구정광대다라니경』에는 다음

---

53) 경주시 구황동 103에 위치한 삼층석탑은 현재 명칭 논란이 있지만 이 글에서는 문화재청에서 정한 '(경주) 황복사지 삼층석탑'이라 부르겠다. 논란에 대한 상세한 내용은 이 책의 5장에서 소개하겠다.

과 같은 구절이 있다.

(대바라문이) 부처님께 아뢰었다. "여래께서는 모든 중생들을 구제하시는 분이십니다. 제가 지금 잘못을 뉘우치며 세존께 귀의하오니, 부디 저를 대지옥의 고통에서 구해십시오."

부처께서 말씀하셨다. "대바라문이여. 여기 가필라성에는 세 갈래 길에 옛 불탑이 있어 그곳에서 여래의 사리가 출현하였다. 그 탑이 붕괴되었으니, 너가 응당 그곳으로 가서 다시 수리하고 상륜탱을 만들고 다라니를 베껴 써서 그 속에 넣으라. 크게 공양을 일으켜 법대로 일곱 번 돌면서 신주를 염송하면 너의 목숨이 다시 늘어날 것이고, 오랜 뒤에 수명이 다하였을 때 극락계에 태어나 백천겁 동안 매우 뛰어난 즐거움을 받을 것이니라. 후에 다시 묘희세계에서 또한 백천겁 동안 전과 같은 즐거움을 받을 것이다. 후에 다시 여러 도솔천궁에서 또한 백천겁을 상속하여 즐거움을 받을 것이다. (중략) 바라문이며 만약 비구, 비구니, 우바새, 우바이, 선남, 선녀 등 가운데 단명한 이가 있거나 병이 많은 이가 있다면 반드시 옛탑을 수리하거나 작은 진흙탑을 만들어라. (하략)"54)

『무구정광대다라니경』에서 말하는 공덕은 생사(生死)와 관련된 것들이다. 수명이 늘어나고, 극락계나 묘희세계나 도솔천궁에 태어나 즐거움을 받는다고 한다. 병이 심해 죽으려던 사람이 꿈에서 깨어나듯 깨어나고, 죽은 사람이 삼악도에 떨어지지 않고 하늘에 태어나며,

---

54) 彌陀山譯, 『無垢淨光大陀羅尼經』(T19, 1024, 718a3~19).

축생과 악취를 벗어나고 오무간죄를 지었어도 모두 소멸한다고 한다. 성덕왕이 새로운 탑을 세우지 않고, 신목태후가 신문왕을 위해 세웠던 이 탑을 중수한 것은『무구정광대다라니경』에서 옛 불탑을 수리한 공덕을 먼저 말하고 있기 때문일 것이다.

성덕왕이『무구정광대다라니경』에 의거하여 불사를 일으켰다는 사실에 역사학계에서 가장 주목한 점은『무구정광대다라니경』이 당에서 한역되고 신라에 유입된 시점이다.『무구정광대다라니경』은 미타산(彌陀山) 역본으로 유통되고 있는데, 이 경의 초역은 실차난타 (實叉難陀, 652~710)의『이구정광다라니(離垢淨光陀羅尼)』였다. 미타산이 실차난타와 함께『대승입능가경(大乘入楞伽經)』을 한역한 것으로 보아 둘은 같은 역경장(譯經場)에서 활동하였던 듯하다.『무구정광대다라니경』의 한역 시기에 대해『송고승전』의 '주낙경적우전(周洛京寂友傳)'에서는 천수중(天授中, 690~692)이라고 하였지만,55)『개원석교록』과『정원신정석교목록』에서는 천후말년(天后末年)이라고 하였다.56) 천후 즉 무측천(武則天)의 재위는 705년(신룡원년)까지였지만, 무측천이 705년 정월 병으로 누워있을 때 중종의 쿠데타로 물러났으므로, 미타산이『무구정광대다라니경』을 한역한 해는 704년(장안4)으로 보고 있다. 704년에 낙양에서 한역된『무구정광대다라니경』이 706년(성덕왕5) 5월에 신라 도성에서의 왕실 불사에 활용되고 있다는 사실에, 당시 당과 신라의 교역의 빈도, 교류의 속도에 주목하였다.

『무구정광대다라니경』의 신라 수용이 필자에게 흥미로웠던 점은,

---

55)『宋高僧傳』(T50, 2061, 719c06~07).

56)『開元釋敎錄』(T55, 2154, 566c02) ;『貞元新定釋敎目錄』(T55, 2157, 867a08).

속도보다도 '선택'이었다. 실차난타 역의『이구정광다라니』나 미타산 역의『무구정광대다라니경』은 무측천의 역경장에서 한역되었지만, 한역 이후 당에서 유통된 정보를 알 길이 없다. 의정(義淨, 635~713)이 한역한 문헌이 전체 61부 239권이고, 보리유지(菩提流支, ?~727)가 한역한 것은 53부 111권이었다. 이처럼 무측천의 역경장에서 활동하였던 역경가들은 수많은 역본을 쏟아냈고,『무구정광대다라니경』은 그 가운데 1권일 뿐이었다. 실차난타의 역본이 있음에도 미타산이 다시 한역한 이유가 있었을텐데, 어쩐 일인지 미타산은 한역을 마친 뒤 궁궐로 가서 무측천에게 고향으로 돌아갈 뜻을 고한 뒤에 도화라국으로 돌아갔다.57) 당에서는『무구정광대다라니경』관련 기록이나 유물이 보이지 않다가 요대(遼代)에 들어 '무구정광사리탑(無垢淨光舍利塔)'이 등장하고 있다.58)

반면 신라에서는『무구정광대다라니경』을 납입하거나 소탑을 새긴 탑들이 적지 않다. 신라 중대의 것으로 황복사지 삼층석탑(중수, 706) 이후로 나원리 오층석탑(8세기), 불국사 삼층석탑(8세기 중반)이 있고, 하대의 것으로 법광사지 삼층석탑(중수, 846, 문성왕8), 창림사지 삼층석탑(855, 문성왕17), 동화사 비로암 삼층석탑(863, 경문왕3), 취서사 삼층석탑(867, 경문왕7), 보림사 삼층석탑(870), 황룡사 구층탑(중수, 872), 중화3년명 금동사리기(중수, 883), 백성산사 길상탑(895, 진성왕9), 선림원지 석탑(9세기), 성주사지 석탑(9세기), 공주 동원리 석탑(9세기), 동화사 금당 서탑(9세기), 봉화 서동리 동탑(9세

---

57)『開元釋敎錄』(T5, 2154, 566c03~04).
58) 沈陽市 皇姑區의 无垢淨光舍利塔이 유명하다. 1044년(重熙13) 처음 세웠고, 1640년(淸 崇德5) 중수하면서「重修无垢淨光舍利佛塔碑記」를 세웠다.

경주 나원리 오층석탑(ⓒ 민족문화대백과사전)

기 중엽) 등이 있다. 석남암사지 석조비로자나불좌상에서 발견된 납석사리호 명문에도 무구정광다라니가 등장한다.[59] 「국왕경응조무구정탑원기(國王慶膺造無垢淨塔願記)」(855, 문성왕17)에서는 탑을 무구정탑(無垢淨塔)이라 하고 있고, 「취서사석탑사리함기(鷲棲寺石塔舍利函記)」(867, 경문왕7)를 보면 탑을 건립한 뒤 무구정단(无垢淨壇)을 두었다. 이처럼 신라에서『무구정광대다라니경』이 크게 유행하였다.

『무구정광대다라니경』이 한역된 후 성덕왕에게 '선택'받기까지 어떤 과정을 겪었을까. 동일한 시기에 한역된『금광명최승왕경(金光明最勝王經)』의 경우와는, 그 전래와 수용의 과정이 달랐을 듯하다. 의정(義淨)이 703년(장안3) 10월 4일 서명사에서 한역을 마친『금광명최승왕경』을[60] 다음해(704) 3월에 견당 사신 김사양이 가져와 성덕왕에게 바쳤다는 사실이『삼국사기』에 전한다.[61]『금광명최승왕경』의 전래가『삼국사기』에 특기되어 있는 것은 당 황제(무측천)의 하사품이었기 때문일 것이다. 일찍이 진덕왕의 요청으로 당 태종이 보내주었던『유가사지론』처럼,『금광명최승왕경』도 당 황실 또는 불교계에서 중시한 문헌이었을 듯하다. 하지만『무구정광대다라니경』은, 성덕왕 즉위 이후 당과 신라의 사신 왕래가 활발했으므로 사신을 통해서 들어왔을 가능성이 높지만,[62] 새롭게 한역되었기에 가져온 많은 불교

---

59) 김영미, 1994,「신라 하대의 아미타신앙」,『신라불교사상사연구』, 민족사, 174~186쪽.

60)『開元釋敎錄』(T55, 2154, 567a19~21).

61)『삼국사기』권8,「신라본기」8, 성덕왕 3년(704).

62) 권덕영은『무구정광대다라니경』을 신라로 전래한 이가 金志誠이었을 가능성이 높다고 하였다.『무구정광대다라니경』의 번역이 완료된 다음해(705) 3월에 김지성이 견당사로 입당하였다고 한다(권덕영, 1997, 앞의 책, 283쪽).

문헌들 가운데 한 권이었을 것이다. 당에서 입수된 불교문헌들을 검토하던 누군가가 『무구정광대다라니경』을 선별하여 그 내용을 국왕과 조정의 관료들에게 설명하고 이에 의거한 불사를 추천하였을 텐데, 성덕왕은 왜 그 추천을 받아들였을까. 그리고 『무구정광대다라니경』에 의거한 불사는 왜 확산되었을까. 이 책은 그 해답을 찾아가는 과정이라 할 수 있다.

5. 밀교의례, 찬술문헌, 정불국토, 그리고 해석

먼저 1장에서는 전쟁 도중, 그리고 전쟁이 종식된 후 불교계가 수행한 역할 가운데 불교의례의 설행에 대해 다루고자 한다. 최근 물질문화에 대한 관심의 연장선에서 불교의례에 대해서도 연구가 활발한데, 신라의 불교의례를 설명할 수 있는 구체적인 자료가 많지 않다. 하지만 짐작할 수 있다. 하루에 여섯 번 시간에 맞추어 행하는 육시의례나 경전을 강독하는 강경의례를 일상적으로 행하였을 것이고, 사찰을 창건하거나 불상·탑을 만들었을 때 행하는 낙성의례, 불상이나 탑을 돌면서 행하는 요불(繞佛)·요탑(繞塔)의례, 구족계나 보살계를 받는 수계(受戒)의례 등도 있었을 것이다.[63] 기록을 통해 확인할 수 있는 신라 불교의례로는 중고기에는 팔관연회, 백고좌법회, 점찰

---

63) 이만, 2010, 「신라의 불교의례와 발달」, 『불교학보』 55, 279~283쪽.

법회가 있었고, 중대에는 명랑이 제창·설행하고 사천왕사에서 거행한 문두루법이 있었다.

이 글에서는 당군의 침입을 방어하기 위한 목적으로 670년(문무왕 10)에 시작하였던 문두루법의 설행 주체에 대해 천착하였다. 문두루법에 대해서는 1960~1970년대에 이미 밀교(密敎), 호국(護國), 신인종(神印宗)의 틀로 다양한 해석이 제기되었다. 밀교를 강조하는 입장에서는 문두루법의 사상적 배경이『관정경(灌頂經)』권7「불설관정복마봉인대신주경」에 있음을 강조하였고,[64] 호국을 강조하는 입장에서는 금광사, 사천왕사라는 사찰 이름의 논거가『금광명경(金光明經)』에 있다고 보았고,[65] 신인종을 강조하는 입장에서는 명랑이 신인종 조사이고, 사천왕사가 신인종 사찰이라는 관점에서 설명하였다.[66]

문두루법의 성격이나 절차에 대해서는 이미 상세한 연구들이 있어 더 이상의 설명이 필요없다. 필자가 궁금한 것은 문두루법이라는 밀교의례를 설행한 명랑이 과연 밀교승이었는가 하는 점이다. 인도에서의 변화에 영향을 받아 당에서는 7세기 중반 들어 신주경·다라니경의 한역이 많아지고, 무측천(재위 690~705) 시기에 행해진 십일면관음도량처럼 다라니를 염송하면서 상을 숭배하는 형태의 의례가 나타나고 있는데,[67] 신라도 이러한 영향을 받았을 가능성이 있다. 문두루

---

64) 박태화, 1965,「신라 밀교 전래고」,『불교사학논총 : 조명기박사화갑기념』, 동국대학교도서관.
65) 고익진, 1973,「불교사상이 신라의 삼국통일에 미친 영향」,『동국대학교논문집』12, 52~53쪽 ; 김상현, 1976,「고려시대의 호국불교 연구 – 금광명경 신앙을 중심으로」,『단국대학술논총』1, 14쪽.
66) 문명대, 1976, 앞의 논문, 189~213쪽.
67) 최선아, 2016,「주문, 상, 만다라 : 밀교 의례의 전개과정」,『인문과학연구논

법은 『관정경』에 기반한 밀교의례임이 분명하다.[68] 그런데 문두루법을 집전한 명랑의 경우 밀교승, 심지어 신인종승이라고 보는 이들이 대부분이지만, 이에 대한 비판도 적지 않다.

7세기 후반 신라에 과연 밀교승이라고 명명할 만한 인물이 있었는가. 혜통(惠通)은 밀교승인가. 밀교승 없이는 밀교의례의 수용을 말할 수 없는 것일까. 이 문제는 '밀교가 무엇인가', 그리고 '7세기 당에 밀교승이 있었는가'라는 문제와도 직결된다. 밀교는 교단이 아니라는 연구에서 촉발된 밀교에 대한 정의는 최근 불교사에서 중요한 주제이며, 아직도 해명해야 할 문제들이 많다. 이러한 거창한 질문에 답을 하기에는 아직 공부가 부족하므로, 이 글에서는 명랑의 활동과 신라 불교계에서의 역할에 대한 분석을 통해 그의 정체성을 밝히는 데 만족하고자 한다. 밀교의 수용 태도는 신라 중대 불교의 성격을 규정하는 데 꼭 필요하므로, 앞으로의 후속 연구들을 기대한다.

2장에서는 7세기 후반~8세기 전반 신라 출가자들이 몰두했던 '신라 찬술문헌'의 생산에 대해 다루었다. '신라 찬술문헌'이란 신라 출신의 인물이 직접 지은 문헌을 가리킨다. 7세기 후반~8세기 전반의 신라 찬술문헌에는 704년(성덕왕3) 한산주 도독이 된 김대문(金大問)이 찬했다는 『고승전(高僧傳)』, 『악본(樂本)』, 『한산기(漢山記)』, 『계림잡전(鷄林雜傳)』이나 설총이 육경(六經)과 문학을 이두로 훈해(訓解)한 책들도 다 포함되지만, 이 글에서는 불교문헌에 한정해서 사용하였

총』 37-4, 216쪽.
68) 장익, 2015, 「명랑의 문두루법과 진호국가밀교」, 『밀교학보』 16, 28~32쪽.

다. 예를 들어 원효의『판비량론』(671년 찬술),『대승기신론소』, 의적의『법화경론술기』, 경흥의『무량수경연의술문찬』 등 이 시기 신라학승[69]들이 찬술한 불교문헌들은 그동안 내용을 분석하여 사상사적의미를 밝히는 데 주로 활용되었고, 이 시기 불교교학에 대한 이해가깊어졌다거나 종파가 성립되었음을 설명하는 자료로 활용되었다. 그런데 이 글에서는 신라 학승들이 주석서 찬술에 몰두하였던 이유가무엇이고, 그것이 가능했던 환경이 어떠하였는가에 주목해보고자한다.

신라 찬술문헌들이 일시에 대거 등장한 것이 전쟁의 종식이라는시대 상황과 무관하지 않고 왕실 및 조정의 후원 하에서 가능했을것이라 생각한다. 신라 찬술문헌은 당시 동아시아 교류·교역에서인기 있는 '물품'의 하나였으므로, 이 '물품'의 생산 과정을 추적해나가는 방식으로 이 가설을 논증하고 나아가 7세기 후반~8세기 전반 불교계의 사회적 역할을 조명해보고자 한다.

구체적으로 먼저 찬술문헌의 현황과 찬술 시기를 정리하였다. 찬술배경과 과정을 살펴본 뒤, 찬술문헌들의 수집·필사·관리를 담당한관부(또는 관원)를 고찰하였다. 고대의 불교 교류에 대한 선행 연구들,[70] 그리고 국어학, 서지학 연구자들의 신라 사경에 대한 추적들,[71]

---

69) 불교 이론에 밝은 승려를 義學僧이라 한다. 의학승을 줄여 학승이라 표현하였다.

70) 불교문헌을 중심으로 고대 신라와 일본의 교류를 설명한 글로는 최재석교수의 일련의 책·논문들(최재석, 1996,「8세기 日本의 佛經 수입과 統一新羅」,『한국학보』22-2 ; 2010,『고대한일관계사연구』, 경인문화사 ; 2010,『고대한일관계사 연구 비판』, 경인문화사 등)과 정병삼, 2002,「고대 한국과일본의 불교교류」,『한국고대사연구』27 ; 최연식, 2009,「8세기 중엽 日本의

고고학에서의 도성 발굴 성과들을 적극 활용하였지만, 관련 자료가 너무나 부족하여 많은 부분을 당과 일본의 사례에 견주어 추론할 수밖에 없었던 한계가 있다. 이 글을 통해 신라 중대의 불교문화를 이해하는 데 있어 신라 찬술문헌의 중요성을 상기시킬 수 있다면 다행이라 하겠다.

3장에서는 7세기 후반~8세기 전반 간행된 신라 찬술문헌에서 신라 학승들이 강조하고 있는 내용이 무엇인가를 탐색해보았다. 신라의 찬술문헌 가운데는 유식, 기신론, 인명, 화엄 외에도 정토나 보살계를 주제로 한 것들이 많다.[72] 정토문헌 가운데 현재 남아 있는 법위(法位), 의적(義寂), 현일(玄一), 경흥(憬興) 등의 저술에서 공통되게 '정불국토' '현세정토'를 논하고 있음을 발견하고 이에 대해 살펴보았다.

新羅 華嚴學 受容과 『華嚴(經)文義要決文答』」, 『구결연구』 23 ; 최연식, 2010, 「7~9세기 신라와 일본의 불교교류에 대한 연구동향 검토」, 『불교학리뷰』 8 등이 있다.

71) 그동안 신라 사경에 대해서는 주로 서지학·국어학 분야에서 관심을 기울여 왔다. 石塚晴通·吳美寧, 2008, 「正倉院本 중의 新羅寫經」, 『구결연구』 20 ; 山本信吉, 2012, 「日本における新羅寫経の發見と古代日本·朝鮮寫経」, 『書誌學報』 39 ; 박지선, 2013, 「고대 사경지 제작에 관한 연구」, 『서지학연구』 56 ; 남풍현, 2013, 「東大寺 所藏 新羅華嚴經寫經과 그 釋讀口訣에 대하여」, 『구결연구』 30 ; 권인한, 2013, 「목간을 통해서 본 신라 사경소의 풍경」, 『진단학보』 119 ; 리송재, 2014, 「동아시아 불교 서사문화와 통일신라 사경」, 『석당논총』 58 ; 정재영 2014, 「新羅 寫經에 대한 研究」, 『구결연구』 33 등이 있다.

72) 보살계 관련 신라 찬술문헌들에 대해서는 최원식의 선구적인 연구가 있다. 최원식, 1999, 『신라 보살계사상사 연구』, 민족사. 필자도 보살계 문헌을 하나씩 검토중이다. 박광연, 2017, 「보살계 사상의 전개와 원효『보살계본지범요기』의 성격」, 『한국고대사연구』 86 ; 박광연, 2017, 「의적(義寂)『보살계본소(菩薩戒本疏)』의 기초 연구 - 쇼묘지(稱名寺)·가나자와(金澤)문고 소장 사본(寫本) 소개를 겸하여」, 『한국사상사학』 56.

이 글에서 분석한 문헌은 법위의『무량수경의소(無量壽經義疏)』,[73] 현일의『무량수경기(無量壽經記)』상권,[74] 의적(義寂)의『무량수경술 의기(無量壽經述義記)』,[75] 경흥의『무량수경연의술문찬(無量壽經連義 述文贊)』3권과[76]『삼미륵경소(三彌勒經疏)』이다.[77] 유식학적 정토관 을 지닌 법위, 현일, 의적, 경흥의 주석서에서는 경전 문장을 일정한 길이로 단락 지어 단락 별로 주요한 용어를 설명하고, 문장에 대한 기존의 해석들을 소개하고, 이어서 주석자의 의견을 제시하기도 하고 생략하기도 한다. 주석자의 의견을 제시한 부분을 통해 신라 승들의 사고를 읽어낼 수 있다.

불국토(佛國土)는 신라 불교의 '문화적 지역성'을 대표하는 용어로 꼽힌다. 신라인들이 신라 땅이 부처가 계신 곳, 또는 부처와 인연 있는 곳이라는 믿음을 가지고 있었다는 것이다. 신라의 불국토 인식

---

73) 원본은 없고 일본 학자 에타니 류카이(惠谷隆戒)가 일본 정토종 문헌에 인용된 구절을 정리한 복원본이다. 惠谷隆戒, 1976,「新羅法位撰無量壽經義疏 の復元について」,『淨土敎の新硏究』, 山喜房佛書林, 393~406쪽.

74) 최근 일본 書陵部藏『無量壽經記』의 사본이 공개되었는데, 나라시대 사본을 透寫한 판본으로 보고 있다. 國際佛敎學大學院大學 日本古寫經硏究所, 2013, 『日本古寫經善本叢刊 第5集 身延文庫藏, 新羅義寂撰 無量壽經述義記 卷第一(斷 簡)』, 2~9쪽.

75) 에타니 류카이의 복원본(惠谷隆戒, 1976,「義寂の無量壽經述義記について」, 앞 의 책, 409~453쪽)과 일본 미노부(身延)문고에 의적의 저술로 판명된『無量壽 經述記』1권이 있다. 國際佛敎學大學院大學 日本古寫經硏究所, 2013, 앞의 책 참조.

76) 渡邊顯正, 1978,『新羅憬興師述文贊の硏究』, 永田文昌堂 ; 김양순, 2009,「憬興 의『無量壽經連義述文贊』연구」, 한국학중앙연구원 박사학위논문 참조.

77) 박광연, 2012,「『미륵상생경술찬(彌勒上生經述贊)』의 저자 및 성격에 대한 고찰」,『한국사상사학』40 ; 박광연, 2014,「동아시아 미륵경 연구사에서 경흥(憬興)의 위상」,『한국사상사학』47 ; 박광연, 2015,「경흥『삼미륵경소』 의 도솔천 왕생관」,『한국사연구』171 참조.

을 설명하는 대부분의 연구들이『삼국유사』의 기록들에 의지하고 있다. 불국토 신라를 묘사한 최고의 자료가『삼국유사』임에 틀림없지만, 주지하듯이『삼국유사』자료들은 치밀한 고증이 선행되어야 한다. 칠처가람설이 중대 말 하대 초에 만들어졌다는 주장이 있었고,[78]『삼국유사』의 불국토설은 고려후기 일연의 의도적인 서술이라는 해석도 있다. 일연이 몽골족의 참략에 대한 저항의식에서 불국토를 강조했다는 것이다.[79] 물론『삼국유사』의 기록이 오로지 고려시대의 인식만을 반영하고 있는 것은 아니지만,『삼국유사』의 불국토 관련 기사에서 어디까지가 신라 당대의 이야기이고, 어느 부분이 변형된 것인지 추출하는 작업이 필요한데 쉽지 않다.

신라 찬술문헌들은 정확한 찬술연도를 알지는 못하지만, 8세기 중엽에 활동한 승려들(태현, 표원, 연기, 불가사의)의 저술을 제외하고는 대부분 그 하한이 8세기 전반임을 일본 기록들을 통해 알 수 있다. 733년부터 770년대까지 일본에서는 대대적인 사경 사업이 진행되었고, 이때 사경된 문헌의 목록을 정리한 '나라사경목록(奈良寫經目錄)'이 있다. '나라사경목록'에 신라 찬술문헌이 다수 포함되어 있다. 가장 빨리 필사된 것이 733년(天平5) 현일의 논서이고, 대부분은 743년(천평15)을 전후한 시기에 필사되었다.[80]

신라의 학승들이 강조한 '정불국토' '현세정토'는 30년 이상 장기간

---

78) 신동하, 2000, 「신라 불국토사상의 전개양상과 역사적 의의」, 서울대 박사학위논문, 9~90쪽.

79) 최병헌, 1987, 「삼국유사에 나타난 한국고대불교사 인식」, 『三國遺事의 綜合的 檢討』, 韓國精神文化研究院, 188쪽.

80) 石田茂作, 1966, 『(寫經より見たる)奈良朝佛教の研究』, 東洋文庫, 50쪽.

지속된 국제전을 경험한 신라인들에게 던지는 희망의 메시지였다. 학승들의 정불국토 논의는 7세기 중반에 수용되어 확산되어가던 아미타신앙과 함께[81] 신라인들을 정서적·종교적으로 구원하는 역할을 하였을 것이다.

4장에서는 신라 불교문화의 '글로컬리티'를 변화관음(變化觀音)의 수용에 대한 태도를 통해 설명하고자 한다. 최근 신라에서 7세기 전반에, 늦어도 680년대부터 변화관음상을 만들었고,[82] 신라 중대의 도성에 십일면관음을 본존으로 하는 사찰들이 포진해 있었고, 군중이 모이는 법회의 대표적 주존이 십일면관음이었다며[83] 변화관음의 수용을 강조하는 견해들이 제시되었다. 그런데 필자는 이와 견해를 달리한다.

당에서는 7세기 후반 무측천 시기(재위 690~705) 이후로 십일면관음, 불공견삭관음을 비롯하여 천수관음, 여의륜관음, 마두관음 등 다양한 이름의 변화관음들이 등장한 반면, 신라에서는 십일면관음과 천수관음만 확인될 뿐이고 유물이나 기록상으로는 8세기 중엽에 처음 나타난다. 당에서 새롭게 한역된 불교문헌 및 도상들이 사신이나 유학승들을 통해 빠른 속도로 신라에 전해졌기에, 신라는 당의 불교문화 유행에 매우 민감하였다. 그런데 변화관음은 그 등장 시기가 늦고,

---

81) 김영미, 1985, 「統一新羅時代 阿彌陀信仰의 歷史的 性格」, 『한국사연구』 50·51 ; 『신라불교사상사연구』, 민족사, 1994 재수록.
82) 강삼혜, 2015, 「토함산석굴의 11면관음보살상 연구」, 『강좌미술사』 44.
83) 배금란, 2020, 「신라 관음신앙 연구 : 관음성현의 구조와 기능을 중심으로」, 서울대 종교학과 박사학위논문.

사례도 많지 않다.

신라에서는 왜 변화관음의 수용이 늦었고, 현존하는 유물이나 기록이 많지 않은 것일까. 필자는 신라에서의 변화관음에 대한 태도가 당과 차이나는 이유를 7세기 후반~8세기 전반 국가와 불교계의 관계 및 불교계의 사회적 역할 속에서 설명해보았다. 변화관음에 대한 소극적 태도와 『무구정광대다라니경』에 대한 적극적 태도는 7세기 후반~8세기 전반 신라인들이 당의 불교문화를 선택적으로 수용하였음을 명확하게 보여주고 있다.

5장에서는 신라의 통치 이념이 중고기의 불교에서 중대의 유교로 변화하였고, 중대 시기의 불교계는 국가에 예속되어 있었다는 전제에 의문을 던져보고자 한다. 신라의 중고기에는 불교를, 중대에는 유교를 통치 이념으로 내세웠다고 보는 것이 타당한가 하는 질문이다.

고구려, 백제에는 대륙의 국가들과 조공-책봉 관계를 맺음과 동시에 때론 약간의 시간 차를 두고 불교 승려 및 불경, 불상 등이 전래되었다. 고구려는 372년(소수림왕2)에 태학을 설립하여 한학(漢學)을 익히게 하였는데, 이 해에 전진에서 승려 순도와 불상, 경문을 보내왔다. 율령을 반포한 것은 다음해(373)였다. 백제는 『삼국사기』에 율령 반포 기사가 없지만,[84] 근초고왕(재위 346~375)이 마한·대방을 병합하

---

84) 262년(고이왕29) 정월에 영(令)을 내려 재물을 받거나 도둑질한 관리를 벌한 것을 두고(『삼국사기』 권24, 「백제본기」 2, 사반왕·고이왕 29년(262) 1월) 율령 반포로 보아왔지만, 최근에는 16관등제와 의관제를 시행하고 담로를 지방에 파견하였던 개로왕(재위 455~475)이 율령을 반포하였을 것으로 보기도 한다.(홍승우, 2009, 「백제 율령 반포 시기와 지방지배」, 『한국고대사연구』 54, 241~253쪽 ; 전덕재, 2012, 「백제의 율령 반포 시기와 그 변천」,

고 대륙문화를 수용한 이후에 한학이 발전하게 되었고 이때(384년, 침류왕 원년) 동진에서 불교가 전해졌다. 신라는 지증왕(재위 500~514), 법흥왕(재위 514~540), 진흥왕(재위 540~576) 때 비로소 한학을 바탕으로 고대국가 체제를 마련해갔다고 하는데, 법흥왕 때 율령 반포(520)와 불교 공인(527)이 진행되었다.

고대에서 '국가'로서의 정체성은 외부 정치체와의 교류를 통해 견고해졌는데, 정치 목적의 외교 활동과 경제 목적의 교역 활동이 결합된 형태의 교류가 이루어졌다.[85] 삼국에서 한학이나 불교를 처음 받아들인 것은 정치 목적의 외교 활동의 성격이 강하였다. 중고기 왕실에서는 전래된 한학과 불교를 모두 통치에 활용하였다고 봐야 할 것이다. 신라인들에게는 『논어(論語)』를 중심으로 한 한학도 불교도 외래(外來)였다. 때문에 신라에서는 당에서처럼 유교·도교와 불교가 경쟁하는 양상은 없었으며 공인 이후에 불교계를 사태하는 사건도 없었던 것이 아닐까.

한국 고대에서 '유교문화'와 '불교문화'의 관계에 대한 재논의가 이루어져야 한다고 생각한다. 최근 중고기를 중심으로 이러한 관점의 연구들이 진행되고 있기도 하고, 다방면에서의 검토가 필요한 주제이기도 하다. 그러므로 이 글에서는 「황복사지 삼층석탑 금동사리함」

『백제문화』 47, 107~115쪽).

85) 강화된 왕권을 바탕으로 국왕이 교역을 주도하였는데, 이를 국가교역이라 한다. 국가교역은 집권체제가 수립되고 국가 간 외교관계의 틀이 성립된 후에 이루어졌다. 국가교역에서는 책봉－조공관계에서 비롯된 의례적인 예물 교환이 이루어졌는데, 초기에는 왕실이 주도하다가 점차 고위 귀족도 동참하였다. 김병준, 2019, 「고대 동아시아의 해양 네트워크와 使行 교역」, 『한국상고사학보』 106, 109~136쪽.

명문(706)을 통해 중대 불교의 성격에 대한 재고를 요청하는 데 그치고자 한다. 「황복사지 삼층석탑 금동사리함」 명문은 706년(성덕왕 5) 성덕왕이 부모(신문왕·신목태후)와 형(효소왕)을 위해 이 탑에 사리, 금미타상, 무구정광대다라니경 등을 봉안하는 불사를 기록한 18행 344자의 글이다. 이 명문은 현존하는 것으로는 신라 최초의 불교금석문이라는 사료적 가치가 있는 자료이다. 다른 시기의 왕실 불사를 다룬 불교금석문들과의 비교를 통해 중대에 들어 통치 이데올로기가 불교에서 유교로 바뀌었고, 불교 사업의 목적이 호국에서 추선으로 바뀌었고, 승관제의 전개 하에 종파가 성립하였다고 해석하는 것이 타당한가 하는 질문을 던졌다. 또한 출가자의 위상 변화에 대해서도 살펴보았다.

영역 확장을 꾀하던 진흥왕 이후로 전쟁이 계속 이어졌지만, 642년 (선덕왕11) 8월 대야성 함락은 신라 사회에 커다란 충격을 던져주었다. 그해 11월 당시 이찬이었던 김춘추가 군대를 청하러 고구려를 방문하였고, 정군단(停軍團)의 주둔지를 압독(경북 경산시)으로 옮기고 김유신을 압독군주로 임명하였다.[86] 다음해(643) 2월 당에 사신을 보내 자장을 돌아오게 하였고, 9월에는 당 황제에게 고구려와 백제를 칠 계획임을 알리며 군대를 내어 도와달라고 요청하였다.[87] 신라·당 연합군은 660년(무열왕7) 10월 사비성을 빼앗았고, 이후 왜 군대를 끌어들인 백제 부흥군의 공격을 막아냈으며, 668년(문무왕8) 9월 고

---

86) 『삼국사기』 권5, 「신라본기」 5, 선덕왕 11년(642).
87) 『삼국사기』 권5, 「신라본기」 5, 선덕왕 12년(643).

구려왕의 항복을 받아냈다. 그리고 당의 침략 야욕을 막아냈다. 7세기 중반, 중고에서 중대로의 전환 과정은 이처럼 전쟁과 함께였다. 당시 신라의 정책 방향이나 통치의 이데올로기는 유교냐 불교냐가 중요한 것이 아니라 전쟁에 이겨서 살아남는 것이었다.

다행히 승리하였기에, 빠른 속도로 도성을 정비하며 체제를 정비해 나갔지만, 그렇다고 신라인들이 겪은 전쟁의 여운이 일시에 사라지진 않았을 것이다. 당의 침공을 앞두고 문두루법을 시행하며 적극적으로 전쟁에 힘을 보탰던 불교계에서는, 전쟁이 끝난 후에는 신라 승려들이 직접 불교문헌을 찬술하거나 신라인들에게 필요한 경전들을 선별적으로 받아들였다. 정불국토의 제창, 『무구정광대다라니경』의 수용 등은 전쟁의 트라우마에 고통받는 신라인들을 위해 불교계에게 던진 희망의 메시지였을 것이다.

1장

나당전쟁과 명랑,
명랑의 정체성

1. 전쟁과 출가자, 그리고 명랑

669년(문무왕9) 5월. 형 김유신(?~673)과 함께 평생 전장을 누비던 각간 김흠순은 파진찬 김양도와 함께 당의 항의를 무마시키기 위한 사죄사로 당에 갔다. 당시 무열왕의 동생 김인문(629~694)이 당에서 숙위하고 있었다. 김흠순과 김인문은 당의 신라 침공 계획을 감지하고 비밀리에 종남산에 있던 의상(義相, 625~702)을 불렀다.[1] 670년(문무왕10) 의상은 급히 귀국하여 이 소식을 전하였고, 신라에서는 방어책을 논의하다가 각간 김천존의 추천으로 명랑(明朗)에게 도움을 청하였다.[2] 신라는 백제·고구려의 잔민(殘民)를 앞세워 당군을 공격하였다. 그러자 671년(문무왕11) 당의 총관(摠管) 설인귀(薛仁貴)가 항의 서한을 보내왔는데, 이때 설인귀가 편지를 맡긴 이가 임윤법사(琳潤法師)다. 『삼국사기』에서는 임윤을 '왕이 거느린 승[王所部僧]' '사인(使人)'이라 표현하고 있다.[3]

당과의 전쟁을 목전에 둔 긴박한 상황에서 침공 소식을 전하고, 방어책을 마련하고, 적군 장수의 편지를 전달하는 역할을 맡은 이들이 승려였다. 의상은 김한신(金韓信)의 아들로 진골이었다. 명랑은 아버지가 사간 김재량이고 어머니가 소판 김무림의 딸인 남간부인으로, 그 역시 진골 출신이며 국교법사, 의안법사가 그의 형이며 자장율사가

---

1) 『삼국유사』 권4, 「의해」 5, 의상전교.
2) 『삼국유사』 권2, 「기이」 2, 문호왕법민.
3) 『삼국사기』 권7, 「신라본기」 7, 문무왕 11년 7월.

외삼촌이다. 당시 중앙 불교계에서 활동한 승려들 가운데는 조정의 요직에서 활동하던 진골과 인척 관계인 이들이 적지 않았고, 이들은 국가의 위기 앞에 기꺼이 힘을 보태었다.

승려가 국왕을 도와 전쟁에서 일정한 역할을 수행하거나 타국과의 관계에서 사신 또는 간자로서 활동한 것은 불교 공인 직후부터였다.

이때 수레를 수종한 이들은 다음과 같다. 사문도인(沙門道人) 법장(法藏), 혜인(慧忍) ······4)

거칠부(居柒夫)는 젊었을 때 세속에 구애받지 않고 마음대로 행동하면서 원대한 뜻을 품었으며, 삭발하고 승려가 되어 사방을 돌아다니며 구경하였다. 문득 고구려를 정탐하고자 그 경역으로 들어가 법사 혜량(惠亮)이 당(堂)을 열어 불경(佛經)을 강설(講說)한다는 소식을 들었다.5)

거칠부는 김물력의 아들로, 524년(법흥왕11) 당시 일간지로서 법흥왕(재위 514~540)과 함께 국정을 논의하였다.6) 거칠부가 환속하여 『국사(國史)』 편찬에 참여한 것이 545년(진흥왕6)이고 죽령 이북을 공격하여 고구려의 10군을 빼앗은 것이 551년(진흥왕12)이므로, 그가 출가한 때는 법흥왕(재위 514~540) 후반 또는 진흥왕(재위 540~576)

---

4) 「마운령신라진흥왕순수비」(568년, 진흥왕29).
5) 『삼국사기』 권44, 「열전」 4, 거칠부.
6) 「울진봉평리신라비」(524년, 법흥왕11).

초반이었을 것이다. 『삼국유사』의 주석에서는 양에서 온 승려 원표를 '사승(使僧)'이라 표현하고 있다.[7] 진평왕(재위 579~632)은 고구려가 자주 침공하는 것이 걱정되어 원광(圓光)에게 수에 군대를 청하는 걸사표(乞師表)를 쓰게 하였다. 이때 원광이 했던 말이 승려들의 심리를 잘 보여주고 있다. "스스로 살기를 구하여 다른 사람을 죽이는 것은 사문의 행동이 아니지만 빈도가 대왕의 토지에 있으면서 대왕의 물과 풀을 먹고 있으니 감히 명령을 받들지 않을 수 있겠습니까."[8] 이러한 인식의 연장선에서, 7세기 후반에 신라에서 활동하였던 의적(義寂)이 무기 소지를 허용하였을 것이다.[9]

이처럼 승려가 왕의 참모로서 전쟁 길에 호종한다거나 적국에 가서 염탐을 한다거나 군대를 청하는 표문을 쓴 것이, 다른 관료들도 할 수 있지만 출가자이기에 조금 더 유리한 위치에서 도움을 줬던 것이라면, 전쟁의 승리를 기원하며 불교의례를 집행한 것은 출가자만이 할 수 있는 일이었다. 당군의 침입을 방어하기 위한 목적으로 670년(문무왕10)에 명랑이 문두루법을 행한 것이 대표적인 사례다.

> 이에 채색 비단으로 절을 짓고, 풀로 오방신상을 만들고, 유가명승 12명과 명랑을 우두머리로 하여 문두루비밀법을 행하였다. 그때에 당과 신라의 군사가 싸우기도 전에 풍랑이 크게 일어 당의 배가 모두 물에 침몰하였다.[10]

---

7) 『삼국유사』 권3, 「흥법」 3, 아도기라.
8) 『삼국사기』 권4, 「신라본기」 4, 진평왕 30년(608).
9) 최원식, 1992, 「신라 의적의 범망보살계관」, 『하석김창수교수화갑기념사학논총』 ; 1999, 『신라보살계사상사연구』, 민족사, 170~183쪽.

왕은 신인 대덕 명랑에게 명하여 임시로 밀단법을 개설하여 물리치
게 하였다. 그리하여 <u>신라는 전쟁에서 벗어날 수 있었다.</u>[11]

명랑은 용궁에 들어가 신인을 얻었다. 조사는 신유림에 절을 세워
<u>자주 이웃 나라의 침입을 물리쳤다.</u>[12]

문무왕이 그 말을 듣고 두려워 하다가 법사를 초청해 비법을 펼쳐
<u>당을 물리쳤다.</u>[13]

『삼국유사』에 나오는 명랑 이야기의 주제는 명료하다. 명랑이 문두
루법을 펼쳐 당을 물리침으로써 신라가 전쟁에서 벗어날 수 있었고,
명랑은 이후로도 자주 이웃 나라의 침입을 물리쳤다는 것이다. 679년
(문무왕19) 사천왕사가 완공된 후 어느 시점에, 사천왕사는 도성의
성전사원 가운데서도 위상이 가장 높은 사찰이 되었다.

명랑의 문두루법에 대한 연구는 2006년 국립경주문화재연구소 '신
라 옛 사찰 조사' 사업의 일환으로 시작된 사천왕사지 발굴이 방아쇠
를 당겼다.[14] 77년 만의 본격적인 발굴이었다고 한다.[15] 발굴을 통해

---

10) 『삼국유사』 권1, 「기이」 2, 문호왕법민.
11) 『삼국유사』 권4, 「의해」 5, 의상전교.
12) 『삼국유사』 권4, 「신주」 6, 혜통항룡.
13) 『삼국유사』 권4, 「신주」 6, 명랑신인.
14) 차순철·최장미, 2006, 「2006년도 사천왕사지 발굴조사의 성과와 의의」, 『신
라사학보』 8. 2008년 10월에는 2년간의 발굴 성과를 '사천왕사' 특별전(국립
경주문화재연구소·국립경주박물관)을 통해 공개하면서 '신라 호국의 염원,
사천왕사'라는 주제로 학술심포지엄도 개최하였다. 발굴 이전에도 밀교,
호국 등의 주제로 개별적인 연구들이 있었는데, 1996년 『신라문화제학술발

공개된 물질 자료들과 공간을『삼국사기』의 문무왕대 기록,『삼국유사』의 명랑 관련 기록들과 연결시키는 해석들이 쏟아졌고, 최근까지도 이어지고 있다. 명랑은『삼국유사』의 단골 등장인물 가운데 한 명이다.「기이」제2 '문호왕법민(文虎王法敏)',「의해」제5 '이혜동진(二惠同塵)' '의상전교(義湘傳敎)',「신주」제6 '혜통항룡(惠通降龍)' '명랑신인(明朗神印)'에 명랑과 사천왕사에 대한 이야기가 전한다.

이 기록들에 대한 해석의 기본 틀은 이미 1960~1970년대에 형성되었다. 명랑, 사천왕사, 문두루법을 해석하는 키워드는 세 가지로 집약된다. 첫째가 밀교, 둘째가 호국, 셋째가 신인종이다. 밀교를 강조하는 입장에서는 문두루법의 사상적 배경이『관정경(灌頂經)』권7「불설관정복마봉인대신주경」에 있음을 강조하였는데, 가장 먼저 제기된 견해이다.[16] 호국을 강조하는 입장에서는 금광사, 사천왕사라는 사찰 이름의 논거가『금광명경(金光明經)』에 있음을 내세웠다.[17] 마지막 신인종을 강조하는 입장에서는 명랑이 신인종 조사이고, 사천왕사, 원원사가 신인종 사찰이며,『관정경』,『관불삼매해경』,『금광명경』이 신인종 소의경전이라는 관점에서 설명하였다.[18]

표회논문집』17이 '낭산과 사천왕사' 특집이다.

15)「경주 사천왕사 터, 77년 만에 재발굴키로」(매일신문, 20060426) http://news.imaeil.com/

16) 박태화, 1965,「신라 밀교 전래고」,『불교사학논총 : 조명기박사화갑기념』, 동국대학교도서관. 이후『관정경』으로 문두루법을 설명하는 논문은 너무나 많아 일일이 소개하지 않음을 양해바란다.

17) 고익진, 1973,「불교사상이 신라의 삼국통일에 미친 영향」,『동국대학교논문집』12, 52~53쪽 ; 김상현, 1976,「고려시대의 호국불교 연구-금광명경 신앙을 중심으로」,『단국대학술논총』1, 14쪽.

18) 문명대, 1976,「신라 신인종 연구-신라밀교와 통일신라사회」,『진단학보』

이후 사천왕사의 문두루법은 『관정경』과 『금광명경』을 종합적으로 활용하였다고 이해하게 되었고, 사천왕사의 건축, 공간, 유구들의 의미를 설명하는 방식도 이 틀에서 크게 벗어나진 않았다. 이후에도 문두루법의 사상적 배경에 대한 후속 연구들이 계속 이어졌는데 밀교사 맥락 속에서 세부적인 내용을 더해갔다.[19] 명랑이 신인종을 창립하였음을 인정하면서 여래의 법신에 근원을 두고 나타나는 공덕으로서의 호국을 강조하였다는 해석도 있고,[20] 중대 왕실의 한화정책 하에 보편적 성격의 밀교를 수용하여 당의 보집회단(普集會壇)의 영향을 받아 밀단(密壇)을 제작하고 사천왕신앙도 밀교신앙으로 전개하였다는 해석도 있었다.[21] 이때까지는 사천왕신앙은 『금광명경』, 문두

41, 189~213쪽.

19) 밀교가 신라의 왕권을 뒷받침하는 이념이었음을 강조하는 연구 흐름이 있다. 이 연구들에서는 안홍·자장과 선덕왕, 원광과 진평왕, 김유신·명랑과 문무왕, 혜통과 효소왕, 보천과 성덕왕의 관계에서 밀교를 설명하고 있다(고익진, 1986, 「신라밀교의 사상 내용과 전개 양상」, 『한국밀교사상연구』, 동국대출판부 ; 장지훈, 2001, 「신라 불교의 밀교적 성격」, 『선사와 고대』 16 ; 이세호, 2010, 「신라 중대 왕권과 밀교」, 『동국사학』 49 등 참조). 그리고 『삼국유사』 체제를 분석하면서 「신주」편이 밀교와 관련 있음을 논해왔다(김영태, 1974, 「삼국유사의 체제와 그 성격」, 『동국대학교논문집』 13, 17쪽 ; 이도흠, 1995, 「『삼국유사』의 구조 분석과 의미 해석」, 『한국학논집』 26, 440쪽 ; 이연숙, 1995, 「일연의 『삼국유사』 편찬 의도에 관한 일고찰-신주편을 중심으로」, 『동의어문논집』 9, 135~153쪽 ; 김두진, 2000, 「삼국유사의 체제와 내용」, 『한국학논총』 23, 23~24쪽 ; 정병삼, 2011, 「『삼국유사』 신주편과 감통편의 이해」, 『신라문화제학술발표논문집』 32, 9~14쪽 등).

20) 김상현, 1996, 「사천왕사의 창건과 의의」, 『신라문화제학술발표논문집』 17, 135~136쪽 ; 김복순, 2011, 「『삼국유사』 '명랑신인'조의 구성과 신인종 성립의 문제」, 『신라문화제학술발표논문집』 32, 220~227쪽에서도 신인종의 신라성립설을 주장하였다.

21) 김연민, 2008, 「신라 문무왕대 명랑의 밀교사상과 의미」, 『한국학논총』 30, 1~37쪽.

루법은『관정경』에 기반하고 있다고 구분하여 설명하였는데,[22] 이후 사천왕신앙을 통한 진호국가 사상도『관정경』에 내포되어 있음을 밝힌 연구가 발표되었다.[23]

이와 같이 사천왕사 건립과 문두루법 시행의 논거를,『금광명경』이냐,『관정경』이냐,『금광명경』과『관정경』이냐 등과 같이, 불교 경전의 내용 분석을 통해 설명해왔다. 이 과정에서 문두루법에 참여한 유가명승을 유식승으로 서술하기도 하고,[24] 신인종승[25] 또는 밀교승이라 보기도 하였다. 명랑의 정체성은 과연 어떻게 규정할 수 있을까. 문두루법이『관정경』에 의거하여 설행한 밀교의례이므로 문두루법을 주관한 명랑이 밀교승이고, 문두루법을 거행한 사천왕사가 신인종

---

22) 윤선태, 2015,「신라 중대 성전사원과 밀교」,『선사와 고대』44, 15~16쪽.

23) 장익, 2015a,「명랑의 문두루법과 진호국가밀교」,『밀교학보』16, 28~32쪽. 이 논문에서는『관정경』권7의 오방대신과 7신왕의 문두루는 병자의 치병과 사택의 보호를 설할 뿐 진호국가의 개념은 없다고 하면서『관정경』권5와 함께 설명하고 있다. 권5의 12神王, 四天王, 鎭函 등의 내용을 소개하면서,『관정경』은 고대의 諸神신앙이 사천왕신앙으로 흡수되는 과정을 보이며, 칠불신앙의 불교적인 권능에 의해 개인의 除災招福을 넘어 호국과 호법의 진호국가불사로 승화되어가는 과정을 보여준다고 하였다.

24) 김복순, 1990,「신라 화엄종 연구」, 고려대 박사학위논문, 97쪽 ; 김복순, 1992,「8·9세기 신라 유가계 불교」,『한국고대사연구』6, 38~42쪽 ; 김남윤, 1995,「신라 법상종 연구」, 서울대 박사학위논문, 144~145쪽.

25) 명랑이 신인종을 창립하였다는 견해에 대한 비판도 일찍이 제기되었다. 고익진은 명랑이 문무왕 10년에 작법양진하고 신인종조가 되었다는 기록은 당시에 신인종을 성립했음을 뜻하는 것이 아니라 후대에 신인종의 사상 전통이 그것에서 발단된 것으로 이해된다고 하였다(고익진, 1986, 앞의 논문, 160쪽). 그러므로 명랑과 신인종의 관계를 밝히기 위해서는 신인종에 대한 규명이 선행해야 하는데 이 글에서 함께 다루기에는 지면상 한계가 있어 별도의 논고에서 다루었다. 박광연, 2023,「고려시대 신인종의 성립시기 재검토」,『한국중세사연구』75(게재 예정).

사찰이라고 보는 견해가 우세하였다. 그런데 당시 신라 사회에서 명랑이 밀교를 전공했는지 신인종에 소속되어 있었는지 여부가 중요하진 않았을 것이다. 오히려 명랑 같은 출가자가 수행한 역할에 초점을 두고 생각해 볼 필요가 있다.

이 글에서는 7세기 중반 당과 신라의 불교계가 처했던 정치 상황과 불법 연구의 전개 속에서 명랑의 수학 내용을 추론하고, 당에서의 밀교의례 시행 사례와 비교하는 방법으로 사천왕사에서 문두루법을 주관한 명랑의 정체성에 대해 설명해보고자 한다. 670년 명랑이 주관한 문두루법은 신라 최초 국가 주도의 밀교의례라는 의의가 있다.[26] 그러므로 명랑의 정체성에 대한 규명은 이후 신라 사회에서 수용하는 밀교의 성격을 파악하는 데 벼리 역할을 하리라 기대한다.

2. 명랑의 가문과 유학

명랑의 가문, 특히 외가는 불교에 깊이 귀의한 진골 귀족이었다.

---

26) Henrik H. Sørensen이 고려시대 신인종과 총지종을 다룬 논문에서 『삼국유사』 기록에 대한 의문을 제기하며 문두루법이 11세기에 시작되었을 것이라고 주장하였는데, 이에 대한 김연미의 비판이 있었다. Youn-mi Kim, "(Dis)assembling the National Canon : Seventh-Century "Esoteric" Buddhist Ritual, the Samguk Yusa, and Sach'onwang-sa." In *New Perspectives on Early Korean Art : From Silla to Koryŏ*, (Cambridge, MA : Korea Institute, Harvard University, 2013) : 123~191.

그의 할아버지가 아들 낳게 해달라며 천부 관음보살상을 만들게 했던 김무림이고,[27] 그의 외삼촌이 선덕왕의 적극적인 후원 하에 불교 교단을 통솔했던 대국통 자장이다. 이러한 집안 분위기에서 성장한 남간부인(법승랑)은 세 아들을 승려로 길러냈는데, 명랑이 막내였다.

명랑을 유식승으로 정의하는 단서는 금광사(金光寺),[28] 사천왕사(四天王寺),[29] 유가명승(瑜伽明僧)[30]이다. '금광' '사천왕'이라는 명칭이 『금광명경』과 관련 있고, 『금광명경』을 활용한 것은 그가 유식승 또는 법상종승이기 때문이라고 한다.[31] 신라 때 『금광명경』에 의거한 정법치국론을 전개한 이들도,[32] 신라·고려 때 『금광명경』에 의거한 의례를 주관한 이들도 유식승이었다는 것이 주장의 논거이다.[33] 그리고 문두루법 시행 때 참여한 12명의 유가명승이 『유가사지론』을 중시하던 유가유식에 밝은 승려를 의미한다고 보았다.[34]

---

27) 『삼국유사』 권4, 「의해」 5, 자장정률.

28) 『삼국유사』 권4, 「신주」 6, 명랑신인.

29) 『삼국사기』 권7, 「신라본기」 7, 문무왕 19년(679).

30) 『삼국유사』 권4, 「신주」 6, 명랑신인.

31) 『한국불교찬술문헌총록』(1976, 동국대학교 불교문화연구소 편, 동국대출판부)에 수록된 신라 승려의 『금광명경』 주석서로는 원효의 『금광명경소』 8권, 憬興의 『金光明經略意』 1권, 『金光明經述贊』 7권, 『金光明最勝王經略贊』 5권, 『金光明最勝王經疏』 10권, 遁倫의 『金光明經略記』 1권, 太賢의 『金光明經述記』 4권, 『金光明經料簡』 1권이 있다. 원효 이외에 경흥, 둔륜, 태현은 유식승으로 분류한다.

32) 김상현, 2007, 「7세기 후반 新羅佛教의 正法治國論」, 『신라문화』 30 참조. 대표적 인물이 경흥이다.

33) 남동신, 2009, 「고려 전기 금석문과 法相宗」, 『불교연구』 30. 『금광명경』에 의거한 의례를 거행한 신라 인물로는 태현이 있다.

34) 김복순, 1992, 앞의 논문 ; 김남윤, 1995, 앞의 논문 참조.

한편 명랑을 밀교승으로 규정하는 단서는 신주(神呪), 밀단법(密壇法),[35] 신인(神印, 문두루),[36] 신인종조(神印宗祖)[37]이다. 『삼국유사』 「신주」편은 일연이 밀교승들만 별도로 편성한 편이라 하고,[38] 밀단법, 즉 문두루법이 밀교 경전인 『관정경』에 의거한 밀교의례이고, 명랑을 신인 대덕 또는 신인종조라고 부르고 있기 때문에 밀교승이라고 보고 있다. 이 견해에서는 유가명승도 삼밀유가를 수행하는 밀교 승이라고 보았다.

사료에 입각하여 서로 다른 주장을 하는 두 입장의 타당성을 판단하기 위해서는 사료를 벗어나 다른 시각으로 접근할 수밖에 없다. 이에 두 방향으로 해석을 시도해보고자 한다. 먼저 명랑이 수학했던 7세기 중반 전후로 유행한 불법 및 불교계의 상황을 파악해보고, 다음으로 신주·밀교의 개념과 밀교의례 시행 사례를 통해 명랑의 활동이 지니는 의미를 따져보고자 한다.

선덕왕 원년에 당에 들어가 정관 9년 을미에 귀국하였다.[39]

각간 김천존이 아뢰었다. "근래에 명랑법사가 용궁에 들어가 비법을 전해왔다고 합니다. 그에게 자문을 청하십시오. (하략)"[40]

---

35) 『삼국유사』 권4, 「의해」 5, 의상전교.
36) 『삼국유사』 권4, 「신주」 6, 혜통항룡.
37) 『삼국유사』 권4, 「신주」 6, 명랑신인.
38) 정병삼, 2011, 앞의 논문, 15쪽.
39) 『삼국유사』 권5, 「신주」 6, 명랑신인.
40) 『삼국유사』 권2, 「기이」 2, 문호왕법민.

명랑이 불법을 수학하는 과정에서 당에 유학했던 경험은 그에게 많은 영향을 미쳤을 것이다. 그런데 아쉽게도 그의 유학 시기가 명확하지 않다. 632년(선덕왕1)~635년(선덕왕4) 당에 유학을 다녀왔다는 '명랑신인'조의 기록을 그대로 인정하는 연구자도 있지만, 문두루법을 처음 시행한 670년(문무왕10)에서 멀지 않은 시기에 다녀왔을 것이라 보기도 한다. 후자의 근거는 670년 김천존이 명랑을 문무왕에게 추천할 때 '최근에[近]'라고 표현했다는 것이었고, 637년(선덕왕6)에 유학가 643년(선덕왕12)에 귀국한 그의 외삼촌 자장보다는 늦게 다녀왔을 것이라는 추론이 보태졌다.[41] 필자는 후자의 주장이 타당성이 있어 명랑의 유학 시기가 660년을 전후한 때라고 생각한다. 그러므로 630년대부터 660년대까지의 당과 신라 불교계의 사정을 폭넓게 살펴보도록 하겠다.

3. 당·신라 불교계와 명랑의 수학 내용

7세기 전반 수(隋)에서 당(唐)으로의 정권 교체로 불교계도 혼란스러웠다. 북주 무제가 자행한 폐불(574~577)을 기억하는 불교계의 지도자들은 안정을 강구하였으나 당 고조(재위 618~626)는, 수 문제·양제와 달리, 불교계에 대한 통제를 강화하고 불교보다 도교와 유교의 우위를 내세우다가 626년 5월 불교·도교 사태(沙汰) 조서를 반포하

---

41) 고익진, 1986, 앞의 논문, 151쪽.

였다.[42]

현무문정변으로 황제에 오른 이세민이 자신의 지지를 끌어내고자 사태를 중지시켰지만,[43] 태종(재위 627~649)은 정관(貞觀) 초부터 여러 차례 승려들을 사태하였고, 사도자(私度者)는 극형에 처한다는 조서를 반포하였다.[44] 637년(정관11) 도승격(道僧格)을 제정하여 도사, 승려 처벌 일부를 국가가 집행하도록 하는 등 불교계를 철저하게 정부의 관리 하에 두고자 하였다. 흉년이 들거나 비가 내리지 않는 현안을 해결하기 위해 법회를 개설하거나 부모[고조와 태목황후(太目皇后)][45] 및 전몰 장병들의 명복을 빌고자 사찰을 건립할 뿐이었다.[46]

태종을 이은 고종(재위 649~683)도 불교계에 강압적이었다. 662년

---

42) 강문호, 2007, 「부혁의 배불론과 당초의 불교정책」, 『신라문화』 30, 278~284
쪽. 621년(고조 무덕4) 傅奕은 「唐上廢省佛僧表」를 올려 각종 佛事와 승니들
의 탐욕에 따른 폐해를 나열하며 불교를 천축으로 돌려보낼 것을 주장하였
다. 고조가 이 표문을 받아들이지 않았지만, 624년 7월 신하들에게 부혁의
상서에 대해 토론하게 하였고, 625년에는 국학에 행차하여 '도교가 제1,
유교가 다음, 불교가 마지막'이라는 순서를 정하였다. 626년 5월에는 불교·
도교 사태 조서를 내려, 비구, 비구니, 도사, 여관 중 부지런히 수행하고
계율을 지키는 자들은 大寺, 大觀에 거주하게 하지만 그렇지 못한 이들은
고향으로 돌려보내게 하였으며, 도읍에는 사찰 3곳, 도관 2곳만 남기고,
諸州에는 1곳만 남기고 나머지는 모두 없애게 하였다.

43) 陳昱珍, 1992, 「道世與『法苑珠林』」, 『中華佛學學報』 5, 243~245쪽.

44) 道宣, 『續高僧傳』 卷20, 靜琳(T50, 2060, 591a). 도선의 『속고승전』은 645년
(정관19)에 일단 완성되었으나 그 후 보수되었는데, 그 하한은 665년(인덕2)
이다.

45) 鎌田茂雄, 1999, 「唐代佛敎의 發展」, 『中國佛敎史6－隋唐의 佛敎(下)』, 東京大學
出版會. 628년(정관2) 5월 19일 칙명에 의해 先帝의 기일에는 장경사에서
설재 행향하는 것을 恒式으로 하게 하였다.

46) 강문호, 2017, 앞의 논문, 294~296쪽. 630년에는 매월 27일에 『인왕경』과
『대운경』을 전독하게 하였다.

(용삭2) 강제로 승려가 군왕과 부모에게 예배해야 한다는 규정을 제정하고[47] 자주 내전(內殿)으로 도사와 승려를 불러 논쟁하게 하였는데 이때 불교 측 입장을 대변하던 대표가 도선(道宣, 596~665)이었다.[48] 이렇듯 7세기 전반~중반 당에서는 황제와 조정의 통제 하에 불교계가 성장하였다.

도선은 한편으로는 불교를 신앙함으로써 얻게 되는 이익이 무엇인지를, 다른 한편으로는 삼보(三寶)를 비방하고 훼손하면 어떤 벌을 받게 되는지 말하면서 국왕이 '호법(護法)'해야 함을 강조하였다.[49] 불교계의 안정에 국왕의 외호가 얼마나 중요한가를 역사 속에서 경험했기 때문이었다. 도선의 인식은 7세기 전반 장안 불교계의 보편적 정서였고, 이때 장안을 다녀간 자장, 명랑 등 신라의 유학승들은 당 불교계의 정서와 현실을 목도하였을 것이다.

600년(진평왕22) 원광의 귀국을 전후하여 신라에서는 학문 불교에 대한 관심이 차츰 증가하였고 유학을 떠나는 이들이 늘었다. 지명(智明), 담육(曇育), 안홍(安弘) 등이 있는데, 지명은 585년(진평왕7)~602년(진평왕24) 진에서, 담육은 596년(진평왕18)~605년(진평왕27) 수에서, 안홍은 601년(진평왕23)~605년(진평왕27) 수에서 수학하였다.

---

47) 『廣弘明集』卷25, 議沙門敬三大詔(T52, 2103, 284a).

48) 石井公成, 최연식 옮김, 2020, 「당대 불교의 전성」, 『동아시아 불교사』, 씨아이알, 145~147쪽.

49) 藤善眞澄, 2002, 『道宣傳の研究』, 京都大學學術出版會, 158~159쪽 ; 박광연, 2007, 「의적의 『법화경집험기』 편찬 배경과 특징」, 『역사와 현실』 66, 278~279쪽에서 재인용. 다음은 元照의 『芝園遺編』에 수록된 도선의 저술 가운데 護法住持部에 속하는 것들이다. 『廣弘明集』 30권, 『集古今佛道論衡』 3(4)권(664), 『東夏三寶感通錄[集神州三寶感通錄]』 3권(664), 『釋門護法儀』 1권, 『護法住持儀』 1권, 『佛法東漸圖贊』 2권(660).

579~593년 사이 진평왕은 대륙으로 사신을 보내지 않았지만, 이 와중에도 유학을 떠나는 승려들은 있었다. 594년 수와의 외교가 성립된 이후 정기적으로 사신을 파견하자 유학승은 신라 사신의 배를 타고 함께 귀국하였다.[50]

6세기 후반에는 지의(智顗, 538~597)가 활동했던 금릉(金陵)으로 가는 신라승들도 있었지만, 수와의 외교가 성립한 이후에는 수의 도읍인 대흥(大興)으로, 당이 건국된 뒤에는 장안(長安)으로 향했다. 대흥으로 갔던 안홍이 수 문제의 환대를 받아 대흥선사(大興善寺)에 머물렀다는 것으로 보아,[51] 다른 신라승들에 대한 수·당 황실 측의 대우가 이와 크게 다르지 않았을 것이다. 그러므로 유학승들은, 개인의 선택과 인연에 따라 차이가 있겠지만, 당시 불교계 주류의 사상과 문화를 익혔으리라 추론할 수 있다. 출가한 승려들은 기본적으로 불법(佛法) 즉 경전과 논서를 배우고, 선관(禪觀)을 익히며, 교단 생활에 필요한 계율을 실천하고, 각종 법회에 필요한 의례를 숙지하였다. 그밖에 천문(天文), 역산(曆算), 의방(醫方), 주술(呪術) 등을 더 익히기도 하였다.

7세기 전반 대흥·장안에서 성행했던 불법으로는 삼론학, 섭론학, 지론학, 정토교, 삼계교 등이 있다. 구마라집(鳩摩羅什, 344~413)과 그의 제자들에 의해 남조 이래 계승·발전하던 삼론학[중관과 진제(眞諦, Paramârtha, 499~569)가 번역한 『섭대승론』에 의거한 섭론학이 유행하였다. 645년 현장(玄奘, 602~664)의 귀국 이후 삼론학은 쇠퇴한

---

50) 정덕기, 2021, 「신라 진평왕대 對隋 외교와 請兵」, 『신라사학보』 52, 15쪽.
51) 『해동고승전』 권2, 「유통」 1-2, 釋安含. 원문에는 大興聖寺라고 되어 있지만 大興善寺일 것이다.

반면,52) 유식 계통은『십지론』에 의거한 지론학, 인명(因明),『대승기
신론』과 여래장사상에다가 현장이 자은사 역장에서 번역한『성유식
론』등 새로운 유식 논서들까지 더해지면서 연구가 활발해졌다.53)
폐불 시기에 움튼 말법 인식의 영향으로 정토교나 삼계교를 실천하는
이들도 적지 않았고, 이미 번역이 끝난 광률(廣律 : 십송율, 사분율,
마하승기율 등)과 계본(戒本)들을 연구하는 율학에도 관심이 많았다.
종남산에서는『화엄경』연구도 시작되었다.54) 신주경·다라니경의
역출도 활발하였다.

  남조와 교류가 많았던 백제 불교계는 7세기 전반까지도 삼론학이
융성하였다가 7세기 중반 이후에는 신유식학을 수용하였다.55) 반면
신라 불교계에서는 일찍부터 수 황실의 후원을 받아 성장한 섭론학이
주류적 흐름이었다. 신라에서 섭론학을 적극 수용한 데는 아마도

---

52) 鎌田茂雄, 1999,「隋唐の諸宗」, 앞의 책 참조.

53) 유식학 논서를 이해하기 위한 기초가 되는 아비달마, 구사론, 성실론도
    익혔다. 현장의 예를 들어보겠다. 그는 출가 후 東都 慧日도량에서 嚴法師에
    게『섭대승론』을 배웠다. 당시 혜일도량에는 法准의 제자인 淨願과 혜원의
    제자 靈相이 있었는데, 변상도『섭대승론』에 뛰어났다. 성도에서 道基
    (573?~637)에게『아비담』을 배웠고, 622년 구족계를 받은 뒤 장안으로 가는
    길에 趙州에서 道深에게『성실론』을 배웠다. 장안에 도착해서는 大覺寺에서
    道岳(568~636?)에게『구사론』을, 法常(567~645)과 僧辯(568~642)에게『섭
    대승론』을 배웠다. 현장이 천축 유학을 결심한 이유가 학자들마다 해석이
    너무 달라『십칠지론』의 원본을 구하고 싶었기 때문이라고 한다(鎌田茂雄,
    1999,「玄奘の大飜譯事業」, 앞의 책 참조).

54) 石井公成, 최연식 옮김, 앞의 책 참조.

55) 최연식, 2011,「백제 후기의 불교학의 전개과정」,『불교학연구』28, 217~218
    쪽. 성왕대에 남조의 성실열반학을 수용하였고, 위덕왕대에 북조의 禪法과
    지론학이 전래되었고, 무왕대에 삼론학을 수용하였기에『대승사론현의기』
    같은 저술이 나올 수 있었고, 일본에서 활동한 삼론학 전공 승려들이 많았다
    고 한다.

원광(圓光)의 영향이 컸을 것이다. 589년(진평왕11) 원광이 수의 도읍으로 갔을 때 당시 새롭게 유행하던『섭대승론』을 배운 뒤 강의로 이름을 떨쳤고, 신라로 돌아온 뒤에도 계속 강의하였다고 한다.[56] 자장도 귀국한 후『섭대승론』과『보살계본』을 강의하였다고 한다. 7세기 중반의 신라 불교계에는 원광, 자장 이후의 섭론학 전통이 계승되었고, 백제·고구려 그리고 입당 유학승들을 통해 신유식학도 수용되었다. 의상처럼 일부 화엄을 수학한 이들을 제외하고는 문무왕(재위 661~681) 즉위 이후 중앙 불교계에서 활동한 순경(順憬), 법위(法位), 현일(玄一), 의적(義寂), 경흥(憬興), 도륜(道倫), 도증(道證) 등 대부분의 승려들을 현대 학자들은 유식승으로 분류하고 있다.[57]

진골인 명랑은 국가의 후원 하에 유학을 갔을 것이므로, 당에서 당시 주류였던 섭론학이나 신유식학을 접했을 것으로 보는 것이 상식적이다. 자신의 집을 내어 만든 사찰 이름을 금광사라 하고, 전쟁 승리를 기원하며 창건한 사찰명을 사천왕사로 지은 것은『금광명경』을 중시한 유식승의 입장이라는 해석은 어느 정도 타당성이 있다.[58] 당시 신라에서 유식학 용어나『법화경』,『금광명경』,『무량수경』등 유식 전공 승려들이 중시했던 경론을 숙지하지 않고서는 중앙 불교계

---

56)『삼국유사』권4,「의해」5, 원광서학.

57) 오형근, 1978,「신라 유식사상의 특성과 그 역사적 전개」,『한국철학연구(상)』, 254~265쪽 등. 7세기 후반에 활동한 이들인데, 모두 생몰년이 명확하지 않다.

58) 당이나 신라의 유식승들은 수많은 경전을 유식학 용어와 개념으로 풀어냈고,『금광명경』은 천태 지의처럼 다른 전공의 승려들도 인용하고 있으므로『금광명경』에서 이름을 가져온 것만으로 명랑이 유식승이라고 단정하기는 어렵다. 다만 저술이 남아 있는 이 시기 신라의 유식승들이『금광명경』을 중시한 것은 분명하다.

에서의 대화에 끼기가 어려웠을 것이다. 다만 명랑의 저술로 전하는 것이 없는 것을 보면, 그는 경론의 주석서를 쓸 만큼 교학에 관심이 있었던 것은 아니었던 것 같다.

4. 명랑의 문두루법 설행 : 신주, 밀교경전, 밀교의례

13세기 『삼국유사』의 찬자가 명랑을 「신주」편에 수록한 것은, 그가 문두루법이라는 밀교의례를 처음 설행했기 때문이었다. 그런데 신주 (神呪)와 밀교(密敎)는 같은 개념의 용어일까? 밀교승의 정의를 생각 할 때 늘 궁금한 것이 있다. 4세기에 활동한 불도징(佛圖澄, 232~348) 과 백시리밀다라(帛尸梨蜜多羅, ?~?)가 활동 양상이 비슷한데, 현대의 학자들은 왜 불도징은 신이승이라고만 하고, 백시리밀다라는 최초의 밀교승이라고 하는 것일까?

　(불도징은) 진 회제 영가 4년(310)에 낙양으로 와서 대법(大法)을 홍포하고자 마음먹었다. 신주(神呪)를 잘 외웠고 귀물(鬼物)을 부릴 수 있었다.[59]

---

59) 『高僧傳』 권9, 「神異」 上, 쯤佛圖澄(T50, 2059, 383b21~22), "以晋懷帝永嘉四年 來適洛陽 志弘大法 善誦神呪 能役使鬼物."

백시리밀은 주술(呪術)을 잘 외워 바라는 것이 모두 징험이 있었다. 처음 강동에 아직 주법(呪法)이 있지 않았는데, 백시리밀이『공작왕경』을 역출하고 여러 신주(神呪)를 밝혔다.[60]

불도징이 신주를 잘 외우고 귀물을 부렸다고 한다. 왕조의 통치자들이 불교를 처음 받아들인 직접적인 계기가 가뭄이나 질병 등의 골치아픈 문제를 해결해주는 승려들의 신통력인 경우가 많았다. 불도징은 그의 신통력 덕분에 후조(後趙)의 석륵(石勒, 재위 319~333)과 석호(石虎, 재위 334~349)의 존경을 받으며 교화에 나섰다.

한편 영가(永嘉) 연간(307~313)부터 건강(建康)에서 활약한 백시리밀다라도 주술에 뛰어나 징험이 있었고 신주에 밝았다고 한다. 이 문장의 주술과 신주는 동의어로 보인다. 불도징이나 백시리밀다라는 모두 신주를 잘하고 신통력이 있는 승려였던 것이다. 신주를 외고 귀물을 부렸던 불도징의 행동은『삼국유사』에 나오는, 대력신(大力神)을 부려 귀신들을 잡아 김양도의 병을 치유한 밀본의 이야기와 크게 다르지 않다.[61]

사전에서는 밀교의 개념을 현교(顯敎)와 대비하여 설명하는데, 설교하는 방식에 따라 언어·문자로 붓다의 말씀을 드러내는 것을 현교라 하고, 겉으로는 알 수 없는 것을 밀교라고 한다.[62] 교의의 내용에 따라 현교와 밀교를 구분하기도 한다.『대지도론(大智度論)』에서는

---

60)『高僧傳』권1,「譯經」上, 帛尸梨密多羅(T50, 2059, 328a11~12), "密善持呪術 所向皆驗 初江東未有呪法 密譯出孔雀王經 明諸神呪."
61)『삼국유사』권5,「신주」6, 밀본최사.
62)『佛光大辭典』참조.

여러 보살이 무생법인을 얻어 번뇌가 끊어지면 육신통을 갖추어 중생을 이롭게 하는 것을 비밀(祕密)이라고 하였다.[63] 『대지도론』에 의거할 경우, 불도징의 신주도 '비밀'이라고 할 수 있다.

그런데 왜 불도징은 밀교승이라고 명명하지 않는 것일까. 위 인용문에서 불도징과 백시리밀다라의 두드러진 차이점은 『공작왕경』의 역출이다. 비장방(費長房, fl.562~598)이 찬한 『역대삼보기(歷代三寶紀)』에서는 백시리밀다라가 번역한 것이 3부 11권의 경주(經呪)라고 하고 있다.[64] 그렇다면 밀교승이라 불리기 위해서는 신통력만으로는 부족하고 밀교경전의 역출이라는 요소를 갖추어야 하는 것이다. 정리하면 신주·비밀은 밀교의 필수 요소이나 충분 요건이 아니고, 밀교승의 기본 요건은 밀교경전에 있다고 보는 것 같다.

지금까지의 이해를 바탕으로 신주와 밀교의 개념에 대한 학계의 최근 논의들을 좀더 살펴보았다. 일찍이 인도에서 밀교의 출현이 대승불교 다음이라는 견해도 있었고, 중국에 밀교 종파가 존재했다고 보는 이들이 많았지만, 최근에는 대승도 별도의 교단이라고 설명하지 않는 것처럼[65] 밀교도 독자적인 교단(종파)이나 사상으로 보지 않고 있다.[66] 동아시아 밀교는 특히나 밀교경전의 한역을 중심으로 설명하

---

63) 『大智度論』 卷4(T25, 1509, 825), "佛法有二種 一祕密二顯示 顯示中 佛辟支佛阿羅漢皆是福田 以其煩惱盡無餘故 祕密中 說諸菩薩得無生法忍 煩惱已斷 具六神通利益衆生." 이 구절의 현시를 소승, 비밀을 대승으로 해석하기도 한다(장익, 2015b, 「인도 밀교의 형성과정」, 『한국불교학』 74, 10쪽).

64) 『歷代三寶紀』(T49, 2034, 68c07), "東晉沙門帛尸梨蜜多羅 三部一十一卷經呪."

65) 渡辺章悟, 2010, 「大乗教團のなぞ」, 『新アジア佛教史02 インドⅡ-佛教の形成と展開』, 佼成出版社, 189~197쪽.

66) 장익, 2015b, 앞의 논문, 11~12쪽 ; 이승혜, 2017, 「구미학계의 중국 밀교논쟁 : 연구사적 조망」, 『불교학연구』 53, 140쪽에 의하면, 2002년 Robert

고 있다.

　신주(神州)에서 밀교경전이 성행하는 시기는 언제인가? 밀교경전의 한역은 3세기부터 시작되지만, 증가하는 것은 5세기부터라는 견해가 있다.[67] 밀교경전에는 신주경·다라니경이 다수 포함되어 있다. 5세기 밀교를 중국학자 뤼지엔푸(呂建福)는 '다라니밀교'라 하면서, 기원상으로는 다라니와 신주가 구별되지만, 다라니와 신주가 안식국, 월씨국, 구자국 등에서 융합되어 다라니와 신주가 동일한 것으로 간주되었다고 한다.[68] 즉 신주에 다라니가 더해지면서 밀교라 불리게 되었다는 것이다.[69] 다라니를 독송하며 수행을 하기도 하고, 다라니를 독송하며 의례를 행하기도 하였다. 특정 의례에 사용하는 다라니를 모아서 '신주경' '다라니경'의 형태로 정리함으로써 밀교경전이 증가하였다고 보고 있다.[70]

　　H. Sharf의 'On Esoteric Buddhism in China'라는 글이 발표된 이후 밀교 개념과 존재 형태에 대한 논쟁이 활발해졌다고 한다.

67) 呂建福, 1995, 『中國密敎史』, 中國社會科學出版社, 147~148쪽. 주술에 능한 승려들이 5세기부터 확인되는데, 이들은 주술로 비를 빌거나 귀신을 물리치기도 했다고 한다. 5세기에 번역되어 유통된 密典으로는 『虛空藏菩薩神呪經』, 『八吉祥經』, 『藥事琉璃光經』, 『無量門破魔陀羅尼經』, 『觀世音懺悔除罪呪經』 등이 있다.

68) 呂建福, 앞의 책, 151쪽.

69) 장익, 2015b, 앞의 논문, 11쪽.

70) 기존의 대승경전에 다라니를 부가하기도 하였는데, '다라니품'이 있는 경전명을 『대정장』 수록 순서대로 몇 개만 적어보면 다음과 같다. 『悲華經』 「陀羅尼品」, 『大般若波羅蜜多經』 권508 「第三分陀羅尼品」, 『勝天王般若波羅蜜經』 「다라니품」, 『妙法蓮華經』 「다라니품」, 『大方等大集經』 「寶幢分」 17 「제구중다라니품제육」, 『合部金光明經』 「銀主陀羅尼品」, 『金光明最勝王經』 「最淨地陀羅尼品」, 『入楞伽經』 「다라니품」 등이다. 이러한 '다라니품'들이 포함한 문헌을 밀교문헌(밀교경전)이라 부르는 이들도 있지만, 이는 5세기 이후에 본격화된 흐름으로서의 다라니밀교와는 성격이 다르다.

이처럼 신주경·다라니경의 전래라는 측면에서 신주에서의 밀교의 수용을 5세기로 소급하지만, 본격적인 밀교의 전래는 인도에서 밀교가 활발하게 전개되기 시작한 7세기 이후이다. 7세기 중반 이후 당에서의 밀교경전의 역출 양상도 이전과 달라졌다. 범승(梵僧) 나제(那提)가 655년 장안에 도착한 후 칙명에 의해 자은사에 머물면서 대승경전과 밀교경전을 번역하고자 하였으나 현장이 이를 무시했다는 사례를 들어 현장이 밀교에 침묵했거나 무관심하였다고 보기도 하지만,[71] 『불공견삭신주심경(不空羂索神呪心經)』, 『십일면신주심경(十一面神呪心經)』, 『주오수경(呪五首經)』, 『승당비인다라니경(勝幢臂印陀羅尼經)』, 『제불심다라니경(諸佛心陀羅尼經)』, 『발제고난다라니경(拔濟苦難陀羅尼經)』, 『팔명보밀다라니경(八名普密陀羅尼經)』, 『지세다라니경(持世陀羅尼經)』, 『육문다라니경(六門陀羅尼經)』 등의 다라니경이 현장의 역장에서 역출되었다.[72]

이렇듯 황실의 후원 하에 밀교경전이 다수 번역되었는데, 지통(智通)도 황제의 칙명으로 북인도승이 바친 『천안천비관세음보살다라니신주경(千眼千臂觀世音菩薩陀羅尼神呪經)』 2권 등을 번역하였다. 652년(또는 653년) 장안에 온 아지구대[阿地瞿多, 무극고(無極高)]는 승려들과 영공(英公) 이세적(李世勣) 등의 귀족들을 혜일사(慧日寺) 부도원(浮圖院)에 초청하여 653년 3월 10일부터 654년 4월 15일까지 『다라니

---

71) 심재관, 2011, 「인도-동남아시아의 해양 실크로드와 7~8세기 밀교의 확산」, 『아시아리뷰』 8-2(16), 222쪽. 한편 鎌田茂雄은 인도승 那提가 자은사에 있었는데 당시 현장의 명망이 높아 세상에 드러나지 못했고, 그가 직접 범본을 역출하고자 하였으나 현장에게 맡겨 『八曼茶羅經』 등 3부만을 역출하였다고 해석하였다(鎌田茂雄, 1999, 앞의 책 참조).

72) 鎌田茂雄, 1999, 앞의 책, 298~300쪽.

집경(陀羅尼集經)』1부 12권을 번역하였다. 또한 밀교경전과 관련한 도상들과 의례들이 함께 전해졌다.[73]

명랑이 660년을 전후하여 당에 유학하였을 때, 그는 대자은사 등 당의 주요 사찰에서 역출된 밀교경전들과 밀교도상 및 밀교의례를 접했을 가능성이 있다. 서명사(西明寺) 도세(道世, ?~683)가 편찬한 『법원주림(法苑珠林)』이나 『제경요집(諸經要集)』에서 『관정경』을 여러 차례 인용하고 있고, 당의 승려들이 『관정경』 12권 가운데 11권 『관정수원왕생시방정토경』과 12권 『관정발제과죄생사득도경』을 즐겨 인용하고 있는 것을 볼 때[74] 『관정경』이 널리 읽히고 있었음을 알 수 있다.[75]

이상의 밀교 개념과 신주에서의 밀교경전의 수용 양상에 대한 이해를 바탕으로 문두루법을 행한 명랑의 정체성을 생각해보자. 우선 그는 밀교경전을 역출하지 않았다. 문두루법 시행 이외에 일상생활에서 다라니를 독송한다거나 하는 행위도 없었다. 오로지 그는 불법으로 당군을 물리쳐달라는 국가의 요청을 받아 『관정경』이라는 밀교경전에 의거하여 문두루법이라는 밀교의례를 시행하였을 뿐이다. 밀교 개념의 핵심이 다라니, 밀교경전, 밀교의례라고 한다면, 명랑은 『관정경』이라는 문헌에 의거하여 문두루비밀법이라는 의례를 시행하면서 다라니를 독송하였을 테니 밀교승이라고 할 수도 있을 것 같다. 그런

---

73) 심재관, 2011, 앞의 논문, 224~226쪽.

74) 옥나영, 2017, 「신라시대 밀교경전의 유통과 그 영향」, 숙명여대 박사학위논문, 28~35쪽.

75) 신라 문두루법처럼 『관정경』을 직접 적군의 침입을 막는 의례에 활용한 사례는 없어서 명랑이 『관정경』을 약간 변형한 것이라고 보기도 한다(김상현, 1996, 앞의 논문, 138쪽).

데 여기서 다시 생각하게 되는 것이 밀교의례를 시행하였다고 하여 곧바로 밀교승이라고 할 수 있는가 하는 점이다.[76]

이 문제를 풀기 위해서, 7세기 중후반 동아시아에서 어떠한 밀교의례를 행하였고 누가 주관하였는지를 찾아보았다. 몇 사례가 있었지만, 유명한 법장(法藏, 643~712)의 경우를 소개하고자 한다. 법장은 일찍이 지엄(智儼, 602~668) 문하에서 화엄학을 수학하였고, 훗날 종밀(宗密, 780~841)에 의해 화엄 제3조로 규정된 인물이다. 법장은 지엄을 찾아가『화엄경』을 배웠지만, 그가 도첩을 받은 것은 지엄이 죽은 이후인 670년이었다. 그는 무측천이 어머니 영국부인(榮國夫人)을 위해 건립한 서태원사(西太原寺)에서 출가하였다.[77] 690년 무주(武周)를 세운 무측천은 불교 우위의 정책을 고수하며 승려들을 후원하였는데,[78] 후원받던 승려 가운데 한 명이 법장이었다. 695년에 무측천은 법장에게 만분계를 주고 현수라는 호를 하사하였다. 무측천과 법장은 가마다 시게오(鎌田茂雄)가 "법장의 화엄종이 무측천의 전제왕권 강

---

76) 그동안 밀교를 연구하는 학자들이 8세기에 활동한 善無畏, 不空을 대표적인 밀교승으로 설명해왔다. 선무외, 불공과 이전 밀교 관련 승려들과의 차별성이 무엇인지 불교사 흐름 속에서 설명할 필요가 있다. 출가 승려들은 불법 수학, 선관 수행, 계율 수지, 의례 주관 등 여러 업을 수행하는데, 7세기 무렵까지는 대체로 수학하는 불법의 내용을 기준으로 전공을 구분하였다. 교단의 규모가 커지면서 계율 전문가 율승, 의례 전문가 아사리 등이 등장하게 된다. 밀교승의 정의도 이러한 불교 교단의 변화 속에서 설명이 가능할 것이다. 이에 대한 논의는 다음으로 미루고, 이 글에서는 7세기 중후반 밀교의례 설행 주체에 대해서만 살펴보았다.

77) 木村清孝(1992), 정병삼 외 옮김, 2005,「화엄교학의 대성」,『중국화엄사상사』, 민족사 참조.

78)『舊唐書』卷6,「本紀」6, 則天皇后 ; 박광연, 2013,「동아시아의 '王卽佛' 전통과 미륵불 궁예」,『사학연구』110, 97쪽.

화와 무주혁명에 이데올로기를 제공했다"[79]고 평가했을 정도로 긴밀한 관계였다. 법장의 전기에 다음과 같은 내용이 있다.

신공 원년(697) 거란이 명을 어겨 군대를 내어 토벌하게 하였다. 특별히 법장에게 불경과 교법에 의거해 적의 공격을 저지하게 하였다. 그리하여 (법장이) 아뢰었다. "만약 적들을 꺾어 굴복하게 하고자 하신다면 청컨대 여러 법을 따라주십시오." 그 말을 따르게 하였다. 법사는 목욕하고 옷을 바꿔입고서 십일면(관음)도량을 건립하고 관음상을 세웠다. 행도한 지 처음 며칠 동안 오랑캐들은 왕의 군대를 둘러싼 무수한 신왕 무리들을 보았고, 어떤 이들은 관음상이 허공에 떠서 오는 것을 목도하였다. 개양의 무리들이 서로 두려워 나아가지 못하여 승리의 보고를 올렸다. 천휘[무측천]가 조서를 내려 위로하였다. "성 바깥의 병사들이 하늘북의 소리를 듣고, 진실로 시골 마을의 적들이 관음상을 보았다. 맛있는 술이 진영에 흘러넘치고, 선인의 수레가 군대 앞에서 대장기를 끌었다. 이는 신병이 없애버린 것이니 대개 (관음보살의) 자애의 힘으로 가피하신 것이다."[80]

---

79) 남동신, 1996, 「의상 화엄사상의 역사적 이해」, 『역사와 현실』 20, 49~51쪽에서 이 견해를 비판적으로 소개하고 있다.

80) 『唐大薦福寺故寺主翻經大德法藏和尙傳』(T50, 2054, 283c16~25), "神功元年 契丹拒命 出師討之. 特詔藏依經敎遏寇虐 乃奏曰 若令摧伏怨敵 請約左道諸法. 詔從之. 法師盥浴更衣 建立十一面道場 置光音像. 行道始數日 羯虜覩王師無數神王之衆 或矚觀音之像浮空而至 犬羊之群相次逗撓. 月捷以聞 天后優詔勞之曰 城之外兵士聞天鼓之聲 良鄕縣中 賊衆覩觀音之像. 酒流甘於陳塞 仙駕引纛於軍前 此神兵之掃除 蓋慈力之加被."

697년 거란의 침공에 직면한 무측천은 법장에게 진호 법회를 열어 줄 것을 요청하였고, 이에 법장은 십일면관음도량을 개설하여 십일면 관음상을 만들게 한 뒤 행도(行道)하였다. 행도란 불상, 법당, 탑 등을 오른쪽으로 돌면서 예불을 올리는 것으로, 법장이 십일면관음상을 돌면서 예불을 드리자 신왕(神王) 무리들이 나타나고 관음상이 떠다 니는 신이가 나타났다고 한다. 십일면관음도량에서 법장이 사용한 경전[經教]은 6세기 후반 야사굴다(耶舍崛多)가 한역한『십일면광세음 신주경(十一面光世音神呪經)』이거나 아지구다(阿地瞿多)가 한역한『다 라니집경』가운데「십일면신주심경」이거나 현장이 한역한『십일면 신주심경』이었을 것이다. 십일면관음도량은 바로 밀교의례였다.

7세기 들어 다라니염송에 상 숭배가 도입되는 밀교의례의 형태가 나타났는데, 그 대표적인 것이 바로 십일면관음도량이었다.81) 명랑 이 당군의 침입에 문무왕의 명령을 받아 사천왕사를 건립하고 문두루 법을 시행하여 맞선 것처럼, 법장도 거란의 공격을 막아내기 위해 무측천의 명령을 받아 십일면관음상을 주조하고 십일면관음도량을 열었던 것이다. 무측천이 사리(舍利)를 보관하기 위해 만든 사찰인 광택사(光宅寺)의 칠보대(七寶臺)에 703~704년 불상을 조성할 때 전체 32점 가운데 7점의 십일면관음상을 만들었는데, 이 칠보대에서도 행도를 행했을 것이라고 한다.82)

법장은 십일면관음도량뿐만 아니라 예종(睿宗, 재위 684~690, 710~

---

81) 최선아, 2016,「주문, 상, 만다라 : 밀교 의례의 전개과정」,『인문과학연구논 총』37-4, 216쪽.
82) 배영진, 2015,「장안 광택사 칠보대의 십일면관음상과 회과의례」,『석당논 총』61, 272쪽.

712) 때 가뭄이 지속되자 "수구즉득대자재다라니(隨求卽得大自在陀羅尼)라는 경이 있는데, 만일 단을 결하고 이 총지어(摠持語)를 서사하여 용추에 던지면 반드시 잡을 것이다."라고 하면서 「수구즉득대다라니」를 활용한 작법을 행할 것을 권하였고, 실제 오진사(悟眞寺)의 용지(龍池)에서 작법을 행해 효험이 있었다고 한다.[83] 이밖에도 법장은 687년 비를 청할 때, 695년 건양(겨울이 따뜻해지는 이변)을 바로잡을 때, 708년에도 비를 청하면서 밀교의례를 행했고, 그때마다 영험이 있었다고 한다.[84]

이상 법장의 사례를 통해 밀교문헌에 의거한 밀교의례를 주관하였다고 해서 밀교승이라 불리는 것은 아니었음을 알 수 있다. 중앙 불교계에서 활동하던 승려가 통치자의 요청으로 밀교의례를 시행하는 것은 자연스러운 일이었다. 이는 법장뿐만이 아니었을 것이다. 결론적으로 신라의 중앙 불교계에서 활동하던 명랑이 문무왕의 명을 받아 문두루비밀법을 행하였다는 사실 하나만으로 명랑을 밀교승이라 단정해왔지만, 명랑의 정체성이 밀교에만 있었다고는 할 수 없다.[85] 그는 신라 중앙 불교계의 일원으로서 국가의 위기 상황에 국가가 불교지식인에게 기대하는 역할을 충실히 수행하였던 것이다.

중요한 것은 7세기 중후반에 신라 사회에서 불법으로 적군을 물리치고자 하는 목적에서 밀교의례를 행하였고, 그 의례가 효험이 있다고

---

83) 옥나영, 앞의 박사학위논문, 174쪽.

84) 木村淸孝, 정병삼 외 옮김, 앞의 책 참조.

85) 그럼에도 불구하고 수많은 논문에서 명랑을 밀교승, 신인종승이라고 단정지을 수 있었던 근거는 『삼국유사』였다. 「신주」편에서 명랑을 왜 밀교, 신인종과 연관지었는가에 대해서는 고려시대 신인종을 다루면서 함께 설명하도록 하겠다.

신라인들이 믿게 되었다는 것이다. 이는 신라에 밀교의례를 수용할
수 있는 분위기가 형성되었음을 의미한다.

명랑이 사천왕사에서 설행한 문두루법은 당에서 유통되던『관정경』
에 의거한 의례였다. 다만 당에서 문두루법이라는 밀교의례를 개최했
다는 기록은 없다. 문두루법은 명랑에 의해 창안된 것이었고, 고려시
대까지도 이어졌다.[86]

신라하대 들어 황룡사가 최고 성전사원 자리를 대신하였다고 하지
만, 사천왕사의 주요 사원으로서의 위상은 9세기 후반까지도 지속되
었던 듯하다. 낭혜화상이 입적한 후 890년 그의 문인인 소현대덕(昭玄
大德) 통현(通賢)이 진성왕에게 탑명을 요청할 때 사천왕사 상좌 신부
(愼符)가 함께 하였다는 기록이 이를 보여준다.[87] 경명왕(재위
917~924) 때 사천왕사 벽화의 개가 짖고 사천왕사 오방신상의 활줄이
끊어지는 신라 멸망의 징조가 나타났다고 한다.[88] 이러한 이야기들도
황룡사와 더불어 사천왕사가 신라 말까지 여전히 신라를 대표하는
사찰이었음을 말해준다.

사천왕사가 신라를 대표하는 사찰이 될 수 있었던 것은 사천왕사의
창건을 주도한 명랑이 신라 사회가 불교계에 요구하는 바를 훌륭하게
완수하였기 때문이었다. 당과의 일전을 앞두고 국가 존망의 위기

---

86) 『고려사』 권9, 「세가」 9, 문종 28년(1074) 7, "庚子 設文豆婁道場於東京四天王
寺 二十七日 以禳蕃兵."
87) 「聖住寺朗慧和尙塔碑」, "遂與門人昭玄大德釋通賢·四天王寺上座釋愼符 議曰 師
云亡 君爲慟 奈何吾儕忍灰心木舌 缺緣飾在三之義乎 迺白黑相應 請贈謚曁銘塔."
88) 『삼국유사』 권2, 「기이」 2, 경명왕.

속에 명랑은 불법(佛法)으로 적을 물리칠 수 있다는 믿음을 신라인들에게 심어 주었다. 사천왕사에서 행한 문두루법은 국가 주도로 행한 신라 최초의 밀교의례였지만, 의례 집행자인 명랑을 밀교승이라 규정할 필요는 없다. 밀교의례의 주관자가 밀교승에 한정되지 않는다는 사실은, 밀교승의 존재가 확인되지 않는 8세기 전반에도 신라에서 밀교의례가 행해졌을 수 있음을 간접적으로 말해준다.

2장

유학승의 귀국과
신라 찬술문헌의 생산

『대승기신론소(大乘起信論疏)』

『반야바라밀다심경약찬(般若波羅蜜多心經略贊)』

『보살계본소(菩薩戒本疏)』

이 세 문헌의 공통점은 찬자가 신라 출신이라는 것, 그리고 사본이 돈황에서 발견되었다는 것이다. 원효(元曉, 617~686)가 찬술한『대승기신론소』의 돈황 사본은 BD12261호(中國國家圖書館 소장), Дx16758호, Дx8241B호, Дx824호(이상 러시아과학아카데미 동양사본연구소 소장), S7520호(영국대영박물관 소장) 총 5점이 있는데, S7520호는 필사 시기가 8~10세기로 추정되는, 현존하는 가장 오래된『대승기신론소』의 사본이라고 한다.[1] 원측(613~696)의 저술인『반야바라밀다심경약찬』의 돈황 사본으로는 P3771호가 있고, 의적(義寂, 7세기 중반~8세기 초)이 찬한『보살계본소』의 돈황 사본으로는 P3532(독일국가도서관 소장), S2500(영국대영박물관 소장) 등이 있다. S2500호에는 천(보) 14년(755)에 돈황인 사문 담유(談幽)가 필사하였다는 기록이 있다.[2]

원효는 당에 유학하지 않고 신라에서만 활동하였으며, 원측은 어릴 때 당에 유학가 당에서 입적하였고, 의적은 당에서 유학한 후 귀국하

---

1) 定源, 2010,「敦煌寫本より發見された新羅元曉の著述について」,『불교학리뷰』 7, 151~158쪽.

2) 王招國(定源), 2018,「敦煌遺書所見新羅義寂『菩薩戒本疏』寫本考述」,『불교학보』 82, 33쪽.

여 신라에서 찬술 활동을 하였다. 그러므로 원효와 의적의 문헌은 신라에서 생산된 뒤 당에 전해져 돈황까지 흘러들어갔을 것이다.

7세기 중반 이후 신라 불교계의 가장 큰 변화는 학승(學僧)이 증가하였다는 점이다. 학승이란 붓다의 말씀을 담은 경전과 경전을 해석한 논서 등을 배우고 익히는 것을 전문으로 하는 승려를 말한다. 신라의 학승들은 한역(漢譯)된 경론(經論)을 학습하였으므로 한문에 대한 소양을 갖추고 있었다. 고대 사회에서 한문을 읽고 쓸 줄 안다는 것은 그저 언어 하나를 아는 것에 그치지 않는다. 한문을 아는 학승들은 사회의 지식인으로서 담당해야 할 역할을 수행하여야 하였다. 진덕왕 (재위 647~654)~문무왕(재위 661~681) 시기의 신라 사회에서는 정부 및 관료 조직을 확대하면서 그 역할을 담당할 관원의 양성도 체계화하였는데, 그 이전까지는 한문을 아는 불교지식인들에게 부여된 사회적 역할이 많았다. 원광의 걸사표(乞師表) 작성이 상징하듯 외교 업무를 담당하였을 뿐만 아니라, 역법(曆法), 점술(占術), 의약(醫藥) 등 여러 분야에서 승려들이 활약하였다.3) 차츰 한문에 능통한 관료들이 배출되면서 승려들이 수행했던 역할이 그들에게로 옮겨갔을 것이다.

신라의 학승들은 7세기 전반의 학습 과정을 거쳐 7세기 중반 이후가 되면 그들 스스로 경전과 논서를 독창적으로 해석하고 주석서(註釋書)를 찬술하기에 이른다.4) 신라 학승들의 숫자가 적지 않고 신라 학승들

---

3) 7~8세기 일본 승려들의 사회적 역할을 정리한 글이 있어 참조된다. 細井浩志, 2015, 「七·八世紀における文化複合体としての日本仏教と僧尼令」, 新川登龜男 編, 『仏教文明と世俗秩序-國家·社會·聖地の形成』, 勉誠出版.

4) 주석서의 '주석'이란 표현은 육조시대부터 사용하던 것으로 古書를 해석하고

이 찬술한 주석서도 적지 않으며, 그들이 7~8세기 동아시아 불교학의
성숙에 기여한 바가 매우 크다. 신라의 학승들이 찬술한 주석서를
이 글에서는 '신라 찬술문헌'이라 명명한다. 신라 출신의 인물이 직접
지은 문헌에는 704년(성덕왕3) 한산주 도독이 된 김대문(金大問)이
찬했다는 『고승전(高僧傳)』, 『악본(樂本)』, 『한산기(漢山記)』, 『계림잡
전(鷄林雜傳)』이나 설총이 육경(六經)과 문학을 이두로 훈해(訓解)한
책들도 다 포함되지만, 이 글에서는 불교문헌에 한정해서 사용하였
다. 예를 들어 원효의 『판비량론』(671년 찬술), 『대승기신론소』, 의적
의 『법화경론술기』, 경흥의 『무량수경연의술문찬』 등 이 시기 신라승
들이 찬술한 불교문헌들을 말한다.

신라 찬술문헌에 대해서는 철학 및 사상사 측면에서 접근하여 내용
을 분석하고 사상이 지니는 의미를 밝히는 연구가 대부분이었다.
한편에서는 7세기 중반 이후 신라승들의 학문적 성취를 '종파'라는
틀 속에 담아 해석하기도 하였다. 화엄종·법상종·신인종 등의 종파가
성립되었고 이들 종파를 중심으로 승관제·교단이 운영되고 대중화가
진전되었다고 의미 부여하였다.[5] 그런데 7세기 전반의 섭론학, 7세기

주해하는 것을 가리키는데, 불교 주석은 경론의 내용을 요약하거나, 축자
해석하거나, 전체 내용을 해석하는 방식을 사용하였다. 신라 불교 주석서의
특징은 다음의 글을 참조바란다. 김천학, 2021, 「주석서」, 『테마 한국불교
9』, 동국대출판부, 184~203쪽.

5) 문명대, 1974, 「신라 법상종(유가종)의 성립문제와 그 미술(하)」, 『역사학
보』 63 ; 1976, 「신라 신인종의 연구−신라 밀교와 통일신라사회」, 『진단학
보』 41. 채상식은 "종파 성립은 특정 사상이 교학면(철학면, 體)·의식면(의례
면, 相)·신앙면(실천면, 用)에서 체계를 갖추고 이를 구현할 수 있는 매체,
즉 특정 계층의 지원에 의하든간에 경제적 기반이 마련된 사원(집회처)을
중심으로 조직적·체계적으로 행해지는 단계라고 할 수 있다. …… 대체로
신라통일기 전후에 나타나는 제 양상을 살펴보면 이에 해당된다고 할

중반의 신유식학 등 8세기 전반까지 신라 불교계에서 유식학이 유행하였고,[6] 화엄을 전공으로 하는 의상(義相, 625~702)의 후학들이 8세기 중반 중앙으로 진출하면서 그들이 불국사·석불사 등의 주지를 맡게 되었지만, 앞의 서장에서 설명한 바와 같이 이를 법상종, 화엄종의 프레임으로 설명하기는 어렵다.

신라는 7세기 전반만 하더라도 외부에서 불교문헌들을 수입하기에 급급하였다. 수·당으로부터 한역된 문헌들을 빠르게 받아들였다. 645년 현장이 귀국한 이후 당의 역경장이 바빠지면서 신라에 전해지는 문헌의 양도 많아졌다. 하지만 7세기 중반 이후에는 수입만 하지 않았다. 신라에서 찬술되고 필사된 불교문헌들을 당으로, 일본으로 보내었다. 신라 찬술문헌들은 신라 내에서만 소비된 것이 아니라 사신(使臣), 사승(使僧), 상인 등을 매개로 국외로 전해졌고 장안과 일본의 불교도들의 손에 들어갔다. 일본 쇼무천황(재위 724~749) 시기의 사경(寫經) 기록을 통해 일찍이 신라 찬술문헌들이 일본에 전해졌음을 알게 되었고, 최근에는 고사본(古寫本)에 대한 관심 속에 돈황 사본 가운데서 신라 문헌들도 발견되고 있다.

신라 찬술문헌들이 나당전쟁이 종식된 7세기 후반부터 8세기 전반 사이에 집중적으로 등장하였으며, 이 신라 찬술문헌들이 당시 동아시아 교류·교역에서 인기 있는 '물품'이었다는 사실에 주목하여 그 생산 과정을 살펴봄으로써 이 시기 신라 사회에서 불교계의 역할을 조명하고자 한다. 신라 승들이 주석서 찬술에 몰두하였던 이유가 무엇이고,

---

수 있다"고 하였다(채상식, 1993, 「한국 중세불교의 이해방향」, 『고고역사학지』 9, 320~322쪽).

6) 김복순, 1993, 「8·9세기 신라 瑜伽系 佛敎」, 『한국고대사연구』 6, 31~42쪽.

그것이 가능했던 환경이 어떠하였는가에 주목하였다. 신라 찬술문헌들의 등장은 전쟁의 종식이라는 시대 상황과 무관하지 않고 왕실·조정의 후원 하에서 가능했을 것이라 생각하기 때문이다. 신라 찬술문헌이라는 '물품'의 생산 과정을 추적해나가는 방식으로 이 가설을 논증하고 나아가 7세기 후반~8세기 전반 불교계의 사회적 역할을 조명해보고자 한다.

먼저 찬술문헌의 현황과 찬술 시기를 정리하고, 찬술 배경과 과정을 살펴보았다. 찬술문헌들의 수집·필사·관리를 책임진 관리가 대서성(大書省)이었음을 논증하였다. 고대의 불교 교류에 대한 선행 연구들,[7] 그리고 국어학, 서지학 연구자들의 신라 사경에 대한 다각도의 추적들,[8] 고고학에서의 왕경 발굴 성과들을 적극 활용하였지만, 관련 자료가 너무나 부족하여 많은 부분을 당과 일본의 사례에 견주어

---

7) 불교문헌을 중심으로 고대 신라와 일본의 교류를 설명한 글로는 최재석 교수의 일련의 책·논문들(최재석, 1996, 「8세기 日本의 佛經 수입과 統一新羅」, 『한국학보』 22-2 ; 2010, 『고대한일관계사연구』, 경인문화사 ; 2010, 『고대한일관계사 연구 비판』, 경인문화사 등)과 정병삼, 2002, 「고대 한국과 일본의 불교교류」, 『한국고대사연구』 27 ; 최연식, 2009, 「8세기 중엽 日本의 新羅 華嚴學 受容과 『華嚴(經)文義要決文答』」, 『구결연구』 23 ; 2010, 「7~9세기 신라와 일본의 불교교류에 대한 연구동향 검토」, 『불교학리뷰』 8 등이 있다.

8) 그동안 신라 사경에 대해서는 주로 서지학·국어학 분야에서 관심을 기울여왔다. 石塚晴通·吳美寧, 2008, 「正倉院本 중의 新羅寫經」, 『구결연구』 20 ; 山本信吉, 2012, 「日本における新羅寫経の發見と古代日本·朝鮮寫経」, 『書誌學報』 39 ; 박지선, 2013, 「고대 사경지 제작에 관한 연구」, 『서지학연구』 56 ; 남풍현, 2013, 「東大寺 所藏 新羅華嚴經寫經과 그 釋讀口訣에 대하여」, 『구결연구』 30 ; 권인한, 2013, 「목간을 통해서 본 신라 사경소의 풍경」, 『진단학보』 119 ; 리송재, 2014, 「동아시아 불교 서사문화와 통일신라 사경」, 『석당논총』 58 ; 정재영 2014, 「新羅 寫經에 대한 研究」, 『구결연구』 33 등이 있다.

추론할 수밖에 없는 한계가 있다. 이 글을 통해 신라 중대의 불교문화를 이해하는 데 신라 찬술문헌의 중요성을 상기시킬 수 있다면 다행이라 하겠다.

1. 신라 찬술문헌의 현황과 찬술 시기

600년(진평왕22) 원광(圓光, 550년대?~630년대?)이 귀국한[9] 이후 유학승이 증가하였다고 한다. 『삼국유사』의 원광서학(圓光西學)조 마지막에 "진(陳, 557~589)·수(隋, 581~618) 시대에는 해동인 가운데 바다를 건너 도를 묻는 이들이 드물게 있었고 설령 있다 해도 아직 크게 명성을 떨치지 못하였다. 원광 이후로는 서쪽으로 가서 배우는 이들이 줄지어 이어졌으니, 원광이 바로 길을 연 것이다"[10]라는 원광에 대한 평가가 있다. 원광이 매년 2회씩 강의를 하였다고 하는데, 원광의 강의를 들은 이들이 더 많은 배움을 위해 유학길에 올랐을 것이다. 당에서 학승으로 이름을 날린 원측(圓測, 613~696)이 유학을 떠난 것이 그의 나이 15세, 당 태종이 즉위한 다음해인 627년(진평왕49)이었다.

원측 이외에도 620년대 이후 신라에서 많은 승려들이 당으로 유학

---

9) 『삼국사기』 권4, 「신라본기」 4, 진평왕 22년(600).
10) 『삼국유사』 권4, 「의해」 5, 원광서학.

을 가 장안에서 활발히 활동하였던 것 같다. 645년 1월에 천축에서 돌아온 현장(玄奘, 602~664)이 곧바로 역경장을 열기 위해 역경을 함께 할 수 있는 이들을 모았다. 이때 참여한 이들의 명단이 『개원석교록(開元釋敎錄)』에 전하는데,[11] 증의(證義) 12명 가운데 신라에서 건너 간 법해사사문(法海寺沙門) 신방(神昉)이 포함되었다.[12] 증의란 번역된 문장을 읽고 잘잘못을 검토하고 문장을 다듬는 직책으로,[13] 한문뿐만 아니라 산스크리트어에도 능통해야 맡을 수 있었다. 신방은 기(基, 632~682), 보광(普光, ?~664), 가상(嘉尙)과 함께 현장의 총애를 받은 제자로 꼽힌다.[14] 645년에 이미 학식을 인정받아 증의로 참여한 것을 볼 때, 신방이 유학을 떠난 시기는 원측과 유사했을 것이다.

원광 이후 신라 학승으로는 자장(慈藏, 생몰년 미상)이 있다. 자장은 638년(선덕왕7) 장안으로 가서 승광별원(勝光別院), 종남산(終南山) 운제사(雲際寺) 등에 머물며 불법을 수학하다가 선덕왕의 부름으로 643년(선덕왕12)에 귀국하였다. 귀국 후 신라에서 『섭대승론(攝大乘論)』과 『보살계본(菩薩戒本)』을 강의하였다고 하고, 『아미타경소(阿彌陀經疏)』, 『아미타경의기(阿彌陀經義記)』, 『사분율갈마사기(四分律羯磨私記)』 『십송율목차기(十誦律木叉記)』라는 저술을 남겼다. 출가하여 분황사에 있었던 원효가 자장의 강의를 들었을 수도 있다.

---

11) 『開元釋敎錄』 卷8, 總括群經錄 上之八(T55, 2154, 559a25~559b10).

12) 증의 12명 가운데 弘福寺沙門 文備를 신라승으로 추정하는 견해도 있으나 논거가 부족한 것 같다.

13) 곽뢰, 2010, 「7~8세기 唐代 譯經事業과 新羅學僧」, 『동국사학』 48, 170쪽.

14) 신방에 대한 국내 연구로는 채인환, 1983, 「신방(神昉)과 신라 지장예참교법(地藏禮懺敎法)」, 『한국불교학』 8 연구가 선행된다.

신라 출신의 승려 이름과 그들이 찬술한 문헌에 대한 종합 정보는
1930년대 일본학자들의 연구[15]와 1976년 김영태·고익진 교수의 주도
로 간행된『한국불교찬술문헌총록』(이하『총록』이라고 함)에 의존하
고 있다.[16]『총록』은 나라조현재일체경소목록(奈良朝現在一切經疏目
錄), 신편제종교장총록(新編諸宗教藏摠錄, 1090), 동역전등목록(東域傳
燈目錄, 1094), 주진법상종장소(注進法相宗章疏, 1176) 등 각종 목록류
를 종합한 것으로, 기초 자료로서의 가치가 매우 높다.[17] 이를 토대로
2016~2019년에는 신라 찬술문헌뿐만 아니라 그 문헌들의 주석서까지
조사하여 목록을 정리하는 사업이 진행되었는데,[18] 그 결과 신라
찬술문헌이 당·일본 등에 유통되면서 중국·일본 학승들에 의해 많은
주석서들이 찬술되었음을 확인할 수 있었다.[19]

---

15) 江田俊雄, 1934,「新羅の遁倫と倫記所引の唐代諸家」,『宗教研究』11-3, 日本宗
   教學會, 445~458쪽 ; 勝又俊敎, 1938,「瑜伽論記に關する二三の問題」,『佛敎研
   究』2-4, 東京 : 大東出版社, 122~141쪽.

16) 김영태·고익진, 1976,『한국불교찬술문헌총록』, 동국대 불교문화연구원.
   다음의 자료도 있다. 민영규, 1959,「신라장소록장편(新羅章疏錄長編)」,『백
   성욱박사송수기념불교학논문집』, 백성욱박사송수기념사업위원회.

17) 최근에도 이 자료집에 전적으로 의존한 연구가 진행되고 있다. 박장승,
   2022,「慶州地域에서 撰述 및 刊行된 典籍의 서지적 분석」, 경북대 박사학위논
   문, 17~43쪽.

18) 한국학분야 토대연구지원사업 '한국찬술 불교문헌의 확장형 서지 DB 및
   디지털 지형도 제작'(연구책임자 : 김천학). 사업 결과물을 http://waks.aks.
   ac.kr/rsh/?rshID=AKS-2016-KFR-1230003(한국찬술 불교문헌의 확장형 서
   지DB)에서 제공하고 있다.

19) 김천학은 신라 찬술문헌의 유통 문제를 문헌학적으로 접근할 필요성과
   주석서까지 확장하여 연구할 필요성을 제기하며(김천학, 2017,「쇼묘지 소
   장 가나자와문고 관리 원효 기신론별기의 기초연구」,『한국사상사학』56,
   247쪽 ; 김천학, 2017,「한국찬술불교문헌의 확장성에 대한 일고찰ー태현의
   『보살계본종요』를 중심으로」,『서지학연구』70) 일련의 연구들을 진행하고

신라 찬술문헌의 목록을 정리하기 위해서는 찬자의 출신이 신라임을 판별하는 것이 선행되어야 한다. 『삼국사기』, 『삼국유사』 등의 문헌이나 금석문(金石文)에 등장하는 신라의 학승으로는 원광, 자장, 원안(圓安, 원광 제자), 원측, 원효, 순경(順憬), 의상(義相), 의적, 경흥(憬興), 도증(道證), 가귀(可歸), 태현(太賢) 등이 있다. 이들 외에도 이미 신라승으로 판명된 이들이 많다. 중국의 『고승전』이나 일본 자료에서 '신라'라고 밝힌 경우도 있고, 도륜(道倫=遁倫)이 『유가론기』를 찬술하면서 인용한 학승 가운데 신라인으로 확정 또는 추정되는 이들도 있다.[20] 불교 경전과 논서에 대한 주석서를 찬술 또는 편찬한 경험이 있는 신라 출신 학승들의 명단을 정리해보면 [표 1]과 같다.[21]

[표 1] 7세기~8세기 중반 불교문헌을 찬한 신라 출신 학승

	이름	근거
확정	원광(圓光), 자장(慈藏), 원승(圓勝), 원측(圓測), 원효(元曉), 순경(順憬), 법위(法位), 현일(玄一), 경흥(憬興), 의적(義寂), 도륜(道倫), 지인(智仁), 의상(義相), 도신(道身), 지통(智通), 승장(勝莊), 연기(緣起), 가귀(可歸), 태현(太賢), 표원(表員), 불가사의(不可思議)	
	승현(僧玄),[22] 영인(靈因, 令因),[23] 도증(道證), 신방(神昉), 명효(明皛)	『유가론기』 '新羅 ○法師'
추정	혜경(惠景),[24] 행달(行達),[25] 현범(玄範), 현응(玄應), 신곽(神廓)	『유가론기』

있다.

20) 박인석, 2015, 「『유가론기(瑜伽論記)』의 연구 현황과 과제」, 『한국사상사학』 50 참조.

21) 일본 찬술문헌에 등장하는 신라 학승들의 문장을 종합 정리한 자료집이 있다. 福士慈稔, 2010~2013, 『日本佛教各宗の新羅·高麗·李朝佛教認識に關する研究』 제1권·제2권상·제2권하·제3권, 山梨 : 身延山大學.

극태(極太), 대연(大衍), 의빈(義賓), 신웅(神雄), 의일(義一), 월충(月忠)	『총록』
문궤(文軌),[26] 원홍(圓弘)[27]	

다음으로 이들 신라 주석서들의 찬술 시기를 확인해보도록 하겠다. 원측, 원효, 의상을 제외하고는 생몰년을 알 수 없고, 이들의 활동 시기 또한 불분명한 상황에서 각 문헌의 찬술 시기를 확정하는 것은 불가능하다. 일본에 전하는 심상목록(審祥目錄)이나 나라조현재일체경소목록(奈良朝現在一切經疏目錄, 이하 '나라사경목록'이라 함)을 통해 대강의 찬술 시기를 짐작해볼 뿐이다.

우선 심상목록이란 768~769년 조동대사사(造東大寺司)의 문서에 심상사(審祥師)의 경록(經錄)이라고 기록되어 있는 문헌들의 목록을 가리킨다.[28] 심상목록 총 141부 가운데 원광, 원측, 원효, 의적, 경흥, 의상, 현일(玄一), 신곽(神廓), 현범(玄範), 대연(大衍), 도증 등 신라

22) 백진순, 2017, 「『유가론기(瑜伽論記)』에 나타난 신라현법사(新羅玄法師)에 대한 연구」, 『불교학연구』 52.

23) 『유가론기』 대정장본에 나오는 新羅國法師는 新羅因法師와 동일인이라는 견해가 있다(박인석, 2018, 「『유가론기』의 신라인법사(新羅因法師)와 신라국법사(新羅國法師) 연구」, 『불교학연구』 56).

24) 박인석, 2013, 「『유가론기(瑜伽論記)』에 나타난 혜경(惠景)의 사상경향 분석 －「오식신상응지(五識身相應地)」와 「의지(意地)」의 주석을 중심으로」, 『불교학연구』 39 ; 박인석, 2020, 「『유가론기』에 나타난 경사(景師)의 공(空) 이해의 특징」, 『한국불교학』 96.

25) 박인석, 2019, 「『유가론기(瑜伽論記)』의 달사(達師) 연구」, 『범한철학』 94-3.

26) 石井公成, 1990, 「朝鮮佛敎における三論敎學」, 『三論敎學の硏究』, 春秋社, 459~483쪽.

27) 김천학, 2014, 「원홍은 신라승려인가?－『법화경론자주』의 인용문헌을 중심으로」, 『동아시아불교문화』 17, 185~208쪽.

28) 平岡定海, 1972, 「新羅の審祥の敎學について」, 『印度學佛敎學硏究』 40, 581쪽.

학승들의 문헌이 많이 포함되어 있다.29) 740년(천평12) 료벤(良弁,
689~774)이 동대사(東大寺)의 전신인 금종사(金鍾寺)에서 『화엄경』을
강설할 때 대안사(大安寺)에 있던 심상을 강사로 초청하였다는 것이
심상에 대한 최초의 기록으로,30) 심상목록에 실린 문헌들은 심상이
740년 이전에 신라나 당에서 유학하면서 수집하였을 것으로 보고
있다. 심상이 신라 찬술문헌을 많이 소장한 배경으로 그가 신라인이
기 때문이라는 견해도 있고 단지 신라에 유학하였기 때문이라는 견해
도 있다.31) 한편 740년 심상이 『화엄경』을 강할 때의 복사(複師) 가운
데 한 명이었던 지쿤(慈訓, 691~777)의 장서 가운데도 신라 찬술문헌
이 많았고, 지쿤의 장서들을 고묘(光明)황후가 발원하여 일체경을
조성할 때 저본으로 활용하였다고 한다.32)

　다음으로 나라사경목록은 일찍이 이시다 모사쿠(石田茂作)의 연구
에 의해 자세히 소개되었다. 730년대부터 770년대까지 일본에서는
대대적인 사경 사업이 진행되었다.33) 이시다는 사경의 초출[初寫]

29) 審祥目錄은 平岡定海, 1972, 앞의 논문, 581~584쪽 ; 堀紙春峰, 1973, 「華嚴經
　　講說よりまた良弁と審祥」, 『南都佛敎』 31 ; 1980, 『南都佛敎の硏究』, 法藏館,
　　423~431쪽 등에서 확인할 수 있는데, 찬자에 대한 정보는 堀紙春峰의 연구가
　　자세하다.
30) 堀紙春峰, 1980, 앞의 책, 386쪽.
31) 審祥의 출신에 대한 한국·일본학자들의 견해는 윤선태, 1995, 「정창원 소장
　　「신라촌락문서」의 작성연대 – 일본의 『화엄경론』 유통상황을 중심으로」,
　　『진단학보』 80, 19쪽에 잘 정리되어 있다.
32) 윤선태, 1995, 앞의 논문, 18쪽.
33) 石田茂作, 1966, 『(寫經より見たる)奈良朝佛敎の硏究』, 東洋文庫 참조. 이 책의
　　부록에 사경 목록이 정리되어 있고, 東京大學史料編纂所(https://www.hi.
　　u-tokyo.ac.jp/kodai/)의 奈良時代古文書フルテキストデータベース에서 확인할
　　수 있다. 한편 奈良시대(710~794)는 平城京(지금의 奈良)에 도읍을 두었던

시기를 여러 각도에서 정리하였는데, 찬자를 기준으로 정리한 표에 의하면 신라 찬술문헌의 필사는 733년(天平5)이 가장 빠르고[34] 743년 (天平15)을 전후하여 많이 이루어졌다.[35] 733년은 고묘황후의 사경 사업이 시작된 해이다. 나라사경목록에 등장하는 신라 학승으로는 '현범, 원측, 문궤, 현일, 신곽, 도증, 의빈, 신방'(' '안의 인물들을 이시다 모사쿠는 당 승려로 봄), 원광, 의적, 원효, 의상, 경흥, 지인, 승장, 태현, 표원, 행달, 명효가 있다.

정리해보면, 일본의 '심상목록' '나라사경목록'에 신라 찬술문헌들 이 포함되어 있는데, 심상의 일본에서의 활동 시기나 사경 연대들을 종합해보면 신라 찬술문헌들은 730~740년대 이전에 일본으로 전래되 어 유통되고 있었다고 말할 수 있다.

2. 신라에서의 주석서 찬술 배경과 과정

신라 학승들이 찬술한 불교문헌들은 원광, 자장, 그리고 원효나 법위(法位)의 초기 저작들을 제외하고는 대부분 7세기 후반 이후에 찬술된 것으로 보고 있다. 7세기 후반~8세기 전반, 이 시기에 집중적

겐메이 천황(元明天皇) 때부터 간무 천황(桓武天皇, 재위 781~806) 때 平安京 으로 도읍을 옮기기 이전까지의 시기를 말한다.

34) 호一의 문헌이 가장 빠르다.

35) 石田茂作, 1966, 앞의 책, 50쪽, [제9호] 初寫註撰疏者別表 참조.

으로 신라인들이 불교문헌을 찬술할 수 있었던 배경을 시대적 상황 속에서 생각해보았다.

한반도를 에워쌌던 전쟁의 불길이 나당전쟁(670~676)을 마지막으로 비로소 꺼지게 되었다. 전쟁이 종식된 후 신라는 백제, 고구려, 당과의 전쟁에서의 승리를 기념하면서 새로운 통일 왕조로의 도약을 위한 준비에 착수한다. 이미 진평왕(재위 579~632) 때를 전후하여 중앙 관부의 건물들이 월성에 들어서고 진덕왕(재위 647~654) 때에는 중앙 관부의 실무를 담당하는 관원을 대폭 확충하여 관원 수가 200명에 이르렀었다.[36] 하지만 이때는 백제와의 마찰 등 여러 외부의 제약 때문에 진행이 느렸다. 이 제약들을 제거한 문무왕은 유형(도성 공간), 무형(제도, 외교 등)의 변화에 박차를 가했다.[37]

문무왕(재위 661~681)은 모든 중앙 관부의 관원을 5단계로 체계화하였고, 675년(문무왕15) 1월에는 각 관청 및 주군에 구리 인장을 만들어 내려주어[38] 행정 절차를 일원화하였다. 중고기부터 주변 나라의 영향을 받아 진행했던 격자형 가로구획을[39] 문무왕은 도성의 전 영역으로 확대하는 정비 사업을 진행하였다. 궁역을 월성 북쪽으로

---

36) 여호규, 2014, 「6~8세기 신라 왕궁의 구조와 정무·의례 공간의 분화」, 『역사와 현실』 94, 50~56쪽.

37) 전쟁의 와중에 군사 지휘 체제, 군역 동원 체제, 군공 보상 체계가 변화하였음은 물론(김영하, 1999, 「신라의 백제통합전쟁과 체제변화 : 7세기 동아시아의 국제전과 사회변동의 일환」, 『한국고대사연구』 16, 129~136쪽), 문무왕은 군수물자 보급 및 일률적인 부채 탕감 등을 위해 도량형제도의 통일을 기하였다(정혁수, 2016, 「문무왕의 絹布 규격 조정과 통일정책」, 『신라사학보』 38, 317~352쪽).

38) 『삼국사기』 권7, 「신라본기」 7, 문무왕 15년(675).

39) 양정석, 2018, 『한국 고대 정전의 계보와 도성제』, 서경, 172~173쪽.

의봉사년개토명(儀鳳四年皆土銘) 암키와(ⓒ e뮤지엄)

확장하며 왕궁의 공간 구조를 재편하였고,[40] 679년(문무왕19) 2월에는 궁궐을 화려하게 다시 고쳤다.[41] '의봉사년개토(儀鳳四年皆土)' 명 암키와가 관부 건물지와 사찰터를 중심으로 도성 전역에서 발견되고 있는데,[42] 의봉4년이 바로 679년이다. 이때 궁궐 동쪽 낭산 아래에서는 사천왕사 공사도 한창이었다. 당시 월성 인근은 공사로 시끌벅적했을 것이다.

전후(戰後), 불교계에는 어떠한 변화가 있었고 당시 사회에서 어떠한 역할을 하였을까. 첫째, 불교계에서는 문무왕 주도의 도성 재생 공사에 건축 기술과 자재를 제공하였을 것이다. 불교계는 백제의 기술을 도입하여 황룡사, 영묘사 등 대형 건물들을 지어본 경험을 축적하고 있었다. 건축에 꼭 필요한 토기, 기와 등의 제작에도 사찰이 관여하였다. 불교계의 건축 능력을 공적으로 활용하기 위해 신문왕 때부터 도성의 주요 사원에 성전(成典)이라는 관부를 둔 것으로 보인다.

둘째, 불교계의 정치적 역할이 축소되었다. 진흥왕(재위 540~576)

---

40) 여호규, 2019, 「삼국통일 전후 신라 도성의 공간구조 변화」, 『역사비평』 128, 255~256쪽.

41) 『삼국사기』 권7, 「신라본기」 7, 문무왕 19년(679) 2월.

42) 최민희, 2002, 「「의봉4년개토」 글씨기와를 통해본 신라의 삼국통일의식과 통일기년」, 『경주사학』 21 참조.

때 도승(度僧)이 공식화된 후,[43] 정확한 출가자 수를 확인할 수는
없지만 황룡사, 분황사, 영묘사 등 도성에 새롭게 건립된 사찰들의
규모나[44] 자장이 불교계의 규율을 세우기 위해 포살(布薩)을 정례화
했던 노력들을 상기하면[45] 선덕왕대(재위 632~647)에 출가자가 증가
하였을 것이다.[46] 이때는 출가자들의 대표격인 이들에게 승통(국통),
대서성, 대도유나, 도유나랑 등의 정관(政官)을 부여하였고, 국왕은
불교계의 지도자들에게 정치적으로 종교적으로 의지하는 바가 컸다.
그런데 674년(문무왕14) 9월에 의안법사를 대서성으로 삼았다는 기
사를[47] 마지막으로 중대에는 정관 임명 기사가 없고, 중앙 관부에서
활약한 승려들의 이름을 찾을 수가 없다.

셋째, 이 시기 승려들은 본연의 업무인 불법을 연구하고 수행·교화
를 실천하는 데 많은 시간을 할애할 수 있게 되었다. 더욱이 7세기
전반 이후 유학을 떠났던 이들이 668년(문무왕8) 고구려를 멸망시킨
이후 나당관계가 경색되면서 귀국의 길에 올랐을 것으로 보고 있다.
유학승들의 귀국으로 신라의 도성에는 불법 연구의 장이 펼쳐졌을
것이다.[48] 신라 학승들은 독자적인 해석이 가능한 학문 수준을 지녔

---

43) 『삼국사기』 권4, 「신라본기」 4, 진흥왕 5년(544).
44) 김복순, 2006, 「신라 왕경 사찰의 분포와 체계」, 『신라문화제학술발표논문
    집』 27, 115~118쪽.
45) 김영미, 2013, 「신라 中古期 三綱制의 시행과 그 기능」, 『한국고대사연구』
    72, 247~254쪽.
46) 백제의 기록이긴 하지만 『삼국사기』에서 사찰 창건을 계기로 도승을 행하는
    사례를 확인할 수 있다. 『삼국사기』 권24, 「백제본기」 2, 침류왕 2년(385).
47) 『삼국사기』 권7, 「신라본기」 7, 문무왕 14년(674).
48) 현장이 천축에서 당으로 귀국하면서 불상 등을 소지하고 온 것처럼, 이
    시기 귀국한 신라 승려들에 의해 당의 새로운 불교미술 양식이나 의례

었기에, 선구자 원효처럼, 신라인들 스스로 주석서를 찬술할 수 있었다. 신라 학승들, 그리고 그들이 찬술한 문헌들은 동아시아 불교 논쟁을 견인하는 역할을 하였다고 평가받고 있다.

그런데 찬술문헌을 지은 신라 학승들이 앞의 [표 1]과 같이 많지만, 이들의 활동 무대가 모두 신라이진 않았다.

[표 2] 7세기 중후반 이후 신라 학승들의 활동 장소

장소		이름
신라	확정	자장, 원승, 원효, 의적, 경흥, 도륜, 의상, 도신, 지통, 도증, 가귀, 표원, 태현
	추정	순경, 법위, 현일, 의일, 명효,[49] 불가사의[50]
당(장안)		원측, 지인, 신방, 승장
미정		승현, 영인, 혜경, 행달, 현범, 현응, 신곽, 극태, 대연, 의빈, 신웅, 문궤, 원홍, 월충[51]

원효, 경흥, 도신, 지통, 가귀, 표원, 태현은 유학을 간 기록이 없고, 자장, 원승,[52] 의상,[53] 도증은[54] 귀국한 기록이 있어 신라에서 활동한

등도 신라에 수용되었을 것이다.

49) 『개원석교록』 권9, 「總括群經錄」 上之九, 婆羅門李無諂/明曉.

50) 『大毘盧遮那經供養次第法疏』 卷上(H3, 45, 383a6)에 '零妙寺僧 釋不可思議撰'으로 명시되어 있어 귀국하여 영묘사에 주석한 것으로 보는 견해가 많으나 분명하지는 않다.

51) 일본의 안넨(安然, 841~899?)은 『悉曇藏』, 『眞言宗敎時義』 등에서 자신의 스승인 엔닌(圓仁, 794~864)을 인용하며 『석마하연론』의 찬자가 신라 月忠이라고 주장하였다(김지연, 2020, 「『석마하연론(釋摩訶衍論)』의 주요 내용과 특징」, 『불교철학』 6, 170~171쪽).

52) 『삼국유사』 권4, 「의해」 5, 자장정률.

53) 『삼국유사』 권2, 「기이」 2, 문호왕법민.

54) 『삼국사기』 권8, 「신라본기」 8, 효소왕 원년(692).

것이 분명하다. 순경, 법위, 현일, 의적, 도륜 등은 찬술문헌의 성격 등을 통해 귀국하였을 것으로 추정하고 있다.[55] 원측, 신방,[56] 그리고 도선과 현장의 문하에 있었던 지인(智仁), 무측천 시기의 역경에 참여 하였던 승장(勝莊) 등은 장안에 남았다.[57] 그밖의 여러 인물들은 활동 장소를 특정하기가 어렵기 때문에 신라라는 공간에서 생산된 찬술문 헌의 전체 규모를 파악하는 것은 무리다. 하지만 신라에서 활동한 것이 분명한 원효, 경흥, 의적, 태현을 신라 4대 저술가라 명명하는데, 그들이 찬술한 문헌만 해도 그 양이 방대하다. 春日禮智의 계산에 의하면, 원효가 210부, 태현이 116부, 경흥이 77부, 의적이 61부를 찬술하였다.[58]

여기서 궁금한 것은 이들의 찬술 활동이 개인이나 사찰 차원으로 이루어진 것인가, 아니면 중앙 관부나 왕실의 지원 하에 이루어진 것인가 하는 점이다. 먼저 찬술 활동에 필요한 불교 경론들을 학승들 은 어떻게 구할 수 있었을까. 주석서를 쓰기 위해서는, 주석의 대상인 경전 또는 논서, 관련 문헌(대상 경론에 대한 선행 주석서), 그리고 참고 문헌(설명을 보충하기 위해 인용하는 경론들)들을 갖추고 있어 야 한다. 예를 들어 의적의 『법화경론술기(法華經論述記)』는 세친(世

---

55) 박광연, 2013, 『신라 법화사상사 연구』, 혜안, 166쪽.
56) 신방은 황룡사승이라는 기록이 있으나 장안에서의 위상이나 역할로 보아 귀국하지 않았을 것으로 보고 있다. 『成唯識論本文抄』(T65, 2262, 415c05), "種姓差別集下卷云(新羅皇龍寺沙門神昉記)"
57) 중국의 입장에서 당에서 활동한 신라승들의 역할을 논한 글이 있어 참조된 다. 동파, 2016, 「신라승려의 입당 교류활동과 그 의의-당의 불교발전에 대한 공헌을 중심으로」, 『CHINA연구』 19권 1호, 52~66쪽.
58) 春日禮智, 1973, 『新羅佛敎硏究』, 山喜房佛書林, 36~37쪽.

親)의『법화경론』을 주석한 글로, 기의『묘법연화경현찬(妙法蓮華經玄贊)』, 길장(吉藏)의『법화론소(法華論疏)』, 혜정(慧淨)의『묘법연화경찬술(妙法蓮華經纘述)』을 인용하며 비교하고 있다. 그리고『묘법연화경』,『십지론』,『가야산정론』,『무량의경』,『대지도론』,『유가사지론』을 자주 인용하고 있다.[59] 그러므로 의적이『법화경론술기』를 찬술하면서 이들 문헌들을 수시로 열람하였을 것이다. 의적이 찬술한 부수만 61부에 달하므로 그가 참고한 문헌들의 총 양은 그 몇 십 배일 것이다. 의적을 비롯하여 당시 찬술 활동을 하던 이들이 과연 이 문헌들을 모두 개인 소장하고 있었던 것일까.

8세기 전반 일본의 경우 앞에서 살펴본 바와 같이 심상의 장서, 지쿤의 장서처럼 개인이 소장한 문헌들이 많았고 왕실의 사업도 여기에 의지하였다. 하지만 신라에서는, 신라 찬술문헌이 대거 등장하는 7세기 후반 이전에, 이미 국가 간의 공적 교류에 의해 많은 불교문헌들을 확보하고 있었다. 565년(진흥왕26) 진(陳)에서 보낸 경론 1,700여 권,[60] 576년 안홍이 수에서 귀국하면서 가져온『능가경』과『승만경』등이 있었고,[61] 자장이 643년(선덕왕12) 귀국 시에 장경(藏經) 1부를 요구하여 받아왔다.[62]

자장이 가져온 문헌들은 그가 귀국 후 주석했던[63] 분황사에 보관하

---

59) 박광연, 2008,「신라 의적의『법화경』이해-『법화경론술기』분석을 중심으로」,『불교학연구』21, 196~205쪽 ; 2013,『신라 법화사상사 연구』, 혜안 재수록.
60)『삼국사기』권4,「신라본기」4, 진흥왕 26년(565).
61)『삼국사기』권4,「신라본기」4, 진흥왕 37년(576).
62)『삼국유사』권4,「의해」5, 자장정률.
63)『삼국유사』권4,「의해」5, 자장정률.

분황사 모전석탑

였을 것이라고 보고 있다. 원효가 일찍이 분황사에 머물면서 화엄소를 찬할 때[64] 자장이 가져온 문헌들을 참조하였을 것이다. 현장은 648년(정관22) 대자은사(大慈恩寺) 창건 후 초대 상좌로 초대받아 자신이 소유했던 문헌들과 불상들을 가지고 거처를 옮겼다. 652년(영휘3) 현장은 문헌과 불상들을 보관할 수 있는 석탑을 건립해달라고 하였는데, 비용 문제로 전탑으로 만들었다고 한다.[65] 이에 견주어본 다면 분황사탑도 자장이 가져온 장경을 보관하던 서고의 역할을 하였을까.[66]

<hr>

64) 『삼국유사』 권4, 「의해」 5, 원효불기.
65) 肥田路美, 2017, 「서안(西安)출토 전불(塼佛)의 제작 배경과 그 의의」, 『강좌 미술사』 48, 298쪽.
66) 분황사의 완공이 634년(선덕왕3)이어서 분황사탑도 동시에 건립되었을 것

한편 647년에 즉위한 진덕왕(재위 647~654)이 당 태종(재위 626~649)에게 『유가사지론』 100권을 보내달라는 표문을 보내서 받았다고 한다.[67] 645년에 귀국한 현장이 『유가사지론』의 번역을 마친 때는 648년 5월이었고, 이후 태종이 『유가사지론』을 통독한 후 감복하여 9주에 사본을 반포하게 하였다고 하는데,[68] 신라에서도 이러한 사정을 알았기에 『유가사지론』을 요구하였을 것이다. 이 사실은 다음의 두 가지 점을 말해준다. 현장의 역장에서 한역된 문헌들도 곧바로 신라로 유입되었다는 점과 한역 문헌의 전래·수용에 국가가 개입하여 공적으로 진행하였다는 점이다.[69]

찬술 과정이 승려 개개인의 상황과 사회적 지위에 따라 동일하지는 않았을 것이다.[70] 하지만 주석서의 찬술에 필요한 불교문헌들은 국가 차원에서 관리하던 분황사 등 주요 사찰에 보관하던 책들을 참조하였을 것이다. 7세기 중반 이후 신라 학승의 배출, 그리고 수준 높은 주석서의 찬술은 새롭게 한역된 불교문헌의 입수와 관리가 체계적으로 이루어졌기 때문에 가능한 일이었다고 생각한다.

으로 보고 있다. 중국에서 문헌 등의 보관을 위해 탑을 만든 것이 현장이 처음은 아니었을 것이다. 전탑이 가장 오래된 사례는 523년(正光4)에 축조된 숭악사(嵩岳寺) 12각15층탑이라고 한다.

67) 「金山寺慧德王師眞應塔碑」, "頃自唐文皇 以新羅王表請 宣送瑜伽論一百卷."

68) 김은정, 2020, 「唐代 譯經事業과 監護」, 『역사문화연구』 76, 167쪽.

69) 김복순, 2005, 「신라 중대의 불교」, 『신라문화』 25, 175쪽에서는 『유가사지론』을 648년 겨울 또는 649년 정초 사행 때 가져왔을 것이라고 보았다.

70) 원효의 경우 젊었을 때는 분황사에 주석하며 저술을 찬하였으나 중앙 불교계에서 벗어나 독자적인 활동을 보였다. 원효의 저술 가운데 유일하게 창작 연도를 알 수 있는 것이 『판비량론』으로, 671년의 작이다. 210부에 달하는 저술을 어디에서 집필하였는지, 새롭게 전해진 문헌들은 어떻게 입수하여 열람하였는지 궁금하다.

역경이 대표 학승 개인의 작업으로 이루어진 것이 아니듯이[71) 신라 찬술문헌들도 찬자와 문도들과의 강경·강론 내용을 토대로 이루어진 것들이 있다. 의적의『법화경론술기』를 보면, 앞 부분은『법화경론』에 대한 의적의 강의이고, 뒷부분은 스승인 의적과 문도들 사이의 문답 내용이 많은 부분을 차지하고 있다.[72)『화엄경문답』도 스승인 의상과 제자들 사이의 문답을 토대로 찬술된 문헌이다.[73) 대부분의 승려들은 사찰에서 강경 및 찬술을 하였겠지만, 국로(國老)로 대우받던 경흥 같은 경우에는 그 장소가 궁궐 내였을 수도 있을 듯하다. 자료가 없어 추론으로 그치는 점이 아쉽지만, 찬술 장소는 물리적·물질적 지원이 가능한 장소였을 것이다.

3. 신라에서 찬술된 불교문헌의 수집과 필사

찬술까지는 찬자 개인의 역량이 중요하지만 물품으로 거듭나는 과정은 찬자와 무관하다. 찬술된 불교문헌들이 당과 일본에 전해지기

---

71) 646년(정관19)부터 664년(인덕원)까지 모두 1,335권을 번역한 현장의 경우 645년 3월에 역경장을 구성하면서 證義 12명, 綴文 9명, 字學, 證梵語梵文, 筆受, 서수를 선발하였고, 당 정부의 후원과 감독 하에 역경을 진행하였다(김은정, 2020, 앞의 논문, 162~163쪽).

72) 박광연, 2008, 「『법화경론술기』의 구성과 화자」, 『이화사학연구』 37, 197~198쪽.

73) 김상현, 1996, 「『추동기』와 그 이본『화엄경문답』」, 『한국학보』 22-3 참조.

까지의 과정을 헤아려보면, 다음의 단계를 상정할 수 있다.

(1) 찬술문헌의 수집 – (2) 필사 – (3) 필사한 문헌의 관리·포장

신라 찬술문헌의 수집 단계는 당의 목록 작성에 견주어 생각해볼 필요가 있다. 위경(僞經), 의경(疑經) 논란이 있었던 당에서는 진경(眞經)으로 인정한 경론만을 목록에 입장시켰다. 때문에 황제마다 재위 시에 목록 편찬 작업을 진행하였다. 『대당내전록(大唐內典錄)』(고종), 『대주간정중경목록(大周刊定衆經目錄)』(무측천), 『개원석교록(開元釋敎錄)』(현종) 등이 대표적인데, 예를 들어 삼계교 전적이나 『점찰선악업보경』 등은 무측천 때 가서야 진경으로 인정받았기에 『대당내전록』에는 없고 『대주간정중경목록』에 수록되었다.74) 이러한 왕실·조정의 개입 방식은 대장경(大藏經) 편찬 시에도 이어진다. 이는 신라에서 찬술문헌의 수집 단계부터 중앙이 관여했을 가능성을 보여준다.

당에는 역경사업을 담당한 번경원(飜經院)이 있었고, 일본에는 사경을 관리한 사경소(寫經所)가 있었다. 중국에서 불경 한역은 후한(後漢)부터 원대(元代)까지 1100년간 지속되었는데, 수 양제에 이르러 사찰 내에 번경관을 설치하여 역경을 후원하면서 한편으로는 감호(監護)를 두어 관리하였다. 606년(대업2) 낙양 상림원(上林園)의 번경관을 시작으로, 대흥선사(大興善寺)에도 번경관을 두었다. 당 태종은 648년(정관22) 대자은사를 건립한 후 그 내에 번경원을 두었고, 중종은 대천복사에 번경원을 성립하였다고 한다. 현장, 의정 등은 번경원

---

74) 박광연, 2002, 「원광의 점찰법회 시행과 그 의미」, 『역사와 현실』 43, 118쪽.

을 거점으로 하여 여러 사찰에서 역경을 진행하였다.

한편 일본에는 사경소(寫經所)가 있었다. 초기(727~728)에는 후지와라 집안의 가정기관으로 시작하였으나 729년 6월 고묘시(光明子)가 황후가 된 이후 황후궁직(皇后宮職)의 하부 조직이 되었고, 여기에서 733년(덴표5)부터 일체경 사경을 시작하였다[오월일일경(五月一日經)이라 부름]. 이후 복수사(福壽寺) 사일체경소, 금광명사(金光明寺) 사일체경소, 조동대사사(造東大寺司) 관하의 동대사사경소(東大寺寫經所)로 명칭이 바뀌면서 조직도 확장되었고 776년까지 지속적으로 대규모 사경사업을 진행하였다.[75]

신라에도 사경소가 있었다고 한다. 권인한은 월성해자 149호 목간을 통해 7세기 중엽 신라 사경소(또는 이에 준하는 기구)의 존재를 설명하였다.

　經中入用思買白不雖紙一二个
　牒垂賜敎在之
　경(經)에 들여쓸 생각으로 백불유지(白不雖紙) 한두 개(箇)를 사라(고)
　첩(牒)을 내리신 교(敎=명령)가 있었다.[76]

국왕이 종이 구매의 명령을 내렸는데, 이때의 종이가 불경을 쓸 종이, 즉 사경지(寫經紙)였고, 첩을 내려 명령하였다는 것으로 보아 '관립 사경소'였다고 규정하였다.[77] 이 견해를 따르면, 관립 사경소

75) 사카에하라 토와오 지음, 이병호 옮김, 2012, 『정창원문서 입문』, 태학사, 101~114쪽.
76) 권인한, 2013, 앞의 논문, 200쪽.

에서 찬술문헌의 보급 또는 판매를 위해 필사를 행하였을 것으로 보인다.

신라에서 찬술문헌의 내용을 검토하는 과정은 확인할 수 없지만, 찬술문헌들을 수집하여 관리하고, 보급 또는 판매를 위해 필사하는 사경소 운영을 담당한 관부나 관원이 존재하였을 것이다. 신라 찬술 문헌의 관리·생산이 공적 시스템 속에서 진행되었다는 것인데, 이를 담당한 관원으로 대서성(大書省)을 생각해볼 수 있다.

> 대서성은 1명으로, 진흥왕이 안장법사를 임명하였다.[78)]
> 신라 진흥왕 11년(550) 경오에 안장법사를 대서성 1인으로 삼았고,
>   또 소서성 2인을 두었다[79)]
> 진덕왕 원년(647)에 (대서성) 1명을 더하였다.[80)]
> [669년, 문무왕 9년] 봄 정월에 신혜법사를 정관 대서성으로 삼았다.[81)]
> [674년, 문무왕 14년] 9월에 의안법사를 대서성으로 삼았다.[82)]

대서성은 551년(진흥왕12) 고구려에서 온 혜량을 승통으로 임명하기에 앞서 550년(진흥왕11)에 먼저 임명하였는데, 이에 대해서는 선행 연구에서 설명하였듯이 이는 불교지식인이 지닌 한문 능력 때문이

---

77) 권인한, 2013, 앞의 논문, 203쪽. 사경소에는 紙作人, 經筆師, 經心匠, 佛菩薩像
    筆師, 經題筆師 등이 있었다.
78) 『삼국사기』 권40, 「잡지」 9, 武官.
79) 『삼국유사』 권4, 「의해」 5, 자장정률.
80) 『삼국사기』 권40, 「잡지」 9, 武官.
81) 『삼국사기』 권6, 「신라본기」 6, 문무왕 9년(669).
82) 『삼국사기』 권7, 「신라본기」 7, 문무왕 14년(674).

었을 것이다. 대서성의 역할에 대해 왕실의 측근 고문이다,[83] 비문과 문서를 작성했다,[84] 승통을 보좌하며 불교 제반 의식과 사무를 담당했다,[85] 문한(文翰)을 담당했다,[86] 불사(佛事)를 관리·감독했다[87] 등의 다양한 견해가 있었다. 이처럼 대서성이 문서·문한을 담당한 승려 관인이라는 견해도 일찍부터 있었다. 필자도 대서성에서 문한(문장)과 문헌, 특히 불교문헌에 관한 직임을 담당하였을 것이라 판단하는 근거는 다음과 같다.

첫째, 불교 전래 초기부터 불경(佛經), 경문(經文)이 전해졌다. 565년(진흥왕 26)에 진에서 보낸 불교문헌[석씨경론(釋氏經論)]은 1,700권에 달할 정도로 그 양이 방대하다.[88] 수천 권에 달하는 불교문헌을 정리하고 관리하기 위해서는 『논어』 등의 한학에 대한 지식과는 별도의 전문성을 갖춘 이들이 필요하였을 것이다. 그래서 진흥왕이 승통에 앞서 대서성을 둔 것이 아닌가 한다.

둘째, 서성(書省)은 신라 고유의 관직명이 아니다. 남동신이 이미 중국 중앙 관제의 '서성'이 왕명 출납에 관련된 글을 쓰거나 국가의 주요 도서·전적, 사서 편찬을 담당한 사실, 그리고 신라와 교류한 양(梁)의 관제에 상서성(尙書省), 집서성(集書省), 중서성(中書省), 비서성(祕書省) 등 '서성'류 관서가 다수 존재하였다는 사실을 제시하였다.

---

83) 이홍직, 1959, 「신라 승관제와 불교정책의 제문제」, 『백성욱박사송수기념불교학논문집』, 672쪽 ; 1971, 『한국고대사의 연구』, 신구문화사에 재수록.
84) 이수훈, 1990, 「신라 승관제의 성립과 기능」, 『역사와 세계』 14, 28~32쪽.
85) 강봉룡, 1997, 「신라의 승관제와 지방지배」, 『전남사학』 11, 65쪽.
86) 남동신, 2000, 「신라의 승정기구와 승정제도」, 『한국고대사논총』 9, 151쪽.
87) 신선혜, 2006, 「新羅 中古期 불교계의 동향과 僧政」, 『韓國史學報』 25, 93쪽.
88) 『삼국사기』 권4, 「신라본기」 4, 진흥왕 26년(565).

여기에 설명을 보태자면, 서성류 관부들 가운데 집서성(集書省)은 서한 때 국가의 서적들을 보관하던 금마서(金馬署)에서 비롯되었고, 비서성은 동한 때의 도적(圖籍)을 맡아 관리하던 비서감(祕書監)에서 비롯되었다. 비서감을 남북조시대부터 비서성이라 불렀는데, 고려시대의 비서성을 관립도서관이라 규정하듯이,[89] 역대 왕조의 비서성에서는 경적(經籍)을 맡아 관리하거나 도서(圖書)를 관리하고 기록하며, 서사(書寫) 및 교감을 주관하였다.[90]

셋째, 불교 제반 의식에는 의례가 중요한 부분을 차지하는데, 불교 의례는 진평왕 8년(586) 제의와 의례를 전담하게 하기 위해 설치한 예부 하의 대도서(大道署)에서 담당한 것으로 보고 있다.[91] 그리고 대서성이 불사(佛事) 담당이라면, 신라하대에 성전(成典)과 대서성이 공존하는 시기에[92] 불사 운영 체계는 어떻게 설명해야 하는가 하는 숙제가 남게 된다.[93]

---

89) 배현숙, 1980, 「고려시대의 비서성」, 『도서관학논집』 7, 57쪽.

90) 『通典』, 「職官」 1, 『歷代官制總序』(https://ctext.org/text.pl?node=552992&if=gb)

91) 한영화, 2020, 「신라 예부의 성립과 운영」, 『인문과학』 76 참조.

92) 「菁州 蓮池寺鐘銘」(833)에 '成典和上 惠門法師 □惠法師'가 나오고, 817년(헌덕왕9) 이차돈의 무덤과 비를 만들 때 참여한 인물 가운데 大書省 眞怒가 있다.

93) 국사편찬위원회 한국사DB 『삼국사기』에서는 대서성 항목에 "서성 계열의 승관은 법흥왕대 불교 공인 이후 본격적인 佛事 활동이 실행될 무렵에, 불사의 관리나 감독을 위해 설치한 것으로 파악되고 있다. 이때의 서성은 단순히 불사를 지휘하는 역할에만 한정된 신라 승관의 초기적인 모습을 가진 것으로 보인다. 이로 인해 이듬해 혜량에 의해 본격적으로 승관이 설치되는 과정에서 보다 체계적인 승관의 모습을 지닌 國統 이하에 흡수된 것으로 여겨진다(신선혜, 2006, 「신라 중고기 불교계의 동향과 승정」, 『한국사학보』 25, 85~93쪽)"라는 주석을 달고 있다. 그런데 대서성이 불사를

즉위 후 여러 관부의 관원을 늘렸던 진덕왕(재위 647~654)은 정관에서는 대도유나와 대서성 1명씩을 늘렸고, 이후 정관의 추가 임명은 문무왕 때의 대서성밖에 없다. 당의 상황에 민감했던 진덕왕이 대서성을 늘려서 자장이 가져온 장경의 관리, 현장 이후 역장에서 쏟아지는 한역 불교문헌들의 관리를 맡겼다는 해석은 무리일까.

문무왕이 669년(문무왕9)과 674년(문무왕14)에 대서성을 거듭 임명한 것을 볼 때 대서성이 시간이 흐르면서 단순히 문서 작성에 그치지 않고 불교문헌의 관리, 편찬 등 장서(藏書) 업무 전반을 담당하였을 것으로 보인다. 이는 이 시기 신라 찬술문헌의 생산과 무관하지 않을 것이다. 분황사 등에 보관하던 경론을 필요로 하는 이들에게 제공해주기 위해서는 그 문헌을 필사해야 하였고, 찬술이 완료된 문헌들을 모아야 했고, 수집한 문헌들을 사신이나 승려, 상인들에게 제공해주기 위해서도 필사를 해야 했을 것이다. 권인한의 견해에 의거하면 신라에 불교문헌의 필사를 전문으로 하는 관립 사경소가 존재했기에,[94] 그 사경소 소속의 사람들이 역할을 분담하여 필사를 진행하였을 것이고, 그들을 관리, 감독하는 책임자가 있었을 것이다. 『삼국사기』「신라본기」에 대서성 임명 기사가 실린 것은 불교문헌들의 관리가 중앙 정부의 관할이며, 그 역할이 중요하였음을 반증하고 있다.[95]

마지막으로 불교문헌의 필사가 행해진 장소, 사경소의 위치가 황룡

담당했다는 근거가 무엇인지, 여기서 말하는 불사의 의미가 무엇인지, 국통 이하에 흡수되었다는 것이 무슨 의미인지 설명이 부족하다.

94) 권인한, 2013, 앞의 논문, 203~213쪽.

95) 문무왕·신문왕 시기에 의학서도 국가 주도로 편찬되었다는 연구가 있다. 이현숙, 2009, 「신라 의학의 국제성과 의약 교류」, 『백산학보』 83, 271쪽.

사였을 가능성을 제시해보고자 한다. 그 근거는 다음과 같다. 첫째, 안함이 서역승과 함께 신라로 돌아와 황룡사에서 경전을 번역하였다고 하는데,[96] 기사의 신빙성에 대한 논란이 있지만, 황룡사가 역경과 필수의 장소로 등장하고 있다는 점이다. 둘째, 분황사와 거리가 가깝다는 점이다. 황룡사 가운데서도 자장 등의 고승이 머물렀고 장경을 보관했을 분황사와 붙어 있는 황룡사 북쪽 회랑 외곽이 유력하다. 북쪽 강당지 바깥으로 공간이 넓은데, 강당의 북쪽 영역은 사무를 보거나 고승이 머무는 곳, 사찰 운영에 필요한 거처나 창고, 식당 및 부엌 등으로 사용되었을 것으로 보고 있다.[97] 셋째, 755년 구례 화엄사에서의 화엄경 사경을 황룡사 승 연기가 발원하고 있는 점이다. 넷째, 신라말 고승비의 서자·각자 가운데 분황사, 황룡사 출신의 승려가 등장한다는 점이다. 「무장사비」가 왕희지 집자체가 아니라 황룡사 이 쓴 것이라고 하고,[98] 「봉암사 지증대사탑비」(924)의 서자 및 각자는 분황사 승 혜강(慧江)이었다. 필사 전통이 신라말 고려초까지 분황사·황룡사에 내려와 명필이 많이 배출된 것은 아닐까 한다.

이상에서 살펴본 찬술, 수집, 필사의 과정을 거쳐 생산된 신라 찬술 문헌들은 당 및 일본과의 교류에서 인기 있는, 신라를 대표하는 물품이 되어 당으로, 일본으로 전해졌다. 전쟁의 종식 이후 당, 신라, 일본 세 나라는 전쟁의 여운이 남아 있었지만, 그 이전 시기보다

---

96) 『해동고승전』 권2, 「유통」 1-2, 釋安含.

97) 정여선, 2020, 「황룡사 회랑외곽의 공간구조 검토」, 『신라문화』 57, 45쪽 [그림 9] 참조.

98) 최영성, 2010, 「新羅 鍪藏寺碑의 書者 硏究」, 『신라사학보』 20 참조.

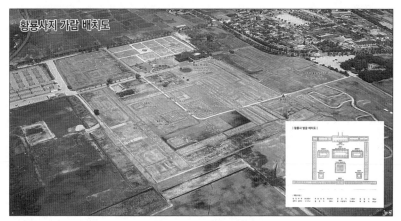

황룡사지 가람배치도

적극적인 교류를 전개한다. 각 국은 사신, 승려, 상인들의 인적 교류 속에 문물, 제도의 영향을 주고받았다. 당시 공적 교류의 상징이라 할 수 있는 것이 한적(漢籍)이었고, 한적의 많은 부분을 불교문헌이 차지하였다.[99]

---

99) 찬술문헌의 유통에 대해서는 이 글에서 함께 다루기에는 그 내용이 많아 다음을 기약한다. 예를 들어 신라 찬술문헌들은 일본에 전래된 경로는 공적 교류, 사적 교류를 함께 살펴봐야 할 것이다. 일본 측 기록에는 701년(文武天皇5)부터 722년(養老6)까지 신라로 여덟 차례 사신을 파견하였다. 이 가운데 707년(慶雲4) 5월에는 신라에 갔던 사신 일행과 함께 일본의 학문승 기호오[義法], 요시모토[義基], 죠타츠[淨達] 등이 귀국하였다고 한다(堀紙春峰, 1980, 앞의 책, 394쪽). 『삼국사기』에 의하면 703년(성덕왕2) 신라에 온 사신 일행이 모두 204명이었다고 하는데(『삼국사기』권8, 「신라본기」8, 聖德王 2년 (703), "日本國使至 摠二百四人"), 이들 가운데 승려들이 다수 포함되어 있었을 것이다. 신라에서 일본으로 보낸 신라 사신들의 배에도 일본승들이 동승했을 수 있다. 한편 겐메이 천황(元明天皇) 사후인 722년(성덕왕21) 신라에서는 모벌군성을 쌓아 일본적로(日本賊路)로 차단하였고 점차 신라와 일본의 관계가 경색되어 731년(성덕왕30)에는 일본국 병선 3백 척이 신라로 쳐들어오기에 이르렀다. 그 이후 사신·승려의 공식적인 왕래는 단절되었지만 상인

신라 출신의 학승들이 7세기 중반 이후부터 8세기 전반 사이에 다수의 주석서를 찬술하였고, 그 문헌들이 주변 나라에 전해진 과정을 살폈다. 중고 시기에는 정치를 운영할 때 불교지식인에게 자문을 구하거나 사찰을 건립하여 권위를 보여주는 방식으로 불교를 활용하였다. 하지만 중대에 들어서는 이러한 양상이 현격히 줄었다. 반면 신라의 학승들은 자신들이 해석한 주석서를 다량 찬술하였다. 이 신라 찬술문헌에 대한 당과 일본에서의 수요가 있어 교류에 이용되었다.

간의 거래는 지속되었을 것으로 본다. 이들 사신, 유학승, 상인들을 통해 신라 찬술문헌이 지속적으로 일본에 전해졌을 것이다.

3장

종교적 구원,
정불국토(淨佛國土) 제창

1. 신라 찬술문헌의 주제

신라 찬술문헌을 분야별·문헌명별로 구분하면 아래의 [표 1]과 같다. 이는 신라뿐만 아니라 고려·조선시대의 주석서를 망라하여 한국 찬술문헌의 확장성을 연구하는 김천학이 정리한 '신라 찬술 주석서' 표를 활용하여 재정리한 것이다.[1]

[표 1] 신라 찬술문헌의 현황

번호	주제	대상 문헌	찬자
1	경전	부증불감경不增不減經	원효
2		약사경藥師經	경흥, 도륜, 태현
3		정반왕경淨飯王經	도륜
4		대집경大集經	경흥
5		금강반야경金剛般若經	원효, 경흥, 도증, 의적, 도륜, 태현
6		대반야경大般若經	의적, 도륜
7		반야경般若經	원효
8		반야심경般若心經	원측, 원효, 태현
9		반야이취분경般若理趣分經	도증, 의적, 도륜, 태현
10		방광경方廣經	원효
11		인왕반야경仁王般若經	원측, 태현
12		반주삼매경般舟三昧經	원효
13		무량의경無量義經	원측, 원효
14		법화경法華經	원효, 경흥, 순경, 현일, 의적, 태현
15		금광명경金光明經	원효, 경흥, 승장, 도륜, 태현
16		금광명최승왕경金光明最勝王經	경흥
17		승만경勝鬘經	원효, 도륜
18		열반경涅槃經	원효, 경흥, 현일, 의적, 태현
19		여래장경如來藏經	원광, 대연
20		금강삼매경金剛三昧經	원효, 도륜

---

1) 김천학, 2021, 「주석서」, 『테마한국불교 9』, 동국대출판부, 185~187쪽.

21		유마경維摩經	원효, 경흥, 도륜
22		능가경楞伽經	원효
23		기신론起信論	원효, 경흥, 승장, 태현, 연기, 대연, 월충
24		성실론成實論	원효
25		구사론俱舍論	원측, 경흥, 영인
26		대비바사론大毘婆沙論	순경
27		잡집론雜集論	원효, 지인, 승장, 태현
28		불성론佛性論	승장
29		보성론寶性論	원효
30		중변분별론中邊分別論	원효, 도증, 현일, 태현
31		불지론佛地論	지인, 태현
32		현유식론顯唯識論	신방, 경흥
33	기신론 유식 인명	현양론顯揚論	경흥, 지인, 태현
34		해심밀경解深密經	원측, 원효, 경흥, 영인
35		관소연연론觀所緣緣論	원측, 태현
36		백법론百法論	원측, 의적, 태현
37		유식이십론唯識二十論	태현
38		유가석론瑜伽釋論	경흥
39		성업론成業論	태현
40		성유식론成唯識論	원측, 신방, 원효, 경흥, 순경, 도증, 승장, 현일, 의적, 도륜, 태현
41		오온론五蘊論	태현
42		유가론瑜伽論	원측, 원효, 경흥, 행달, 현일, 도륜, 태현
43		섭대승론攝大乘論	원효, 도증, 태현
44		인명정리문론因明正理門論	원측, 원효, 경흥, 도증, 승장, 태현
45		인명입정리론因明入正理論	원효, 순경, 태현
46		마명생론馬鳴生論	의적
47	화엄	화엄경華嚴經	원효, 태현, 연기, 의융義融, 범여梵如, 가귀可歸
48		법계도法界圖	진숭珍嵩, 법융法融
49		입법계품入法界品	의상
50	정토	미륵경彌勒經	원측, 원효, 경흥, 의적, 태현
51		아미타경阿彌陀經	자장, 원측, 원효, 의상, 도륜 경흥, 현일, 태현
52		칭찬정토경稱讚淨土經	태현

53		수원왕생경隨願往生經	현일
54		무량수경無量壽經	원측, 원효, 법위, 경흥, 영인, 현일, 의적, 태현
55		관무량수경觀無量壽經	경흥, 현일, 의적, 태현
56	계율	사분율四分律	지명, 자장, 원승, 원효, 경흥, 지인, 도륜
57		십송율十頌律	자장
58		범망경梵網經	원승, 원효, 승장, 현일, 의적, 태현, 단목端目
59		본업영락경本業瓔珞經	의적
60		유가계본瑜伽戒本	태현
61	기타	관정경灌頂經	경흥
62		대일경大日經	불가사의
63		십이문다라니경十二門陀羅尼經	경흥
64		십일면경十一面經	지인, 도륜
65		장진론掌珍論	원효, 태현
66		광백론廣百論	원측, 원효, 태현
67		십륜경十輪經	신방
68		법화경론法華經論	의적

　　신라 찬술문헌들의 대상은 크게 경전류, 기신론·유식·인명류, 화엄
류, 정토류, 계율 및 기타로 구분할 수 있다. 신라 불교계에서는 일찍
부터 섭론학이 주류였고, 7세기 중반에는 신유식학을 적극 수용하였
다. 8세기 전반까지는 화엄을 수학한 이들은 소수였다. 찬술문헌의
양상이 이와 같은 신라 불교계의 상황을 말해주고 있다. 경전과 율장
에 대한 주석이 불교 이해의 기본이라고 한다면, 신라 찬술문헌의
특징적인 주제는 '정토'와 '보살계'이다. 때문에 연구자들이 신라의
정토교학에 관심을 기울여 왔다.[2]

---

2) 신라 정토교학에 대해서는 채인환, 1985, 「신라시대의 정토교학」, 『한국정
　토사상연구』, 동국대 출판부 ; 안계현, 1987, 『신라정토사상사연구』, 현음
　사 ; 韓普光, 1991, 『新羅淨土思想の硏究』, 東方出版 ; 김영미, 1994, 『신라불교

그런데『미륵경』과『무량수경』에 대한 법위(法位), 의적(義寂), 현일 (玄一), 경흥(憬興) 등의 저술에서는 타방정토보다도 '정불국토' '현세 정토' 인식을 강조하고 있다. 왜 현세의 정토를 말하는 것일까. 불국토 (佛國土)는 신라 불교의 성격을 설명하는 키워드 가운데 하나이다. 신라인들은 신라 땅이 부처가 계신 곳, 또는 부처와 인연 있는 곳이라 는 믿음을 가지고 있었다는 것이다. '신라불국토설(新羅佛國土說)'은 많은 연구를 통해 주장되었고, '불국토사상'이라고 명명하기도 한다. 그런데 불국토를 논하기에 앞서 7세기 후반~8세기 전반 신라 찬술문 헌에 등장하는 정불국토의 의미가 무엇인가를 살펴볼 필요가 있다.

지금까지의 신라불국토설에 대한 연구 흐름을 정리하면 다음과 같다. 가장 먼저『삼국유사』에 나오는 불국토 관련 기록들에 대한 종합적인 정리가 이루어졌다.[3] 이후 관련 기록들에 대한 개별적인 접근이 이루어졌는데, 가장 주목받은 기록은 선덕왕대(재위 632~647) 자장(慈藏)의 행적이다.[4] 자장은 신라 땅에 문수보살이 상주한다고 주장함으로써 신라를 불국토로 간주하였고,[5] 황룡사를 중심으로 불

사상사연구』, 민족사 등의 연구가 있다.

3) 김영태, 1975,「신라불교사상」,『한국불교사상사』, 숭산박길진박사화갑기 념사업회, 89~132쪽 ; 1987,『신라불교연구』, 민족문화사 재수록 ; 정진호, 1990,「신라의 불국토 사상에 관한 연구─『삼국유사』를 중심으로」, 연세대 석사학위논문. 이에 앞서 국문학에서 향가의 성격을 분석하면서 '현실불국 토화사상'을 먼저 언급하였다. 정주동, 1970,「한국불교문학연구─특히 향 가의 불교문학적 성격」,『경북대논문집』14, 경북대, 1~36쪽.

4) 자장의 행적에 대해서는 다음 논문 참조. 안계현, 1980,「삼국유사와 불교종 파」,『신라문화제학술발표회논문집』1, 동국대 신라문화연구소, 121~131쪽 ; 신종원, 1992,「신라 중고시대의 국가와 고승」,『신라초기불교사연구』, 민족사 ; 김상현, 1999,「삼국유사 자장 기록의 검토」,『전운덕총무원장화갑 기념불교학논총』, 749~778쪽.

국토 인식을 보급시켰다고 한다.6) 개별 연구들에 힘입어 신라 불국토를 주제로 한 박사학위논문이 제출되기에 이르렀다.7) 그밖에 현존하는 경주 불국사8)와 남산9)의 사상적 배경으로 불국토 인식을 거론하기도 하였고, 최치원의 글에서 불국토 인식을 찾아내기도 하였다.10) 불국토 인식이 신라 불교의 특징이라는 공감대가 형성되면서 신라의 불국토 사상과 일본의 본지수적(本地垂迹) 사상을 비교하는 연구도 진행되었고,11) 삼국시대, 통일신라시대 벽화를 모아 '불국토'라는 주제로 전시가 열리기도 하였다.12)

---

5) 김영미, 1992, 「자장의 불국토사상」, 『한국사시민강좌』 10, 일조각, 2쪽.

6) 신동하, 2001, 「신라 불국토사상과 황룡사」, 『신라문화제학술발표논문집』 22, 동국대 신라문화연구소, 77쪽.

7) 신동하, 2000, 「신라 불국토사상의 전개양상과 역사적 의의」, 서울대 박사학위논문.

8) 신현숙, 1986, 「불국사의 가람배치와 불국토관」, 『불교사상』 28, 불교사상사, 196~209쪽 ; 김상한, 2005, 「경주 불국사의 입지특성」, 『금구논총』 11, 경북과학대학, 183~203쪽 ; 최완수, 2006, 「불국사와 석굴암」, 『석림』 40, 동국대 석림회, 384~403쪽.

9) 최민희, 2007, 「신라 불국토사상의 정화(꽃)인 경주남산에 관한 고찰」, 『경주문화논총』 10, 경주문화원 향토문화연구소, 135~161쪽.

10) 최영성, 1995, 「최치원과 불교사상 - 불교와 관련한 종합적 고찰」, 『동양고전연구』 5, 129~169쪽.

11) 이기영, 1973, 「7·8세기 신라 및 일본의 불국토사상 - 산악숭배의 사방불」, 『종교사연구』 2, 80~92쪽 ; 1983, 『한국불교연구』, 한국불교연구원출판부 재수록 ; 노성환, 1981, 「신라와 나라(奈良)의 불국토왕생사상의 비교연구~유사와 금석을 중심으로」, 『동방』 1, 한국외국어대 동양어학회, 29~138쪽 ; 신동하, 2008, 「신라 불국토사상과 일본 본지수적사상의 비교 연구 - 석종의식과 석가수적 사례를 중심으로」, 『인문과학연구』 14, 동덕여대 인문과학연구소, 5~23쪽 ; 정천구, 2008, 「본지수적설(本地垂迹說)과 불국토사상의 비교 - 『불조통기』·『삼국유사』·『원형석서』를 중심으로」, 『정신문화연구』 110, 59~84쪽.

이러한 그동안의 신라불국토설 연구에 대해 몇 가지 궁금한 점이 있다. 첫째는 왜 신라불국토설은 신라 중고기(법흥왕~진덕왕)와 하대(선덕왕~경순왕)에 한정해서 말해지는가 하는 점이다. 불국토사상의 수용과 발전 과정을 종합적으로 정리한 신동하의 박사논문을 보면, 자장에 의해 황룡사 구층탑, 황룡사 장육상 등이 조성되면서 불국토설이 제기되었고, 중대(무열왕~혜공왕)말 하대 초에 중고기 불교를 현창하면서 칠처가람설(七處伽藍說)이 만들어지고[13] 신라 하대에 가서 낙산(落山), 오대산(五臺山), 천관산(天冠山) 등의 진신상주신앙(眞身常住信仰)이 유행하였다고 한다.[14] 반면 불국사 가람구조에 대한 논의를 제외하고는 신라 중대의 불국토 인식에 대해서는 신라불국토설의 전개에서 그다지 주목하지 않았다.[15]

---

12) 국립대구박물관 편, 2006,『불국토, 그 깨달음의 염원-사찰벽화전』, 통천문화사 참조.

13) 「阿道基羅」에 나오는 칠처가람 이야기의 경우, 아도가 계림에 온 때가 263년(미추왕 2)이라고 되어 있지만, 天王寺가 건립된 것이 679년(문무왕 19)이므로 칠처가람설의 최종적 형태는 빨라도 문무왕대 이후, 아마도 중대 말 하대 초 무렵에 완성되었다고 한다. 신동하, 2001, 앞의 논문, 71쪽.

14) 신동하, 2000, 앞의 박사학위논문, 181~182쪽.

15) 김영미는 「甘山寺阿彌陀佛像銘」「甘山寺彌勒菩薩像銘」을 통해 성덕왕 때 신라가 정치적 안정을 이루었고, 현실긍정적 면모와 불국토사상이 있었음을 밝혔고[김영미, 1988, 「성덕왕대 전제왕권에 대한 일고찰-감산사 미륵상·아미타상명문과 관련하여」,『梨大史苑』22·23, 390~392쪽], 중대의 阿彌陀信仰에 현실긍정적 성격이 강하여 현재의 신라 땅에 아미타불과 제불보살이 상주한다거나 신라 땅에서 아미타불이 성불했다는 사상이 있었다고 하였다[김영미, 1994,『新羅佛敎思想史硏究』, 민족사]. 정병삼은 華嚴思想을 정립한 의상도 자신의 마음을 깨끗하게 정화하여 완전하게 하는 데서 나아가 적극적으로 사회 정화에 매진하여 얻는 즐거움이 바로 極樂淨土라 여기고 이러한 생각을 浮石寺에 담았다고 하였다[정병삼, 1998,『의상 화엄사상 연구』, 서울대출판부]. 이러한 주장들이 제기되었음에도 신라불국토설 하면 중고기의

둘째는『삼국유사』를 제외하고는 불국토 신라를 논할 수 없는가
하는 점이다. 불국토 신라를 묘사하는 최고의 자료가『삼국유사』임은
분명하다. 그렇지만『삼국유사』의 불국토 관련 기사들이 언제 만들어
진 것인지에 대한 천착이 필요하다. 앞서 칠처가람설이 중대 말 하대
초에 만들어졌다는 주장이 있을 뿐만 아니라,『삼국유사』의 불국토설
은 고려후기 일연의 의도적인 서술이라는 해석도 있다. 즉 일연이
당시 몽골족의 침략에 대한 저항의식에서 불국토를 강조했다는 것이
다.[16]『삼국유사』에는 고려시대 자료 및 일연이 직접 들은 설화,
전설, 민담 등 구전자료를 많이 인용하고 있는데, 여기에는 고대 문화
에 대한 고려시대 사람들의 인식이 반영되어 있다고 한다.[17] 그렇다
고『삼국유사』의 기록이 오로지 고려시대의 인식만을 반영한 것은
아니다. 그러므로『삼국유사』의 불국토 관련 기사에서 어디까지가
신라 당대의 이야기이고, 어느 부분이 변형된 것인지 추출하는 작업이
필요하다.

이상과 같은 문제의식에서 이 글에서는 신라불국토설에 대한 기존
의 연구와는 그 방법과 대상을 달리하여 신라 중대 승려들의 논서에서
불국토에 대한 인식을 찾아보고, 그 의미에 대해 생각해보고자 한다.
분석한 찬술문헌은 법위의『무량수경의소(無量壽經義疏)』,[18] 현일의

정치적 목적만이 강조되고 있다. 본장은 이러한 선행 연구를 계승하여 신라
중대의 정불국토 논의와 그 의미를 살펴보고자 한다.

16) 최병헌, 1987,「삼국유사에 나타난 한국고대불교사 인식」,『三國遺事의 綜合
的 檢討』, 한국정신문화연구원, 188쪽.

17) 남동신, 2007,「『三國遺事』의 史書로서의 特性」,『불교학연구』16, 62쪽.

18) 원본은 없고 일본 학자 에타니 류카이(惠谷隆戒)가 일본 정토종 문헌에
인용된 구절을 정리한 복원본이다. 惠谷隆戒, 1976,「新羅法位撰無量壽經義疏

『무량수경기(無量壽經記)』상권,[19] 의적(義寂)의『무량수경술의기(無量壽經述義記)』,[20] 경흥의『무량수경연의술문찬(無量壽經連義述文贊)』3권과[21]『삼미륵경소(三彌勒經疏)』이다. 유식학적 정토관을 지닌 법위, 현일, 의적, 경흥의 해석을 확인함으로써 그들의 사고를 읽어낼 수 있으리라 기대한다. 또한 이를 통해 신라 불국토 인식의 전개 과정 및 성격을 새롭게 이해할 수 있을 것이다.

2. 정불국토의 개념과 신라 불교

불국토에 대한 신라 학승들의 논의를 이해하기 위해서는 먼저 불교의 전개과정에서 '불국토'의 개념이 언제 형성되었고, 어떻게 변해왔는가에 대한 이해가 필요하다. 그러므로 선행 연구들을 빌어 간략히

の復元について」,『淨土教の新研究』, 山喜房佛書林, 393~406쪽.

19) 최근 일본 書陵部藏『無量壽經記』의 사본이 소개되었는데, 나라시대 사본을 透寫한 판본으로 보고 있다. 國際佛教學大學院大學 日本古寫經研究所, 2013,『日本古寫經善本叢刊 第5集－書陵部藏 玄一撰 無量壽經記 / 身延文庫藏 新羅義寂撰 無量壽經述記 卷第一(斷簡)』, 2~9쪽.

20) 에타니 류카이의 복원본(惠谷隆戒, 1976,「義寂の無量壽經述義記について」, 앞의 책, 409~453쪽)과 최근에 일본 미노부(身延)문고에서 의적의 저술로 판명된『無量壽經述記』1권이 있다. 國際佛教學大學院大學 日本古寫經研究所, 2013, 앞의 책 참조.

21) 渡邊顯正, 1978,『新羅憬興師述文贊の研究』, 永田文昌堂 ; 김양순, 2009,「憬興의『無量壽經連義述文贊』연구」, 한국학중앙연구원 박사학위논문 참조.

설명하도록 하겠다.

불국토(buddha-kṣetra)는 부처의 나라, 부처가 계시는 나라, 부처가 인도하는 나라, 불법(佛法)이 행해지고 있는 나라 등의 의미로 사용된다. 테라바다(theravāda) 불교에서는 불국토가 설해지지 않은 반면, 대승경전에는 다양한 이름의 불국토가 등장한다. 『아촉불국경』의 아비라제(阿比羅提), 『아미타경』의 서방 극락(極樂), 『대반열반경』의 무승세계(無勝世界), 『약사여래본원경』의 동방 정유리세계(淨琉璃世界), 『문수사리불토장엄경』의 남방 리진구심(離塵垢心) 등이 있다.

또한 대승경전에서는 '정불국토(淨佛國土)'라는 용어가 빈번하게 사용되었다. 대승불교가 등장하면서 보살을 석가에 한정하지 않고 재가·출가, 남녀, 귀천(貴賤)을 불문하고 부처의 깨달음을 구하여 수행하는 자는 모두 보살이라는 사상이 나타났고, 보살의 할 일 또는 서원(誓願)으로서 정불국토를 이야기하였다.

대품계(大品系) 경전에서는 보살의 할 일로서 정불국토가 강조되었다.[22] 구마라집(鳩摩羅什)이 번역한 『마하반야바라밀경(摩訶般若波羅蜜經)』에서는 '보살법위(菩薩法位)에 들어가 불국토를 청정하게 하여 중생을 성취하게 하고 일체종지를 획득할 것이다[23]라고 하여 '성취중생(成就衆生)'과 '정불국토'를 보살이 가장 기본적으로 해야 할 일로 규정하고 있다.[24] 삼업(三業)을 충실하게 하고, 의식주를 만족하게

22) 水谷幸正, 1971, 「淨佛國土思想について」, 『日本佛教學會年報』 37, 京都 : 日本佛教學會, 39쪽.

23) 『摩訶般若波羅蜜經』 卷12, 歎淨品(T8, 223, 307c12~13), "我當入菩薩法位中我當淨佛國土成就衆生 我當得一切種智."

24) 『菩薩從兜術天降神母胎說廣普經』 卷5, 善權品19(T12, 384, 1042a27), "菩薩摩訶薩 敎化衆生 淨佛國土" ; 『大方等大集經』 卷26(T13, 397, 183b5~11), "善男子

하는 보시행 또는 육바라밀을 행하는 것이 정불국토를 행하는 것이라고 하였다.[25] 한편 정토계(淨土系) 경전에서는 보살이 서원을 세우고 오랜 세월 수행을 완성하여 건립한 청정한 세계가 불국토(또는 정토)라고 하였다.[26]

이와 같이 불국토는 보살이 해야 할 일 또는 서원으로서 '불국토를 깨끗하게 하는 것[淨佛國土]'이 기본적인 의미였고, 이후에 깨끗하게 하는 행위의 결과로 '깨끗해진 불국토[淨佛國土]'가 등장하게 되었다. 그런데 일반적으로 불국토라고 하면 후자를 떠올리게 된다. 이는 아미타신앙의 유행으로 아미타불이 계신 극락(極樂)이 불국토의 대명사가 되었기 때문이라고 한다.[27] 동아시아에 유행한 아미타신앙은 자력 수행이나 공덕에 의한 것보다는 아미타불의 본원력을 믿음으로써 구제받는다는 타력 구제의 성격이 강하다. 그래서 불국토, 정토라고 하면 죽어서 가는 좋은 곳(극락)을 떠올리게 되었다.

하지만 불교에는 내세(來世)로서의 정토와 달리 지금의 사바(娑婆) 세계가 바로 정토라는 인식도 있다. 『유마경(維摩經)』에서는 "마음의 청정함을 따르면 불토가 깨끗해진다(隨其心淨卽佛土淨)"라고 하여, 중

是故菩薩調衆生行 無量無邊不可思議 若有菩薩能調衆生 是眞菩薩所修之業 善男子 菩薩摩訶薩有四種業 一者淨佛國土菩薩業 二者淨身菩薩業 三者淨口菩薩業 四者求一切佛法菩薩業 復有四業 一者知心 二者知根 三者知病 四者能治."

25) 水谷幸正, 1971, 앞의 논문, 40~41쪽. 『摩訶般若波羅蜜經』卷26, 淨土品82(T8, 223, 408c09~17), "菩薩摩訶薩皆遠離如是麤業相 自布施 亦敎他人布施 須食與食 須衣與衣 乃至種種資生所須 盡給與之 亦敎他人種種布施 持是福德與一切衆生共之 迴向淨佛國土故. 持戒·忍辱·精進·禪定·智慧亦如是 是菩薩摩訶薩或以三千大千國土滿中珍寶施與三尊 作是願言 我以善根因緣故 令我國土皆以七寶成."

26) 平川彰 外編, 1985, 『講座 大乘佛敎5－淨土思想』, 東京：春秋社, 131~150쪽.

27) 爪生津隆眞, 1993, 「淨佛國土と菩薩道」, 『日本佛敎學會年報』58, 5~7쪽.

생은 마음이 깨끗하지 않아 국토를 예토(穢土)로 만들지만 부처는 마음이 깨끗하기 때문에 국토를 정토로 만들고 무량한 장엄공덕이 있다고 하였다.[28] 보살은 부처처럼 마음이 깨끗해지기 위해 수행을 하는데, 『유마경』에서는 수행에 대한 언급 없이 깨끗한 마음이 바로 정토라고 말하고 있다. 이를 심정토설(心淨土說)이라고 한다.[29] 물론 『유마경』에서 말하는 깨끗한 마음의 주체는 부처·보살이다. 그런데 불성(佛性)사상이 확산되면서, 깨끗한 마음의 주체가 중생으로 확대되어 깨끗한 마음을 지닌 중생이 있는 곳이 바로 정토라는 유심정토설 (唯心淨土說)이 등장하게 되었다.

7세기 후반~8세기 초반에 불국토, 정토 관련 논의를 펼친 법위(法位), 의적(義寂), 현일(玄一), 경흥(憬興)과 같은 신라 학승들의 사상 저변을 이루고 있었던 것은 현장(玄奘)에 의해 소개된 신유식학(新唯識學)이었다. 유식학에서의 정토에 대한 논의는 『유마경』의 '심정토설'이나 '유심정토설'과는 조금 맥락이 다르다. 유식학은 자기 마음을 관찰하여 자기 존재의 허망성을 자각하고, 그 자각에 의해 전식득지(轉識得智)하여 성불하는 것을 목표로 수행하는 유가행자(瑜伽行者)들의 이론이다. 정토사상의 유행을 외면할 수 없었던 무착(無着), 세친

---

28) 『維摩詰所說經』卷1, 佛國品(T14, 538, b26~c5), "如是 寶積 菩薩隨其直心 則能 發行 隨其發行 則得深心 隨其深心 則意調伏 隨意調伏 則如說行 隨如說行 則能迴向 隨其迴向 則有方便 隨其方便 則成就衆生 隨成就衆生 則佛土淨 隨佛土淨 則說法淨 隨說法淨 則智慧淨 隨智慧淨 則其心淨 隨其心淨 則一切功德淨 是故寶積 若菩薩欲得淨土 當淨其心 隨其心淨則佛土淨."

29) 釋惠敏, 1997, 「「心淨則佛土淨」之考察」, 『中華佛學學報』 10, 25~44쪽 ; 眞田康道, 1990, 「「心淨きに隨いて佛土淨し」について」, 『印度學佛敎學硏究』 39-1, 452~454쪽.

(世親) 같은 유식학자들은 정토에 대한 그들의 입장을 정리하게 되는데, 『섭대승론(攝大乘論)』과 『정토론(淨土論)』에 잘 나타나고 있다.

무착은 『섭대승론』에서 청정불토(淸淨佛土)를 18원만(圓滿)으로 설명하였고,[30] 세친은 『정토론』에서 3엄(嚴) 29종(種) 장엄(莊嚴)으로 설명하였다.[31] 『섭대승론』에 대한 무성(無性)이나 세친의 주석에 의하면, 정토의 상(相)은 정식(淨識, vijñapiti)의 변현이고, 정토는 청정한 식전변(識轉變)의 세계로서 무분별지(無分別智), 후득지(後得智)에 의해 생겨난다고 하였다.[32] 『유가사지론(瑜伽師地論)』에서는 본래무루법이(本來無漏法爾)의 종자를 삼무수겁(三無數劫)에 걸쳐 닦아서 증광시키는 것이 정토 변현의 생인(生因)이라고 하였다.[33] 이처럼 유식학에서는 여러 부처의 법륜을 다문훈습(多聞薰習)함으로써 식(識)을 더러운 것[穢]에서 깨끗한 것[淨]으로 전변하여 이 땅에 있는 채로 정토에 있다고 말하게 되었다.[34]

유식학에서는 수행의 정도, 식전변의 정도에 따라 성취하는 불토가 다르다고 말한다. 『불지경론(佛地經論)』, 『성유식론(成唯識論)』에서

---

30) 『攝大乘論本』 卷3(T31, 1594, 151a25~29), "如是現示淸淨佛土 顯色圓滿 形色圓滿 分量圓滿 方所圓滿 因圓滿 果圓滿 主圓滿 輔翼圓滿 眷屬圓滿 住持圓滿 事業圓滿 攝益圓滿 無畏圓滿 住處圓滿 路圓滿 乘圓滿 門圓滿 依持圓滿."

31) 『無量壽經優波提舍』 卷1(T26, 1524, 231b8~232a19).

32) 武內紹晃, 1987, 「唯識學と淨土敎」, 龍谷大學敎學會 編, 『山岐敎授定年記念－唯識思想の硏究』, 239~243쪽.

33) 藤能成, 2001, 「정토의 成辨因과 莊嚴」, 『원효의 정토사상 연구』, 민족사, 253쪽. 『兩卷無量壽經宗要』 卷1(T37, 128a25~27), "或有說者 本來無漏法爾種子 三無數劫修令增廣 爲此淨土變現生因 如瑜伽論說."

34) 上田晃圓, 1982, 「唯識の觀法にみる此土淨土」, 『宗敎硏究』 55-3, 206쪽.

불신(佛身) 관념을 자성신(自性身), 자수용신(自受用身), 타수용신(他受用身), 변화신(變化身)의 사신설(四身說)로 전개하고 이에 불토도 사토(四土)로 설명하고 있다. 즉 자성신은 법성토(法性土), 자수용신은 자수용토(自受用土), 타수용신은 타수용토(他受用土), 변화신은 변화토(變化土)에 산다고 한다.[35] 당에서의 유식학적 정토 해석은 아미타불이 있는 극락을 수용토로 보는가, 수용토와 변화토가 공존하는 곳으로 보는가, 변화토로 보는가에 따라 의견이 나뉜다. 또한 이는 초지(初地)의 달성 정도에 따라서도 다르다고 한다. 선도(善導), 회감(懷感), 현장, 자은 기 등이 조금씩 다른 견해를 펼치고 있다.[36]

신유식학을 수학한 신라 승려들의 불국토 논의도 식전변에 근거를 두고 있고, 그들은 유식학적 불신관·불토관 논의에 참여하여 나름대로의 주장을 펼쳤다. 이에 신라 학승들의 '정불국토' 논의를 정리하고, 그 의의를 신라 불국토사상의 연장선상에서 설명해보도록 하겠다.[37]

---

35) 『成唯識論』 卷10(T31, 1585, 58b26~c20).

36) 村上眞瑞, 1985, 「『釋淨土群疑論』における阿彌陀佛の佛身佛土」, 『印度學佛教學研究』 34-1, 226~227쪽 ; 齊藤舜健, 1995, 「傳慈恩大師撰『阿彌陀經疏』の佛身佛土論」, 『印度學佛教學研究』 43-2, 218~221쪽 ; 林香奈, 2005, 「基の彌陀佛身觀」, 『印度學佛教學研究』 54-1, 60~63쪽.

37) 아미타불이 계신 극락이 수용토인가 변화토인가 하는 문제에 대한 논의는 본고의 주제와 벗어나므로 생략하도록 하겠다.

3. 신라 유식학승의 정불국토 논의

7세기 중엽부터 신라 사회에서 불교 교학에 대한 연구가 활성화되면서 정토에 대한 학문적 접근이 이루어졌다. 일찍이 자장(慈藏)이 『아미타경소(阿彌陀經疏)』를 저술하였다고 하나 현존하지 않는다.[38] 현존하는 정토 관련 논서들만 소개하면, 원효(元曉, 617~686)의 『아미타경소(阿彌陀經疏)』와 『무량수경종요(無量壽經宗要)』, 법위(法位)의 『무량수경의소(無量壽經義疏)』,[39] 현일(玄一)의 『무량수경기(無量壽經記)』 상권,[40] 또 의적(義寂)의 『무량수경술의기(無量壽經述義記)』,[41] 경흥(憬興)의 『무량수경연의술문찬(無量壽經連義述文贊)』 3권이 있다.[42] 또 미륵정토를 논한 경흥의 『삼미륵경소(三彌勒經疏)』도 있다. 이들

---

38) 일본 『東域傳燈目錄』의 기록이다. 『東域傳燈目錄』 卷1(T55, 2183, 1151a9~11), "阿彌陀經疏一卷(智顗) 同經疏一卷(慈藏師)."

39) 원본은 없고 일본 학자 에타니 류카이(惠谷隆戒)가 일본 정토종 문헌에 인용된 구절을 정리한 복원본이다. 惠谷隆戒, 1976, 「新羅法位撰無量壽經義疏の復元について」, 『淨土敎の新硏究』, 山喜房佛書林, 393~406쪽.

40) 일본 書陵部藏 『無量壽經記』의 사본이 소개되었는데, 나라시대 사본을 透寫한 판본으로 보고 있다. 國際佛敎學大學院大學 日本古寫經硏究所, 2013, 『日本古寫經善本叢刊 第5集－書陵部藏 玄一撰 無量壽經記 / 身延文庫藏 新羅義寂撰 無量壽經述記 卷第一(斷簡)』, 2~9쪽.

41) 『無量壽經義疏』와 마찬가지로 에타니 류카이의 복원본이다. 惠谷隆戒, 1976, 「義寂の無量壽經述義記について」, 앞의 책, 409~453쪽. 최근에 일본 미노부(身延)문고 소장의 『無量壽經述記』 1권이 의적이 저술로 밝혀졌고, 그 사본이 공개되었다. 國際佛敎學大學院大學 日本古寫經硏究所, 2013, 앞의 책 참조.

42) 온전한 형태로 전승되어 상대적으로 많은 연구가 있다. 渡邊顯正, 1978, 『新羅憬興師述文贊の硏究』, 永田文昌堂과 김양순, 2009, 「憬興의 『無量壽經連義述文贊』 연구」, 한국학중앙연구원 박사학위논문이 대표적이다.

논서들은 유식학의 술어로 정토를 설명하고 있다. 현장의 귀국(645) 후 당(唐)에서는 점차 신유식학 교리가 보급되면서 정토를 타수용토나 변화토로 설명하기 시작하였는데,[43] 신라의 논사들도 이를 따르고 있는 것이다.

현존하는 신라 정토 문헌 사이의 선후관계를 정확하게 밝히기는 어렵지만, 선행 연구에 힘입어 그 순서를 따져보면 다음과 같다. 우선 생몰연대로 보아 원효가 가장 앞서고, 법위가 원효와 같거나 조금 뒷 시기일 것으로 추정된다. 현일의 문헌에 나오는 '의적사(義積師)'[44]가 의적(義寂)과 동일인이라는 견해를 따르면, 의적의 것이 현일의 것보다 먼저일 것이다. 경흥의 『무량수경연의술문찬』에 실린 화정의산(華頂義山, 1648~1717)의 발문에서 '의적, 법위 등의 여러 명류들이 모두 썼기 때문에 경흥대사도 …'[45]라고 밝히고 있으므로 의적의 것이 경흥의 것보다도 앞일 가능성이 있다. 의적은 『무량수경』을 설명하면서 『보요경(普曜經)』을 주로 인용한 반면, 경흥은 같은 구절을 『보요경』의 이역본인 지바가라(地婆訶羅, 日照, Divākara) 역의 『방광대장엄경(方廣大莊嚴經)』으로 설명하는데,[46] 이 또한 경흥이 의적

---

43) 玄奘 이전 중국 불교에서 정토는 여러 방식으로 구분되었다. 淨影寺 慧遠은 事淨土, 相淨土, 眞淨土의 三土로 구분하고, 天台 智顗는 凡聖同居土, 方便有餘土, 實報無障碍土, 常寂光土의 四土로 구분하고, 智儼은 化淨土, 事淨土, 實報淨土, 法性淨土의 四土로 구분하였다. 柴田 泰, 「中國淨土敎の發展」, 平川彰 外編, 1985, 앞의 책, 233~251쪽.

44) 『無量壽經記』 卷上(H2, 35, 245b21~22), "義積師云 往生論釋此以後經文."

45) 『無量壽經連義述文贊』 卷3(H2, 31, 77a20~22), "以故淨影作焉 嘉祥作焉 義寂法位等諸名流皆作焉 而興大師窮工于茲 可謂殊勤矣."

46) 南宏信, 2013, 「新羅義寂撰 『無量壽經述記』の撰述年代考」, 『日本古寫經善本叢刊 第5集 身延文庫藏 新羅義寂撰 無量壽經述記 卷第一(斷簡)』, 210쪽.

보다 나중일 가능성을 말해준다. 경흥이 현일의『무량수경기』를 인용하였다는 견해[47]를 따르면 현일의 것보다도 뒤이다. 정리해보면, 신라의『무량수경』주석서는 원효-법위-의적-현일-경흥의 순으로 저술되었다고 판단된다.[48]

이제부터 이들 정토 논서들에서 '정불국토'를 언급한 구절들을 찾아보도록 하겠다.[49] 원효는 수용토, 변화토와 같은 유식학 술어로 정토를 설명하긴 하지만 유식학적 정토관을 가졌다고 말할 수는 없다. 다만 신라에서 처음으로 정토사상을 펼쳤으므로, 이해를 돕기 위해 그의 해석을 소개해본다. 원효는 예토(穢土)와 정국(淨國)이 본래 한마음이라고 하여[50] 아미타불의 극락세계가 인간의 마음이 발현된 것으로 파악하였다. 또한 끊임없이 현상계의 공함을 생각하고 수행하여 자신의 본각(本覺)을 깨닫는다면, 수행에 의한 보불(報佛)이 될 것이고 그 경지가 정토라고 설하고 있다. 즉 자성의 본각을 깨달은 경계가 정토이므로 정토와 예토가 하나라는 것이다. 물론 본각을 깨닫는 수행을 요구하는 이 주장은 근기가 뛰어난 사람을 위한 것이

---

47) 안계현, 1987,「法位와 玄一의 彌陀淨土往生思想」, 앞의 책, 276쪽.

48) 경흥의『삼미륵경소』와『무량수경연의술문찬』의 선후 관계는 알 수 없지만, 경흥은『무량수경연의술문찬』을 저술하기에 앞서『미륵경술찬』을 저술하였다. 박광연, 2012,「『彌勒上生經述贊』의 저자 및 성격에 대한 고찰」,『한국사상사학』40, 261쪽에 의하면,『만속장경』에 실려있는『미륵상생경술찬』·『미륵하생경술찬』의 저자가 경흥이다.

49) 현재 남아있는 의적의 글에서는 관련 구절을 찾지 못해 논의를 생략한다.

50)『兩卷無量壽經宗要』卷1(H1, 12, 553c15~16), "以覺言之無此無彼 穢土淨國本來一心 生死涅槃終無二際";『阿彌陀經疏』卷1(H1, 13, 562c12~13), "以覺望之無流無寂 穢土淨國本來一心 生死涅槃終無二際"; 김영미, 1994,「원효의 아미타신앙과 정토관」,『신라불교사상사연구』, 민족사, 105쪽에서 재인용.

고, 원효는 근기가 낮은 일반 중생을 위해 서방세계로의 왕생도 강조하였다.[51]

본격적으로 유식학적 정토관을 펼친 이는 법위이다. 법위는 정토의 인(因)을 다음과 같이 설명하고 있다.

두 번째로 이치에 근거하면 항상 심성이 공함을 관하기 때문이다. 경문(『무량수경』)에서 '마음이 적정(寂靜)하여 모두 집착함이 없다'고 하였고, 또 『법화경』에서 '부처의 아들은 마음에 집착함이 없다'고 하였다. 이 묘한 지혜로 무상도(無上道)를 구하기 때문이니, 이들은 시방 정토의 인에 공통된다.[52]

법위는 시방 정토에 공통된 인으로 '묘한 지혜(妙惠)'를 제시하고 있다. 법위는 정토인에 대해 두 층위로 설명하였다. 즉 "본래 무분별지(無分別智), 후득지(後得智)의 무루선법종자(無漏善法種子)로 삼무수겁 동안 닦아 지금 넓어진 것이 정토이다"라고 하여 여래는 무분별지·후득지의 무루종자가 정토의 인이고, 보살은 문혜(聞惠)·사혜(思惠)·수혜(修惠)를 일으켜야 정토에 들어갈 수 있다고 하였다.[53]

---

51) 김영미, 1994, 앞의 책, 105~109쪽.

52) 『無量壽經義疏』卷上(H2, 30, 14a10~14), "第二約理者 常觀心性空故 文云其心 寂靜 悉無所着 又法華經云 又有佛子 心無所着 以此妙惠求無上道 此等通十方淨土 因也."

53) 『無量壽經義疏』卷上(H2, 30, 13c19~21), "第四明因者 明佛淨土因 用本來無分 別智後得無漏善法種子 三無數劫修 今增廣爲淨土";『無量壽經義疏』(H2, 30, 23~14a4), "第五遊路者 有二種 一菩薩遊路 謂廢(發?)聞思修惠 得入淨土 故名遊 路 二如來遊路 謂以無分別及後得智 由此二智 通生淨土 故名遊路."

다음은 현일의 정토인(淨土因)에 대한 해석이다.

[경] 佛告阿難法藏比丘說此頌已~懃苦之本에 대해서이다.

[기] 서술한다. 여기부터는 여섯 번째로 청원(請願)을 서술하겠다.
'내 마땅히 수행하여 무량한 묘토에 이르겠다'는 것은 아직 설법
을 듣지 못했을 때의 단계이니 초지(初地) 이전의 상태이기 때문
이다. '내 마땅히 수행하여 섭취하겠다'는 것은 설법을 듣고나서
5겁 동안 사유하여 초지 이상에 오른 상태이기 때문이다. '내
이미 섭취하였다'는 것은 수행으로 마음이 깨끗해지면 저절로
불토도 깨끗해지기 때문에 '섭취등(攝取等)'이라 하였다.54)

[경] 佛語阿難時世繞王佛~汝自當知에 대해서이다.

[기] 서술한다. 일곱 번째 설법에 대해서이다. 여기에는 세 부분이
있으니 첫째 반문하여 생각하게 하는 부분이고, 둘째 깊이 탐구
하여 설법을 청하는 것이고, 셋째 여래가 바로 말씀하는 부분이
다. 여기는 처음에 해당한다. 법장은 오래지 않아 초지(初地)에
들어간다. 초지에 들어가고 나면 마음이 평등해지기 때문에 장엄
된 불토도 저절로 나타난다. 예를 들면 다른 『경』에서 말하기를
분별심이 있기 때문에 허구 등을 본다고 하였는데, 만약 분별(심)
이 없다면 곧 정토를 볼 것이다. 그러므로 부처가 법장에게 말씀

---

54) 『無量壽經記』卷上(H2, 35, 239b5~12), "佛告阿難法藏比丘說此頌已(至)懃苦之
本 述曰 自下第六敍請 言我當修行至無量妙土者 未聞說法時位 地前位故 言我當修
行攝取等 聞法已五劫思惟登地上故 言我已攝取等也 其修行心淨自然佛土淨故 言
攝取等也."

하시기를 머지않아 너 스스로 알 것이라고 하였다.[55]

현일은 법장이 5겁 동안 수행하여 초지(初地)에 올라 마음이 깨끗해 지면 불토(佛土)도 저절로 깨끗해진다고 하였다. 마음이 깨끗해지고 평등해진다는 것은 바로 분별심이 없는 상태를 가리킨다고 한다. 현일은 신라 승려들 가운데서도 특히 '마음'의 중요성을 강조한 것 같다. 그는 부처 수명의 길고 짧음에 대해 "또 겁의 길고 짧음은 오직 사람의 마음에 따른 것이라 말할 수 있다. 석가는 법화회(法華會) 에서 또한 50겁에 이르렀으니 어찌 정토의 부처가 아니겠는가. 오직 마음에 따라 만들어지는 것이므로 별도의 자성(自性)이 없고, 인연법 이므로 있는 바가 없다. 인연에 따라 있지 않음도 없다. 어찌 길고 짧음, 멀고 가까움의 구별을 정할 수 있겠는가?"[56]라고 하여 사람의 마음에 따른 것이라고 하였다. '오직 마음에 따라 만들어진다'는 주장 은 『무량수경기』에 관통하는 현일의 견해이다.

마지막으로 경흥에게서도 '정불국토'에 대한 논의를 찾아볼 수 있다.

『미륵소문경』에서는 "보살은 네 가지 일 때문에 정각(正覺)을 얻지

---

55) 『無量壽經記』卷上(H2, 35, 239b13~20), "佛語阿難時世繞王佛(至)汝自當知 述 日 第七說法 於中有三 初反問令思 二推深請說 二如來正說 此卽初也 法藏不久 入於初地 若已入初地 心平等故 莊嚴佛土 自然現見 如餘經說 有分別心故 見垢等 若無分別者 卽見淨土 是故佛告法藏 不久汝自當知."

56) 『無量壽經記』卷上(H2, 35, 240b7~13), "又說劫長短唯隨人心 釋迦法華會中 亦 有至五十劫 彼豈淨土佛耶 唯是隨心造作 無別自性 以因緣法 無所有故 隨其因緣 無所不有 胡可以定有長短遠近之別."

않는다. [네 가지 일이란] 첫째 국토를 깨끗하게 하는 일, 둘째 국토를 지키는 일, 셋째 일체 중생을 깨끗하게 하는 일, 넷째 일체 중생을 지키는 일이다. 미륵은 부처가 되기를 구할 때 이 네 가지 일 때문에 부처를 취하지 않았다."고 한다.[57]

경흥은 『삼미륵경소』에서 미륵보살이 빨리 성불하지 않은 까닭은 네 가지 할 일이 있기 때문인데, 그것이 정국토(淨國土), 호국토(護國土), 정일체(淨一切), 호일체(護一切)라고 하여 미륵보살의 역할로서 '정국토'를 내세우고 있다. 『무량수경연의술문찬』에서는 지행(止行)과 관행(觀行)이 정토로 가는 길이라며 이에 대해 자세히 설명하는데 [廣說勝行],[58] '바로 뛰어난 행을 닦음(正修勝行)'-'서원에 의지하여 수행함(依願修行)' 부분에 정토의 인에 대한 경흥의 견해가 잘 드러나고 있다.

---

57) 『三彌勒經疏』(H2, 32, 87b06~09), "彌勒所問經云 菩薩以四事 不取正覺 一淨國土 二護國土 三淨一切 四護一切 彌勒求佛時 以此四事 故不取佛."
58) 해당 부분의 과문을 표로 정리하면 다음과 같다.

			乘前正請
		法藏請說	申請說之意
		如來抑止	
		法藏重請	
廣說勝行	正辨修行	如來許說	總標許說
			別申所說
		正修勝行	都相發願
			依願修行
			逐難重解
	申所修行	申所修行	
		申修勝行	

어떤 사람은 '정토의 행은 비록 또한 여러 가지가 있지만 오직 두 부류로 나눌 수 있다. 첫째 사(事)를 연(緣)하는 행이니, 칭명염불(稱名念佛)하기 때문이다. 둘째 이치에 의지한 행이니, 번연(攀緣)을 그치기 때문이다. 처음 것은 곧 아미타불의 명호를 칭념하는 것이기 때문에 극락에 왕생하기 위한 개별적인 행이다. 뒤의 것은 곧 여러 부처의 국토에 모두 통하는 행이니, 이른바 마음은 고요하고 집착이 없다라고 한 것이 이것이다'라고 하였는데, 이것도 옳지 않다. "마음이 바라고 원하는 것을 선택하여 곧 24원경(願經)을 완성하여 바로 받들어 행했다"라고 한 것과 어긋나기 때문이다. 마음이 바라고 원하는 것이 이미 극락토이므로 반드시 여러 사(土)에 통하는 행이라고 말할 수는 없다. 지금 곧 정토가 반드시 선정[定]을 근본으로 삼는 것을 나타내고자 하였기 때문에 "그 마음은 고요하고"라고 하였고, 지혜가 그 선정을 이끌기 때문에 "집착하는 것이 없으며"라고 하였다. 이른바 심관(心觀)을 정토의 업이라 하니, 곧 수승한 출세간의 선근방편이기 때문이다.[59]

경흥은 선정[定]을 근본으로 삼고 지혜[慧]가 선정을 이끄는 심관(心觀)이 정토의 업이라고 하여, 이를 통한 청정국토의 성취를 강조하였다. 수행을 통해 국토를 청정하게 할 수 있다는 것이다.[60]

---

59) 『無量壽經連義述文贊』(H2, 31, 46a2~16), "經曰 其心寂靜 至淸淨之行者 / 述云此 第二依願修行也 (중략) 有說淨土之行 雖復衆多 唯有二類 一緣事行 稱名念佛故 二依理行 息攀緣故 初卽稱彌陀名故是極樂別行 後卽通諸佛土行 所謂心寂無著是 也 此亦不然 違卽選心所欲願便結得是二十四願經卽奉行故 心所欲願旣極樂土 必 不可言是諸土通故 今卽欲現淨土必定爲本故 其心寂靜慧導其定故云無所著 所 謂心觀名淨土之業 卽勝出世間善根方便故."

60) 『無量壽經連義述文贊』卷中(H2, 31, 43b23~c01), "地上菩薩 念念常修 利諸衆生

이상과 같이 삼국 통일을 이룩하고 새로운 사회를 만들어나가던 시기에 법위, 현일, 경흥 등의 신라 유식 승려들은 모두 수행을 통해 마음을 청정하게 하는 것, 전식득지(轉識得智)를 이루는 것이 불국토, 정토를 이루는 길임을 말하고 있다. 물론 이들이 말하는 수행이라는 것이 쉬운 것은 아니다. 초지(初地)라는 경계는 범부가 쉽게 성취할 수 있는 경지가 아니다. 하지만 신라인들이 이들의 말을 완전히 외면하지는 않았을 것 같다.

4. 전쟁 트라우마의 처방전, 정불국토

지금까지 신라 불국토에 대한 논의는 『삼국유사』를 중심으로 이루어졌다. 『삼국유사』에 나오는 신라 불국토설은 크게 세 가지로 구분할 수 있다. 첫째는 칠처가람설(七處伽藍說)과 같은 유연국토설(有緣國土說)이다. 전통신앙에서 중요한 장소들이 가섭불 등의 전불(前佛) 시대에 이미 절터였다는 설로, 오랜 옛날부터 불교와 인연이 깊은 땅이었다고 보여줌으로써 불교 수용을 용이하게 하였다고 한다. 둘째는 자장(慈藏)의 불국토사상이다. 자장은 황룡사 장육상, 가섭불연좌석에 얽힌 이야기 등을 통해 백성들에게 위안과 자신감을 심어주고자 하였고, 이를 통해 선덕왕 시기 통치의 안정을 도모하였다고 한다.

淨佛國土 不應五劫 專修受淨土行故."

이와 같이 불국토설은 중고기의 신라 사회에서 불교 수용의 정당성, 이를 통한 왕권의 정당성을 확보하는 수단으로 활용되었다고 한다. 셋째는 자장과 오대산, 의상과 낙산, 사복과 연화장세계 등의 이야기에서 볼 수 있듯이 신라 땅에 불보살이 항상 머물러 있다는 보살주처 신앙이 있었다고 한다.[61]

신라 중고기의 불국토 논의는 정치적 목적이 강하였다. 왕권 강화 및 체제 안정을 위해 '신라는 과거불과 오랜 인연이 있는 나라이다' 또는 '국왕이 석가족이므로 부처의 가호를 받아 국토를 평안히 유지할 수 있다'는 논리로 신라가 불국토임을 강조하였다는 것이다.[62] 그런데 전쟁의 종식 이후 불교 교학에 대한 연구가 심화되면서 불국토 인식에도 변화가 생겼다. 신라 사회에서 불교가 미치는 정치적 영향력은 중고시기에 비하여 축소되었지만, 사회 통합 및 신앙 차원에서의 불사(佛事) 활동은 확대되었다. 성덕왕(재위 702~737) 때가 되면 신라는 정치 안정과 경제 성장으로 전성기를 누리게 되면서 국왕을 전륜성왕(轉輪聖王)에 비견하기도 하고,[63] 신라 땅에 부처가 상주한다는

---

61) 박광연, 2015, 「불국토」, 『테마한국불교 3』, 동국대학교출판부 참조.

62) 중고기 불국토 인식에 대해서는 일연의 의도적인 서술이라는 최병헌의 견해를 되새겨 볼 필요가 있다(최병헌, 1987, 앞의 논문, 188쪽).

63) 706년(성덕왕5) 황복사 탑에 부처의 사리, 아미타불상, 『무구정광대다라니경』 등을 안치하면서 사리함에 새긴 명문에 성덕왕을 다음과 같이 묘사하고 있다. "隆基大王은 수명이 江山과 같이 오래고 지위는 闕川과 같이 크며 천명의 자손이 구족하고 칠보의 상서로움이 나타나기를 빈다. 隆基大王 壽共山河同久 位與軋川等大 千子具足 七寶呈祥"[정병삼역, 1992, 「皇福寺金銅舍利函記」, 『역주한국고대금석문Ⅲ』, 駕洛國史蹟開發研究院]. 여기서 '千子具足 七寶呈祥'은 경전에서 전륜성왕을 형용하는 상투어로 나온다. 김영미, 1994, 『新羅佛敎思想史硏究』, 민족사, 151쪽 ; 김상현, 2007, 「7세기 후반 신라불교의 정법치국론-원효와 경흥의 국왕론을 중심으로」, 『신라문화』 30,

불국토 인식이 확산되기도 하였다.[64]

성덕왕 때의 불국토 인식에는 법위, 현일, 경흥 등과 같은 승려들의 정불국토 논의가 영향을 미쳤을 것 같다. 신라 유식 승려들의 행적에 대한 기록은 남아 있는 것이 거의 없기 때문에 이들이 어떠한 방법으로 그들의 불교 이해를 사회에 보급하였는지 정확히 알 수는 없다. 신문왕 때 국로(國老)가 되었다는 경흥의 경우를 보면, 그는 활발한 저술 활동과 더불어 강의에도 주력하였던 것 같다. 신라 사회의 지식인에게 학승들의 저술이나 강의는 적지 않은 영향력을 행사하였을 것이다.

이는 김지성의 사례를 통해 확인할 수 있다. 중아찬 김지성은 67세에 관직을 그만두고 도성의 변두리 한적한 곳으로 내려와, 그곳에 감산사(甘山寺)를 짓고 미륵보살상과 아미타불상을 조성하였다(719년).[65] 이 상들의 광배를 통해 그의 생애와 사상 경향을 알 수 있는데, 김지성은 노장(老莊)과 유식학에 깊이 매료되어 노자의 『도덕경』 및 『장자』 「소요」 편을 매일 읽고 십칠지(十七地)의 법문(法門)을 깊이 연마하였다고 한다.[66] 십칠지의 법문이란 바로 『유가사지론(瑜伽師地

동국대 신라문화연구소, 20쪽.

64) 김영미, 1988, 「성덕왕대 전제왕권에 대한 일고찰」, 『이대사원』 22·23, 392쪽.

65) 김복순, 1993, 「8·9세기 신라 瑜伽系 佛敎」, 『한국고대사연구』 6, 39~40쪽에서 김지성이 감산사에 미륵보살상을 조영하고 『유가사지론』을 애독한 것으로 보아 유식과 관련 있다고 말하고 있다. 다만 김지성을 경덕왕대의 인물로 본 것은 잘못인 듯하다. 구문회, 2005, 「감산사 미륵보살상·아미타불상 조상기를 통해 본 7~8세기 신라 귀족의 삶―김지성(金志誠)의 일생과 사회적 배경을 중심으로」, 『생활문물연구』 17, 국립민속박물관, 5~28쪽.

66) 「甘山寺石造彌勒菩薩立像造像記」, "開元七年 己未 二月十五日 重阿飡 金志誠

論)』을 가리킨다. 김지성이 『유가사지론』을 깊이 연구하였다는 사실
은 그가 일찍이 유식학에 조예가 깊은 승려의 설법을 들은 적이 있었
다는 의미일 것이다. 『유가사지론』은 불교의 술어나 수행에 익숙하지
않으면 혼자서 읽어내기 어려운 논서이다.

김지성이나 『삼국유사』에 등장하는 노힐부득, 달달박박, 광덕, 엄
장, 포산(包山)의 성인 같은 수행자들을 통해 신라 사회에 유식학
및 수행에 대한 이해가 퍼져나갔음을 막연하게나마 짐작할 수 있다.
신라의 지식인들이 직접 수행을 실천하지는 못하더라도 수행자에
대한 존경심이나 마음을 깨끗하게 해야 한다는 인식을 아로새겼을
것이다. 그러므로 신라의 불국토 인식은 중고기보다는 7세기 후반
이후 불교 교학에 대한 이해가 진전하면서 강화되어 나갔다고 볼
수 있다.

과거 부처와 인연이 있는 나라라는 의미에서의 불국토가 아니라
수행에 의해 청정해진 불국토[정불국토(淨佛國土)]를 꿈꾸었을 것이
다. 나아가 『화엄경』에서의 연화장(蓮華藏)[67]이나 『법화경』의 영산정
토(靈山淨土) 같은 세계를 신라 사회에 구현하려 하였을 것이다.[68]

奉爲亡考仁章一吉湌 亡姚觀肖里 敬造甘山寺一所 石阿彌陀像一軀 石彌勒像一軀
(중략) 性諧山水 慕莊老之逍遙 志重眞宗 希無著之玄寂 年六十有七 致王事於淸朝
遂歸田於閒野 披閱五千言之道德 弃名位而入玄 窮硏十七地之法門 壞色空而俱
滅"[성균관대학교 박물관, 2008, 『新羅 金石文 拓本展』, 62쪽].

67) 義寂, 『菩薩戒本疏』 卷上(H2, 36, 259), "華嚴所說蓮華藏世界者 卽是所統之世界
也 上有十二佛國土七世界性 九方亦爾 是盧舍那常轉法輪處" 및 『삼국유사』 권4,
「의해」 5, 蛇福不言 조에서 연화장세계에 대한 인식을 볼 수 있다.

68) 김영태는 영취산을 중심으로 하는 법화 정토의 신라화, 『법화경』의 관음보
살이 侍婢나 사문의 처 등으로 등장하는 것을 근거로 '신라 위주의 법화정토
관'이라 하였다. 김영태, 1977, 「법화신앙의 전래와 그 전개」, 『한국불교학』

현재의 신라 땅에 아미타불 및 여러 불보살(佛菩薩)이 상주한다는 이야기나 현신성불(現身成佛)의 사례들, 불국토의 구현이라 평가받는 경주 남산의 모습은 중대 시기 정불국토(淨佛國土)를 강조하던 여러 학승들의 가르침에 힘입은 바가 크다고 생각한다. 어쩌면 신라인들은 통일 이후 전쟁의 참상을 깨끗이 씻어버리고 새로운 부처님 나라를 만들고자 했던 것인지도 모르겠다.

정리하면 법위는 여래는 무분별지·후득지의 무루종자를 정토의 인으로 삼고, 보살은 문혜(聞惠)·사혜(思惠)·수혜(修惠)를 일으켜야 정토에 들어갈 수 있다고 하였다. 현일은 법장이 5겁 동안 수행하여 초지(初地)에 올라 마음이 깨끗해지면 불토(佛土)도 저절로 깨끗해진다고 하였다. 마음이 깨끗해지고 평등해진다는 것은 바로 분별심이 없는 상태를 가리킨다고 한다. 경흥은 선정(定)을 근본으로 삼고 지혜(慧)가 선정을 이끄는 심관(心觀)이 정토의 업이라고 하여, 이를 통한 청정국토의 성취를 강조하였다. 수행을 통해 국토를 청정하게 할 수 있다는 것이다. 삼국 통일을 이룩하고 새로운 사회를 만들어나가던 시기에 법위, 현일, 경흥 등의 신라 승려들은 모두 수행을 통해 마음을 청정하게 하는 것이 불국토, 정토를 이루는 길임을 말하였다.

이처럼 신라의 불국토 인식은 7세기 후반 불교 교학에 대한 이해가 진전하면서 더 강화되어 나갔다. 불국토에 대한 기대가 전쟁이 끝나고도 오랫동안 트라우마에 고통스러웠을 신라인들에게 처방전이 되지 않았을까.

3, 39~40쪽.

경성(京城)의 동북쪽 20리쯤 되는 암곡촌(暗谷村)의 북쪽에 무장사(鍪藏寺)가 있다. 제38대 원성대왕의 아버지 대아간 효양이자 추봉된 명덕대왕이 숙부인 파진찬을 추숭하기 위해 창건한 곳이다. (중략) 절의 위쪽에 미타고전(彌陀古殿)이 있었다. 소성대왕의 비인 계화왕후는 대왕이 자신보다 먼저 서거하였기 때문에 슬프고 마음이 편치 않았다. 너무나 상심하여 피눈물이 마음을 찔렀다. (대왕이) 편히 쉴 수 있도록 돕고 명복을 빌어줄 방법을 생각하였는데, 서방에 아미타불이라는 대성이 있는데 지성으로 귀의하여 숭앙하면 잘 구원해주고 와서 맞이해준다는 것을 들었다. "이 진실된 말이 어찌 나를 속이겠는가!" 그리하여 여섯 벌의 성복을 바치고, 아홉 창고에 쌓아둔 재물을 다 내어 명장을 불러 아미타불상 1구와 신장상을 만들어 봉안하게 하였다. (중략) 민가에 전하기를 태종이 삼국을 통합한 이후에 골짜기 속에 무기와 투구를 감추었기에 무장사라 이름한다고 한다.[69]

『삼국유사』에 전하는 경주 무장사 아미타불상의 조성 배경이 되는 이야기다. 소성왕(재위 799.1~800.6)이 즉위 후 1년 6개월 만에 죽자 왕비인 계화왕후가 무장사에 아미타불상을 조성하였다고 한다. 단순히 이야기가 아니라 실제 있었던 일임을 「무장사아미타여래조상비(鍪藏寺阿彌陀如來造像碑)」를 통해 확인할 수 있다. 정재(淨財)를 내어 명장을 불러 아미타불상 하나를 만들었다는 비편이 현존하고 있다.[70] 만파식적을 보관해오다 원성왕(재위 785~798)에게 전했다는 김효양

---

69) 『삼국유사』 권3, 「탑상」 4, 무장사미타전.
70) 「鍪藏寺阿彌陀如來造像碑」, "府之淨財 召彼名匠 各有司存就於此寺 奉造阿彌陀佛像一"(최연식 판독, 1992, 『역주한국고대금석문 3』, 307쪽).

이 창건한 사찰이므로, 8세기 전반쯤 창건되었을 텐데 이때까지도 무기와 투구를 감춘 골짜기라는 이야기가 회자되고 있었다. 8세기 전반에도 신라인들은 전쟁의 여운에서 온전하게 벗어나지 못했을 것이다.

4장

신라 불교문화의
글로컬리티

'정불국토' '정토왕생'을 강조하던 신라 학승들의 존재는 새로운 불교문화의 수용에도 영향을 미쳤다. 나당 전쟁 전후 유학승들의 귀국과 사신 왕래로 당에서 새롭게 한역된 불교문헌 및 유물들이 쏟아들어오던 상황에서 신라인들은 '선택적 수용'을 하였다. 이를 변화관음의 수용에 대한 신라인들의 태도를 통해 살펴보고자 한다.

최근 관음을 주제로 한 연구들에서 신라에서 7세기 전반에, 늦어도 680년대부터 변화관음상을 만들었고, 신라 중대의 도성에 십일면관음을 본존으로 하는 사원들이 포진해 있었으며, 군중이 모이는 법회의 대표적 주존이 십일면관음이었다고 말하고 있다. 7세기 후반 당과 일본에서 변화관음이 등장하고 있기 때문에 불교문화의 보편성을 생각할 때 신라에서도 유사한 양상이 나타났을 것이라고 한다. 그런데 신라에서 7세기 후반에 변화관음을 수용하였고 곧 성행하였음을 증명할 수 있는 자료가 충분한가.

한국, 중국, 일본은 소위 '동아시아 세계'에 포함되어 '유교문화권' '불교문화권'이라는 동질성을 가진 국가들이다. 인도로부터 실크로드와 남해를 통해 전해진 불교문화가 현재까지 살아 있는 국가들이기도 하다. 인도를 비롯해 불교를 수용한 대부분의 국가들에서 관음보살은 대중적 인기를 얻었지만, 관음신앙의 구체적인 양상은 차이가 난다. 이러한 차이를 '문화적 지역성'이라 명명하기도 한다. 지리적 근접성에 따르는 유사성뿐만 아니라 각 문화의 고유성과 특수성, 공동체 구성원들의 집단 무의식에서 발현된 '문화 코드'에 대한 이해가 필요하다고 한다.[1]

7세기 당(唐)에서는 십일면관음, 불공견삭관음을 비롯하여 천수관음, 여의륜관음, 마두관음 등 다양한 이름의 변화관음(變化觀音)들이 등장한다.[2] 그런데 신라에서는 십일면관음과 천수관음만 확인될 뿐이다.[3] 일본에서는 당에서보다 더 다양한 변화관음이 조성되었다.

당에서 제작된 불상의 전체를 볼 때 변화관음상이 차지하는 양이 많다고는 할 수 없지만, 변화관음상의 제작은 새로운 문화의 출현이었다. 당에서 새롭게 한역된 불교문헌이나 도상들은 사신이나 유학승들을 통해 신라에 전해졌기에, 신라는 당의 불교문화 유행에 매우 민감하였다. 그런데 변화관음은 그 수용 시기가 늦고, 관련 유물이나 기록이 많지 않다. 신라에서는 왜 변화관음의 수용이 늦었고, 현존하는 변화관음관련 유물이나 기록이 많지 않을까 하는 의문에서 이 글을 시작하였다.

그동안 역사, 미술사, 종교 등 다양한 전공자들이 신라 관음신앙의 성격을 설명해왔는데, 연구 방법은 대체로 비슷하다. 현존하는 관음상과『삼국유사』의 관음 사례를 정리하고, 이를『법화경』,『화엄경』등 불교문헌에 등장하는 관음과 연결지어 그 성격을 설명하는 방식이었다. 이 연구들에 의하면 신라에는 7세기 전반에 현실의 고난을

---

1) 박치완, 2019,『호모 글로칼리쿠스-왜 세계화, 세계 지역화가 아닌 지역 세계화인가?』, 한국외대 지식출판콘텐츠원, 27~30쪽.

2) 이 글에서는 관음보살, 관음보살상, 관음보살도, 관음보살에 대한 신앙 등을 통틀어 '관음'이라 약칭한다. 변화관음 용어를 선택한 이유에 대해서는 본문에서 설명하였다.

3) 백제에는 변화관음 가운데 양류관음도 있었다고 한다. 강희정, 2004,「백제 양류관음상고-호림박물관 소장 양류관음상 2구를 중심으로」,『미술자료』 70·71.

구제해주는 독존의 관음이 먼저 출현하고, 7세기 중반에 정토왕생의
수행을 도와주는 관음이 등장하고, 671년(문무왕11) 의상이 귀국한
이후에는 보타락가산에서 수행하는 관음에 대한 이해가 생기게 되었
다고 한다.[4]

변화관음에 대해서는 통일신라의 관음신앙 및 관음상 연구에서
간략하게 다루다가[5] 개별 관음상에 대한 분석이 이루어졌다. 〈석굴
암 십일면관음보살상〉에 대한 관심이 가장 높았다. 도상·형식에 주목
하여 그 유래를 밝히려는 연구들에 이어[6] 교학적 분석도 이루어졌
다.[7] 한국에서 변화관음에 대한 본격적인 연구는 이숙희에 의해 시작
되었는데, 그는 변화관음을 밀교계 조각의 하나로 상정하고 십일면관

---

4) 역사(불교사) 분야의 연구로는 김영태, 1976, 「신라의 관음사상」, 『불교학
보』 13, 63~86쪽 ; 홍승기, 1976, 「관음신앙과 신라사회」, 『호남학』 8, 43~64
쪽 ; 정병삼, 1978, 「의상의 관음신앙」, 『동국사상』 10·11, 47~55쪽 ; 정병
삼, 1982, 「통일신라 관음신앙」, 『한국사론』 8, 3~62쪽 ; 라정숙, 2009, 「『삼
국유사』를 통해 본 신라와 고려의 관음신앙」, 『역사와 현실』 71, 153~184
쪽 ; 변동명, 2010, 「신라의 관음신앙과 바다」, 『한국학논총』 34, 417~442쪽
등이 있다. 미술사 분야의 연구로는 박선영, 1995, 「삼국시대 관음보살상의
연구」, 『불교미술연구』 2, 47~88쪽 ; 강희정, 2010, 「통일신라 관음보살상
연구 시론」, 『인문논총』 63, 3~33쪽 등이 있다. 종교 분야의 연구로는 배금란,
2020, 「신라 관음신앙 연구 : 관음성현의 구조와 기능을 중심으로」, 서울대
종교학과 박사학위논문 등이 있다.
5) 정병삼, 1982, 앞의 논문, 42~45쪽 ; 강희정, 2010, 앞의 논문, 22~27쪽.
6) 신법타, 1976, 「십일면관음연구」, 『석림』 10, 481~488쪽 ; 류종민, 1984, 「석
굴암 십일면관음상의 전래 및 전파고」, 『關大論文集』 12-2, 331~353쪽 ; 강우
방, 1995, 「석굴암 불교조각의 도상적 고찰」, 『미술자료』 56, 1~48쪽 ; 박형
국, 2000, 「경주 석굴암 제불상에 관한 불교도상학적 고찰」, 『신라문화제학
술발표논문집』 21, 39~86쪽.
7) 이경화, 2014, 「석굴암 십일면관음의 교학적 해석」, 『불교미술사학』 17,
71~96쪽 ; 강삼혜, 2015, 「토함산석굴의 11면관음보살상 연구」, 『강좌미술
사』 44, 65~96쪽.

음과 천수관음의 성립과 전개를 다루었다.[8] 이후 신라 변화관음 연구의 주요 관심은 십일면관음과 천수관음[9]의 수용 및 제작 시기에 대한 것이었고 다양한 의견이 제시되었다.

이 장에서는 우선 당과 신라에서의 변화관음의 양상을 파악하기 위해 선행 연구들을 활용하여[10] 당과 신라의 변화관음 사례를 정리하고, 그 수용 시기에 대해 재검토하려고 한다. 현재 당에서 변화관음이 출현한 시기, 그리고 신라에서 수용한 시기에 대한 학계의 의견이 일치하지 않기 때문에 당과 신라에서 변화관음이 등장한 시기를 먼저 정리할 필요가 있다. 그 뒤에 신라에서의 변화관음에 대한 태도가 당과 차이나는 이유를 7세기 후반~8세기 전반 국가와 불교계의 관계 및 불교계의 사회적 역할 속에서 찾아보도록 하겠다. 이를 통해 중대 신라 불교문화의 성격에 대한 이해를 심화시킬 수 있으리라 기대한다.

---

8) 이숙희, 2006, 「통일신라시대의 변화관음보살상－11면관음상과 천수관음 상을 중심으로」, 『항산안휘준교수정년퇴임기념논문집 : 미술사의 정립과 확산』 2권, 사회평론, 52~81쪽 ; 2009, 『통일신라시대 밀교계 불교조각 연구』, 학연문화사에 재수록.

9) 김정희, 2012, 「한국의 천수관음 신앙과 천수관음도」, 『정토학연구』 17, 167쪽에서는 671년 의상에 의해 가범달마 역 『천수천안관세음보살광대원 만무애대비심다라니경』이 유입되었다고 하였다. 이는 「백화도량발원문」을 의상의 진찬이라 보았기 때문인데, 「백화도량발원문」은 의상에 가탁한 글로 봐야 할 듯하다. 최근 소현숙은 당에서 천수관음 관련 문헌이 유통된 것은 智通 역 『천안천비관세음보살타라니신주경』이며, 697년 武則天에 의해 천하에 유포되었으므로 신라에 전래된 것도 그 이후로 봐야 한다고 주장하였다. 소현숙, 2022, 「천수관음신앙의 신라 유입 시기 재고－경전 한역 및 도상의 제작과 유통 양상을 통한 고찰」, 『한국고대사탐구』 42, 453~463쪽.

10) 변화관음의 사례는 일본에서 2001년에 간행된 다음 자료집을 활용하였다. (財)なら・シルクロード博記念國際交流財團/シルクロード學研究センター, 2001, 『觀音菩薩像の成立と展開—変化觀音を中心にインドから日本まで』(シルクロード學研究 Vol.11).

1. 당과 신라의 변화관음 사례

불교의 존격 가운데 하나인 관음보살(觀音菩薩, 이하 '관음'이라
약칭함)은 Avalokitêśvara Bodhisattva의 의역어이다. 관세음(觀世音)
보살, 관자재(觀自在)보살로도 번역하였는데, 세상의 소리를 본다는
관세음은 구마라집(鳩摩羅什, 344~413)이 즐겨 사용한 역어이고,[11]
관자재는 현장(玄奘, 602~664)이 사용한 역어이다.[12] 대비보살(大悲菩
薩),[13] 원통보살(圓通菩薩) 또는 원통대사(圓通大士)라는 이칭으로도
불렸다.

기원후 1세기경 인도 간다라에서 시작된 관음신앙은 그 포용적
성격 때문에 전파되는 곳마다 토착화에 성공하였다.[14] 자비(慈悲),
대비(大悲)의 화신으로 여겨지는 관음은 여러 국토에서 중생들을 교
화하기 위해 33신(身)으로 모습을 드러낸다고 『법화경』에서 말하고
있는데,[15] 『법화경』에 이 33신의 형태에 대한 구체적인 설명은 없다.
시간이 흐를수록 관음신앙이 성행하게 되면서 이 33신에 각각 이름을
부여하고 도상을 만들게 되었다.[16] 변화관음의 연원과 명칭의 타당성

---

11) 鳩摩羅什譯, 『妙法蓮華經』(T9, 262).

12) 玄奘譯, 『大般若波羅蜜多經』(T5, 220).

13) 曇無讖譯, 『悲華經』(T3, 157. 214c18~21), "彼大會中有一大悲菩薩摩訶薩 作如
    是願 我今當以大悲熏心 授阿耨多羅三藐三菩提記 爲諸菩薩摩訶薩故示現善願."

14) 정병삼, 1996, 「인도와 한국의 관음신앙 비교 연구」, 『한국학연구』6, 58~59
    쪽. 변화관음의 인도 기원에 대해서는 '밀교' '관음보살'에 대한 많은 선행
    연구에서 설명해왔다. 이숙희, 2009, 앞의 책, 21쪽 ; 강삼혜, 2015, 앞의
    논문, 67~68쪽 등.

15) 吉藏, 『法華義疏』(T34, 1721, 624c13~19).

을 이 33신에서 찾을 수 있다.[17)

변화관음이라는 명칭에 대한 추가 설명이 필요하다. 변화관음이라는 표현이 적절한가에 대한 의문이 제기되기도 하였고,[18) 한자로는 변화관음이라 쓰면서 영어로는 'esoteric Avalokiteśvaras'라고 번역하고 있기 때문이다.[19) 관음의 팔[비(臂)] 수가 2개, 4개, 6개, 8개, 12개 등으로 점차 늘어났고, 얼굴[면(面)]이 3개, 9개 혹은 11개일 때도 있다. 팔과 얼굴의 개수가 여러 개인 변형된 형태를 지닌 관음들을 통칭하여 변화관음, 밀교계 관음, (다면)다비관음 등으로 부르고 있다. 여러 용어가 혼재되어 있다는 건 각각의 용어로 담아내지 못하는 예외들이 존재한다는 의미일 것이다.

변화관음의 대표격인 십일면관음은 인도에서 힌두교와 불교가 공간을 공유하면서 등장하였다. 베다(Veda)에 나오는 폭풍우와 파괴의 신인 루드라(Rudra)에서 십일면관음이 유래하였다고 한다. 루드라가

---

16) 『법화경』「보문품」의 변상도인 일본 卓峰의 〈觀音應化圖〉(東京帝室博物館 소장), 조선시대 李自實이 그린 〈觀音三十二應身圖〉(1550)에 楊柳觀音, 龍頭觀音, 持經觀音, 圓光觀音 등 각 관음의 명칭이 달려 있다.

17) 慧沼(648~714)가 찬한 『十一面神呪心經義疏』(T39, 1802, 1004c15~26)에서 관음보살이 갖가지 몸으로 중생을 교화함을 『화엄경』, 『법화경』 『불공견삭경』을 인용하여 설명하고 있다. 慧沼는 慈恩 基(632~682)의 제자로, 700년부터 法寶·勝莊·神英·仁亮·法藏 등과 함께 證義로서 義淨의 역장에 참여하였다. 저서 『法華玄贊義決』, 『金光明最勝王經疏』, 『十一面神呪心經義疏』 등이 남아 있다.

18) 강희정, 2010, 앞의 논문, 24쪽.

19) 『觀音菩薩像の成立と展開—変化觀音を中心にインドから日本まで』(2001). 이 자료집의 영문 표기는 다음과 같다. "The Origin and Development of Avalokitêśvara Images - Focusing on the esoteric Avalokitêśvara from India to Japan."

훗날 시바(Shiva)로 승격되는데, 시바신의 별칭이 십일최승, 십일면로 나이다.[20] 그러므로 십일면관음의 성격을 밀교만으로 설명할 수는 없다.

밀교계 관음은 관음의 형태가 변화한 계기가 밀교의 성행이라고 보아 붙여진 명칭이다. 인도에서 후기 굽타(6세기 중반~8세기 중반) 부터 팔라 왕조에 걸쳐 밀교 존상이 대량 제작되었는데, 그 가운데서 도 사자후관음(獅子吼觀音), 육자관음(六字觀音), 청경관음(靑頸觀音), 금강법(金剛法) 같은 관음상의 출토가 가장 많다. 이 상들은 『사다나 마라(Sadhanamala)』라는 밀교문헌에 의거하여 특정한 존명이 부여된 것으로, 팔이 4개, 6개, 8개, 12개 등 여럿이다.[21] 그런데 팔이 2개 이상인 모든 관음상들, 즉 다비관음을 모두 밀교 존상이라고 말할 수는 없다. 팔의 수를 4개, 6개, 8개, 12개, 심지어 천 개(42개로 정형화 됨)로 늘려 관음의 공덕을 강조하는 것이 유행하면서 특정 밀교문헌 에 근거하지 않고도 다비상들이 많이 제작되었다.[22] (다면)다비관음 은 얼굴이 여러 개, 팔이 여러 개인 관음을 총칭하는 용어이다.

이 글에서 시용하는 변화관음은 광의로는 밀교계 관음이나 (다면) 다비관음을 모두 포함하고 있고, 협의로는 동아시아에서 유행한 십일 면관음, 천수관음, 불공견삭관음, 여의륜관음, 마두관음에 한정된다.

당과 신라의 변화관음은 현재 얼마나 남아 있을까. 『觀音菩薩像の成

---

20) 이숙희, 2009, 앞의 책, 21쪽.
21) 森雅秀, 2002, 「インドの不空羂索觀音像」, 『佛敎藝術』 262, 47~48쪽.
22) 인도의 관음에 대해서는 宮治昭, 2001, 「觀音菩薩像の成立と展開―インドを中心に―」, 『觀音菩薩像の成立と展開』, 13~51쪽 및 森雅秀, 2002, 앞의 논문을 참조하였다.

立と展開－変化觀音を中心にインドから日本まで』(이하 '2001년 자료집'
이라 함) II부 리스트를 활용하여23) 중국의 변화관음 유물의 숫자를
정리하였는데, 이를 통해 변화관음의 시간의 흐름에 따른 전개 양상을
파악할 수 있다.24)

[표 1] 현존하는 중국의 변화관음 수

	7~8세기	9세기~10세기	11세기 이후
십일면관음	28	31	2
천수관음	8	42	11
불공견삭관음	8	21	4
여의륜관음	5	32	2
마두관음	5	3	2

　　변화관음 가운데 동아시아에서 가장 먼저 출현한 것은 십일면관음
이다. 중국의 경우 7~8세기 십일면관음이 28건, 천수관음이 8건이라
고 했지만 대부분 8세기의 것으로 보고 있다.25) 9세기 이후 변화관음
이 증가하는데, 돈황과 사천성에 집중적으로 분포한다. 천수관음의

---

23) 앞의 『觀音菩薩像の成立と展開』, 149~241쪽의 II.リスト編에 인도, 동남아시
　　아 각국, 중국, 한국, 일본의 변화관음 사례를 지역별 및 조성시기별로 구분
　　하여 정리하고 있다.

24) 앞의 『觀音菩薩像の成立と展開』, 149~241쪽의 II.リスト編에서 연대를 9~10
　　세기로 비정한 경우는 9세기, 10~11세기로 비정한 경우는 10세기의 것으로
　　계산하였다. 이 자료집에 수록된 사례 가운데 조성 시기를 비정하지 않은
　　것들이 있다. 예를 들면 사천성 大足, 北山에는 연대 비정이 어려운 불정존승
　　관음이 여럿이고, 資中, 北岩 등의 여러 천수관음도 연대가 없다. 이러한
　　것들은 [표 1]에 포함시키지 않았다. 그러므로 실재하는 사례들이 [표 1]에서
　　제시한 숫자보다 많다고 봐야 한다. 지금으로부터 20여 년 전의 전수조사여
　　서 2023년 현재는 出入이 있을 수 있다. 하지만 변화관음의 분포와 변화의
　　추이를 파악하기에는 충분히 유의미하다.

25) 당 변화관음의 등장 시기에 대해서는 다음 2절에서 자세히 다루었다.

증가가 눈에 띄고, 십일면관음, 여의륜관음이 그 다음을 잇고 있다. 11세기 이후가 되면 천수관음을 제외하고는 그 수가 줄어든다.[26)]

다음으로 신라의 변화관음 양상을 살펴보도록 하겠다. 최근(2020) 신라 관음신앙을 주제로 한 박사학위논문에서 신라 중대의 도성에 십일면관음을 본존으로 하는 사원들이 포진해 있었고, 군중이 모이는 법회의 대표적 주존이 십일면관음이었다고 한다. 중대 초기에 관음을 주존으로 하는 사찰과 전각의 건립이 성행하였다고도 하였다.[27)] 과연 그러하였을까. 현존하는 신라시대 변화관음상의 목록은 [표 2]와 같다.

[표 2] 현존하는 신라시대의 변화관음상

	명칭(소재지 포함)
1	석굴암 십일면관음상
2	굴불사지 십일면육비관음상
3	낭산 중생사지 십일면관음상
4	영남대박물관 십일면관음상 두부

---

26) 한편 일본의 경우 나라시대(710~794)부터 다수의 변화관음이 제작되었다. 동경국립박물관 소장의 십일면관음, 法隆寺의 십일면관음, 동경 森村衛의 십일면관음은 7세기 후반의 작으로 추정하고 있대리링(李翎), 2018, 「十一面觀音 圖像 연구 - 한족 지역과 티베트 지역 조상의 비교를 중심으로」, 『미술사논단』 19, 54쪽]. 당에서와 마찬가지로 일본에서도 초기에는 십일면관음을 많이 조성하였고, 천수관음, 불공견삭관음도 등장한다. 헤이안시대(794~1185) 들어서는 변화관음 수가 급증한다. 여전히 십일면관음이 가장 많이 조성되었다. 흥미로운 것은 일본은 중국과 달리 11세기 이후에도 변화관음의 인기가 식지 않았다는 것이다. 오히려 천수관음, 여의륜관음은 점차 그 수가 증가하는 양상을 보인다.

27) 배금란, 2020, 앞의 박사학위논문, 193~194쪽.

경주 굴불사지 십일면육비관음상(ⓒ 김민규)

영남대박물관 십일면관음상 두부
(ⓒ 김민규)

경주 석굴암 십일면관음보살입상
(ⓒ e뮤지엄)

경주 낭산 십일면관음보살상
(ⓒ 국립경주박물관)

[표 2]와 같이 신라시대에 조성된 것 가운데 현존하는 변화관음 유물은 십일면관음뿐이고, (1) 석굴암 십일면관음상, (2) 굴불사지 십일면육비관음상, (3) 낭산 중생사지 십일면관음상, (4) 영남대박물관 십일면관음상 두부 4건이 전부이다. 문헌 자료로는 현장역『십일면신주심경(十一面神呪心經)』에 대한 신라승의 주석서 명칭과『삼국유사』의 사례뿐이다. 신라에서 변화관음이 '성행'하였다고 하기에는 그 사례가 너무나 적다. 신라의 변화관음 사례들에 대해서는 다음 등장 시기의 검토에서 자세히 소개하도록 하겠다.

2. 당과 신라의 변화관음 등장 시기

당에서 변화관음의 등장은 신주경·다라니경의 한역과 무관하지 않았다. 때문에 당과 신라에서의 변화관음의 등장 시기를 관련 문헌들의 최초 한역 시기를 기준으로 설명하는 경우가 많았다.[28] 그런데 이러한 시기 비정 방식은 신중한 접근이 필요하다. 문헌의 출현과 유통에는 시간 차가 있는 경우가 많기 때문이다.

---

28) 이경화는 6세기에 처음 한역 문헌이 등장한 후 곧바로 십일면관음이나 불공견삭관음을 만들기 시작하였다고 하였고(이경화, 2014, 앞의 논문, 74쪽), 顔娟英은 현장이『十一面神呪心經』을 한역한 후 십일면관음신앙이 본격적으로 유행하였다고 하였다(顔娟英, 2006,「唐代十一面觀音圖像與信仰」,『佛學研究中心學報』第十一期, 92쪽).

십일면관음을 설한 경전의 초역이 북주시기(557~581)에 야사굴다 (耶舍崛多)에 의해 이루어지지만(『십일면관세음신주경(十一面觀世音 神呪經)』), 신주경·다라니경의 한역이 다시 이루어지는 것은 650년대 이후이다.29) 현장을 비롯하여30) 지통(智通),31) 아지구다(阿地瞿多),32) 가범달마(迦梵達磨)33) 등이 가세하였다. 이때 한역된 신주경·다라니

---

29) 남북조시기에 신주경·다라니경의 한역은 많지 않았다. 6세기 후반 五明을 두루 배웠을 뿐만 아니라 總持와 神呪의 이치에 통달했던 闍那堀多가 不空羂 索呪經(587년 4~5월), 十二佛名神呪經(587년 5월), 金剛場陀羅尼經(587년 6~8 월), 大法炬陀羅尼經(592년 4월~594년 6월), 大威德陀羅尼經(595년 5월~596 년 12월) 등을 한역하였지만[『開元釋敎錄』 권7(T55, 2154, 548b07~550b24)] 수당 교체의 혼란으로 연속적으로 이어지지 않았다. 정관 연간에 한역된 신주경·다라니경으로는 파라파가라밀다라의 『寶星陀羅尼經』(629년 3월~ 630년 4월)이 있다. 그리고 정관 연간(627~649)에 북천축의 승려가 『천안천 비관세음보살다라니신주경』 2권의 범본을 가지고 와서 황제에게 바치자, 황제는 지통에게 범승과 함께 번역하게 하였다. 정확한 번역 시기는 알 수 없다.

30) 645년 현장이 천축에서 돌아온 직후 弘福寺에서 번역한 『육문다라니경』을 제외하고 『不空羂索神呪心經』, 『十一面神呪心經』 같은 다른 신주경·다라니경 은 650년대에 대자은사에서 번역하였다.

31) 總持門에 뜻을 두었던 지통은 관음 관련 세 경을 653년(영휘4) 총지사에서 번역하였다. 『천전다라니관세음보살주경』 1권, 『관자재보살수심주경』 1권, 『청정관세음보현다라니경』 1권.

32) 『陀羅尼集經』 12권을 653년(영휘4) 3월 14일~654년 4월 15일에 慧日寺에서 한역하였다. 그런데 『陀羅尼集經』의 영향력에 대해서는 좀더 따져봐야 한다. 아지구다의 『다라니집경』 권4에 『十一面觀世音神呪經』이 포함되어 있어 오 늘날 학자들은 阿地瞿多역본(654)이 십일면관음에 대한 두 번째 역본으로 보고 있다. 그런데 『개원석교록』에서는 아지구다역보다 시기가 늦은 현장역 (656)을 제2출이라고 하였다. 『다라니집경』이 역출된 후 활용되기까지의 과정이나 당대에서의 영향력 등에 대한 연구가 먼저 이루어져야 한다. 가범 달마와 지통의 천수관음 역본들의 유통에 대해서는 소현숙, 2022, 앞의 논문 참조.

33) 『천수천안관세음보살광대원만무애대비심다라니경』 1권을 한역하였다.

경 가운데 변화관음 관련 문헌이 차지하는 비중이 높았다. 현장은 불공견삭관음과 십일면관음, 지통과 가범달마는 천수관음 문헌을 한역하였다.[34]

현장이 신주경·다라니경을 한역한 것을 두고 서로 다른 해석이 있다. 한편에서는 '현장이 대량의 밀교문헌을 한역하여 그 영향으로 변화관음이 등장하였다'고 하고,[35] 다른 한편에서는 '현장이 밀교에 침묵했거나 무관심하였다'고 한다.[36] 현장의 의도는 어느 쪽이었을까. 현장은 변화관음을 알리기 위해 관련 경전들을 한역한 것일까.

『개원석교록』에 의하면, 당 태종의 후원을 받았던 현장의 역경장에서 역출된 신주경·다라니경은 9부 9권이다.[37] 9부 9권은 현장의 역경장에서 한역된 전체 76부 1349권의 0.67%(권수 기준)에 불과한 분량이다. 그러므로 현장이 대량의 신주경·다라니경을 한역하였다고 말할 수는 없다. 현장이 『십일면신주심경』을 번역한 날은 656년(현경 원년) 3월 28일로, 하루 만에 번역을 마친 듯하다. 660년(현경4) 4월에는 『불공견삭신주심경(不空羂索神呪心經)』 1권도 번역하였는데,[38] 현장은 신주경·다라니경 한역에 많은 시간을 할애하지 않았다. 무엇보다 현장의 한역이 곧바로 변화관음상의 조성으로 이어지지

---

34) 무측천 즉위 이전 670년대에는 『불정존승다라니경』의 한역이 재차 진행되었다. 杜行顗 역 『佛頂尊勝陀羅尼經』 1권(679), 地婆訶羅 역 『佛頂最勝陀羅尼經』 1권(682)과 『最勝佛頂陀羅尼淨除業障經』 1권.

35) 이경화, 2014, 앞의 논문, 73쪽.

36) 심재관, 2011, 앞의 논문, 222쪽.

37) 『不空羂索神呪心經』 1권, 『十一面神呪心經』 1권, 『呪五首經』 1권, 『勝幢臂印陀羅尼經』 1권, 『諸佛心陀羅尼經』 1권, 『拔濟苦難陀羅尼經』 1권, 『八名普密陀羅尼經』 1권, 『持世陀羅尼經』 1권, 『六門陀羅尼經』 1권.

38) 『개원석교록』 권8 참조.

않았다.

선행 연구들에서는 현장이 『십일면신주심경』을 한역한 후 얼마 지나지 않은 661년(용삭1)에 십일면관음이 등장하는 문헌 기록이 있다고 주장하나, 논거로 삼은 사료들에 대한 재검토가 필요하다.[39] 661년에 당에서 십일면관음을 만들었다는 근거로 제시한 사료가 ① 『집고금불도논형(集古今佛道論衡)』과 ② 『송고승전(宋高僧傳)』「당사주보광왕사승가전(唐泗州普光王寺僧伽傳)」이다.

우선 ① 『집고금불도논형』부터 보자. 여기에 '금동불상 5구, 십일면관음상 2구'라는 표현이 등장한다.[40] 『집고금불도논형』은 도선(道宣)이 661년에 찬한 논서로 알려져 있다. 때문에 ①을 의심 없이 661년의 기록으로 보고 있다. 그런데 해당 내용은 『집고금불도논형』 권정(卷丁)의 속부(續附)에 실린 것으로, 팔만대장경 수록본(K1066) 권4에 있는 수기(守其)의 중교서(重校序)에 의하면, 십일면관음상이 등장하는 제4권의 도사(道士) 곽행진(郭行眞) 관련 내용은 도선이 찬한 내용이 아니라 송대장경을 만들 때 추가한 것이라고 한다.[41] 그리고 최근

---

39) 이숙희는 일본학자 大村西崖, 水野淸一의 견해를 인용하여 661년(龍朔元年)에 십일면관음 2구를 만들었고 7세기 중엽부터 십일면관음을 예배대상으로 신앙하였다고 보았다(이숙희, 앞의 책, 2009, 35~36쪽). 강삼혜도 『집고금불도논형』을 논거로 내세우고 있다(강삼혜, 2015, 앞의 논문, 73쪽).

40) 『集古今佛道論衡』(T52, 2104), "金銅佛像五軀 十一面觀音像二軀 幷諸大乘經"(395c23~24);"敬造金銅佛像五軀 十一面觀音檀像兩軀 諸大乘經相續寫"(396a15~16).

41) 『集古今佛道論衡』 4卷(K1066, 32, 531a20~b17), "集古今佛道論衡四卷重校序. 按此一部四卷之書 其第四卷 國本與宋本則同 唯八紙耳. 丹本大多至三十四紙. 非唯多小不同 文義亦不相涉. 又前第三卷國本與宋本則同 丹本始終迥異者 何耶. 今進退撿挍 宋本錯亂 失第三卷 妄引第四卷 爲第三卷. 於第四卷 則傍引道士郭行眞 捨道歸佛之文十餘段 凡八紙補爲一卷. 國本依宋故同錯耳. (하략)."

일본에서 『집고금불도논형』의 고사본이 발견되었는데, 여기에 도사 곽행진 관련 내용은 없다.42) 그러므로 십일면관음상 2구의 제작이 661년의 일이라고 확정할 수 있다. 또한 ②『송고승전』의 내용을 자세히 보면, 승가(僧伽)가 강회(江淮)를 건너 용흥사(龍興寺)에 머문 것이 용삭초년(龍朔初年) 즉 661이지, 주석 이후에 있었던 십일면관음의 신이(神異) 내용을 661년의 일이라고 해석하기는 어려운 것 같다.43)

당에서 대량의 신주경·다라니경이 한역된 것은 7세기 후반 이후 특히 무측천(武則天, 재위 690~705)이 후원하던 역경장들에서였고,44) 변화관음을 다룬 문헌들이 대량으로 출현한 것도 무측천 시기부터이다. 석혜지(釋慧智)가 693년(장수2) 불수기사(佛授紀寺)에서 『찬관세음보살송』 1권을 번역하였고, 보리유지(菩提流支)가 『불공견삭

---

42) 王雪, 2019, 「道宣撰『集古今仏道論衡』の日本古寫経本」, 『仙石山仏教學論集』 11, 75~167쪽 ; 王雪, 2019, 「道宣撰『集古今仏道論衡』の日本古寫経本について」, 『印度學佛教學研究』 149, 194~197쪽.

43) 『宋高僧傳』 권18, 「感通」 6(T50, 2061, 822a03~18), "釋僧伽者 (중략) 伽在本土 少而出家 爲僧之後誓志遊方 始至西涼府 次歷江淮 當龍朔初年(661)也. 登船隷名 於山陽龍興寺 自此始露神異. 初將弟子慧儼同至臨淮 就信義坊居人乞地下標 誌之 言 決於此處建立伽藍 遂穴土獲古碑 乃齊國香積寺也. 得金像衣葉刻普照王佛字 居人歎異云 天眼先見 吾曹安得不捨乎 其碑像由貞元長慶中兩遭災火 因亡蹤矣. 嘗臥賀跋氏家 身忽長其床榻各三尺許 莫不驚怪 次現十一面觀音形 其家舉族欣慶 倍加信重 遂捨宅焉 其香積寺基 卽今寺是也."

44) 李無諂의 『不空羂索陀羅尼經』 1권, 彌陀山의 『無垢淨光大陀羅尼經』 1권, 阿儞 眞那(寶思惟)의 『不空羂索陀羅尼自在王呪經』, 『觀世音菩薩如意摩尼陀羅尼經』, 『文殊師利根本一字陀羅尼經』, 『隨求卽得大自在陀羅尼神呪經』 등이 있고, 7세기 후반에 불정존승다라니경의 번역도 재차 진행되었다. 杜行顗 역의 『佛頂尊勝陀羅尼經』 1권(679년), 地婆訶羅 역 『佛頂最勝陀羅尼經』 1권(682)과 『最勝佛頂陀羅尼淨除業障經』 1권이 있다.

신변진언경』,『천수천안관세음보살모다라니신경』,『여의륜다라니경』,『불공견삭주심경』 등 변화관음에 관한 문헌들을 다수 한역하였다.

뿐만 아니라 관련 연구들에 의하면, 현재 중국에서 기년이 가장 빠른 십일면관음은 691년(천수2)에 효문상호군(孝門上護軍) 두산위(杜山威) 등이 성신황제(聖神皇帝) 무측천 및 부모를 위해 조성한 독존의 십일면관세음상(十一面觀世音像)이다.[45] 무측천이 세운 광택사(光宅寺) 칠보대에 7점의 십일면관음상을 만들었다.[46] 용문석굴의 경우 동산 뇌고대 북동서벽 남측의 십일면사비관음, 뇌고대 북동 외벽 상부의 팔비관음, 뇌고대 북동 서벽 북측의 팔비관음이 무측천 시기의 것이고, 동산 만불구 2137호인 천수천안관음감은 무측천 재위기 혹은 개원(713~741)시기에 제작되었다고 한다.[47] 천수관음상도 7세기 말 이후에 조성된 것으로 보고 있다.[48] 그러므로 변화관음 관련 경전들이 6세기 후반부터 번역되기 시작하였지만, 당에서 변화관음신앙이 본격적으로 나타난 것은 무측천 재위기부터라고 할 수 있다.

당에서 변화관음이 제작된 시기가 무측천 이후라고 한다면 신라의 변화관음 수용 시기에 대한 해석들도 재검토가 필요하다. 현존하는 석굴암과 굴불사지의 십일면관음상이 8세기 중반 작이라는 데는 대

---

45) 顔娟英, 2006, 앞의 논문, 98쪽.
46) 배영진, 2015, 「장안 광택사 칠보대의 십일면관음상과 회과의례」,『석당논총』 61, 272쪽.
47) 顔娟英, 2006, 앞의 논문, 85쪽 ; 리링, 2018, 앞의 논문, 84~85쪽.
48) 김정희, 2012, 앞의 논문, 158~159쪽.

체로 의견이 일치하고 있다. 그런데 〈낭산 중생사지 십일면관음보살상〉의 조성 시기는 8세기 전반,[49] 8세기 중반,[50] 9세기[51] 등 설이 다양하여 혼동을 주고 있다. 도상·형식에 의거한 시기 비정은 문외한인 필자가 판단하기 어려우므로, 주장을 보완하기 위해 활용하고 있는 문헌 자료에 대해 살펴보겠다. 『삼국유사』에 나오는 신라의 변화관음 사례로 언급하는 것들이 있는데, 다음이 대표적이다.

① (경흥은) 삼랑사에서 살았는데, 갑자기 병으로 자리에 누운 지 여러 달 지났다. 어떤 비구니가 찾아와 병세를 살피고는 『화엄경』가운데 '좋은 벗[善友]이 병을 낫게 한다'는 구절을 말해주었다. "지금 스님의 병은 근심과 피로가 불러온 것이니, 기쁘게 웃으면 나을 수 있습니다." 그리고 열한 가지 얼굴 모습을 지으면서 각각 우스꽝스런 춤을 추었다. 높이 솟은 바위처럼 뾰족하기도 하고 (칼로) 깎은 듯하며 변화하는 모습을 이루 다 말할 수가 없었고, 모두 웃다가 턱이 빠질 것 같았다. 경흥의 병이 자기도 모르게 나았다. 드디어 비구니는 문을 나가 남항사로 들어가 숨었다. 비구니가 지니고 있던 지팡이는 탱화 십일면원통상(十一面圓通像) 앞에 있었다.[52]

---

49) 김동하, 2010, 「경주 낭산 출토 불·보살상 재검토 – 석조십일면관음보살입상과 석조약사불좌상의 관계에 대하여」, 『대구사학』 100, 1~29쪽 ; 강삼혜, 2022, 「낭산의 두 관음보살상 연구」, 『신라문물연구』 15. 강삼혜는 최근에 기존의 8세기 중반설(2015)을 수정하여 8세기 전반설(2022)을 주장하면서 낭산 두 관음상의 조성시기가 다르다고 주장하였다.
50) 이숙희, 2009, 앞의 책 ; 강삼혜, 2015, 앞의 논문.
51) 박형국, 2001, 앞의 자료집.

② 하루는 천자가 예나 지금이나 그림에도 이와 같이 아름다운 이는 드물 것이라며 그림 잘 하는 사람에게 여인의 실제 모습을 보고 그리게 하였다. …… 그러자 <u>화공이 십일면관음상(十一面觀音像)을 그려서 바쳤다.</u> 황제는 꿈에서 본 것과 딱 들어맞으므로 그제야 마음이 풀려 용서해주었다. 화공은 풀려나자 박사 분절(芬節)과 약속하였다. …… 두 사람이 마침내 함께 신라국에 이르러 <u>이 절(중생사)에 대비상(大悲像)을 만드니</u> 나라 사람들이 우러러 보았다. (이 관음보살상에) 예배드리고 기도하여 복을 얻은 것은 이루 다 기록할 수 없었다.[53]

①은 '경흥이 성인을 만나다[憬興遇聖]' 항목의 내용으로, 선행 연구에서는 이 기록이 681년(신문왕1) 무렵의 십일면관음의 도입을 말해주는 것으로 해석하고 있다.[54] 아픈 경흥을 웃게 했던 비구니가 남항사의 십일면원통(十一面圓通)이었다고 한다. 십일면원통이 바로 십일면관음이다. 그런데 관음을 원통이라 표현한 문헌은 『능엄경(楞嚴經)』으로,[55] 십일면원통상은 『능엄경』이 널리 유통된 고려시대에 사용한 표현으로 봐야 할 듯하다.[56] 특히 경흥은 생몰년이 미상이지만,

52) 『삼국유사』 권4, 「感通」 7, 憬興遇聖.
53) 『삼국유사』 권3, 「塔像」 4, 三所觀音衆生寺.
54) 강삼혜, 2015, 앞의 논문, 86쪽. 이 논문에서는 '자장정률'조의 천부관음을 십일면관음 혹은 천수관음, 이승을 십일면관음의 화신이라 해석하면서 6세기말에 십일면관음이 도입되었을 가능성을 제시하고 있는데, 이는 논증이 불가능한 주장인 것 같다.
55) 『능엄경』의 원명은 『大佛頂如來密因修證了義諸菩薩萬行首楞嚴經』이고, 『대불정수능엄경』, 『수능엄경』으로도 줄여 부른다. 능엄회상의 25聖 가운데 관음의 이근이 가장 원통하다고 하여 圓通尊, 圓通大士라고 불렀다.

704년(성덕왕)에 신라에 전래된 『금광명최승왕경』을[57] 주석한 것으로 보아[58] 8세기 초반까지 활동하였다. 그러므로 ①을 680년대에 변화관음을 수용한 논거로 곧바로 삼을 수는 없을 것 같다.

②는 관음의 영험으로 유명한 세 곳의 관음 가운데 한 곳인 중생사 내용으로, 중생사에 있었던 대비상이 십일면관음이었다고 보고 있는데 이는 이 상을 만든 화공이 당에서 십일면관음을 그렸다는 데에서 추론한 것일 뿐이다. 그 연장선에서 백률사, 민장사의 관음도 십일면관음이라고 추정하고 있다.[59]

이처럼 선행 연구에서 낭산 십일면관음상의 조성 시기를 8세기 초반으로 비정하면서 논증으로 삼았던 『삼국유사』의 기록들은 680년대 십일면관음의 수용을 말하는 자료라고 말하기 어렵다. 그러므로 680년대에 혹은 그 이전에 신라에 변화관음이 수용되어 8세기 초부터 신라 왕경에서 십일면관음신앙이 성행하였다는 주장도 성립하기 어렵다. 최근 소현숙(2022)은 『삼국유사』에서 천수관음이 분명한 것은

---

56) 경흥이 생존했던 7세기 중후반~8세기 초에 『능엄경』은 신라에서 유통되지 않았다. 『능엄경』이 처음 유전된 것은 8세기 초이지만, 한국사에서 『능엄경』의 활용은 고려시대 선종에 밝은 인물들에 대한 기록 속에서 등장하고 있다.

57) 『삼국사기』 권8, 「新羅本紀」 8, 聖德王 3년(704).

58) 『金光明最勝王經述贊』 5권, 『金光明最勝王經略贊』 5권, 『金光明最勝王經疏』 10권이 경흥의 저술이라고 한다(김상현집, 2000, 「(輯逸)金光明最勝王經憬興疏」, 『신라문화』 17·18).

59) 강삼혜, 2015, 앞의 논문, 83~84쪽. 한편 이숙희는 중생사 관음은 십일면관음이나 백률사 대비상은 천음관음일 가능성도 있으므로 단정하기 어렵다고 보았고(이숙희, 2009, 앞의 책, 30쪽), 소현숙은 대비는 관음보살의 범칭이며, 송대에 천수관음을 지칭하는 명호로 굳어졌다고 하였다(소현숙, 2022, 앞의 논문, 472쪽).

경덕왕(재위 742~765)때 희명이 기도한 분황사 좌전(左殿) 북쪽 벽의 천수대비(千手大悲) 그림이 유일하다고 하였다.[60]

한편 신라승 지인(智仁)과 도륜(道倫)이 『십일면신주심경』의 주석서를 쓴 것으로 보아 삼국통일 이전에 십일면관음 경전이 신라에 존재하였다고 보기도 한다.[61] 삼국통일 이전이 언제인지를 특정하고 있지 않지만, 그 시기를 고구려가 멸망한 668년과 나당전쟁이 끝난 676년 사이라고 본다면, 이 시기에 지인과 도륜의 『십일면경소』가 과연 신라에 있었을지 의심스럽다. 현장과 도선의 제자인 지인은 신라에 귀국한 흔적이 없으므로 그의 저술이 신라에 유통되었음은 별도의 논증이 필요하다. 그리고 도륜은 당 유학 후 귀국하여 흥륜사에 주석하였지만 그가 『유가론기』를 완성한 시기는 705년 이후이다.[62] 도륜이 『십일면경소』를 쓴 시기가 도륜이 유학하던 때인지 귀국 후인지, 그리고 705년 이전인지 이후인지에 대한 분석이 선행되어야 한다.

이처럼 현재로선 신라에서 변화관음을 7세기 후반에 수용하였음을 증명할 수 있는 문헌 기록이 없다. 뿐만 아니라 현존하는 변화관음상도 4건에 불과하다. 고려·조선시대에 만들어진 변화관음 사례도 많지 않다.[63] 그러므로 신라에서는 당이나 일본과는 달리 변화관음이 성행

---

60) 소현숙, 2022, 앞의 논문, 477쪽. 한편 분황사 벽화에 천수관음이 있었지만, 현존하는 분황사 관음상을 볼 때 독존의 석조관음상도 별도로 봉안되어 있었을 가능성도 생각해봐야 할 것 같다.

61) 강삼혜, 2015, 앞의 논문, 82~85쪽.

62) 박인석, 2015, 「『유가론기(瑜伽論記)』의 연구 현황과 과제」, 『한국사상사학』 50 참조.

63) 고려, 조선시대의 변화관음 사례는 아래 표와 같다. 북한의 변화관음 사례는

하지 않았다고 보는 것이 자연스럽다.

3. 당과 신라의 변화관음 차이, 어디에서 비롯되었나

신라의 자료만으로는 왜 변화관음이 성행하지 않았는지를 설명할 수가 없다. 그러므로 당에서 무측천 이후에 변화관음이 출현하게 된 배경이 무엇이고, 신라와 무엇이 달랐는가를 살펴보는 방식으로 접근해보고자 한다.

선행 연구에서 조사된 것만 표에 추가하였다. 한편 이숙희, 2009, 앞의 책, 55~56쪽을 보면 월정사 금동6비관음상 등 다비상으로 분류되는 것들도 있다.

번호	분류	명칭(소재지 포함)	시기
1	십일면 관음	국립중앙박물관 동제십일면관음상	고려
2		연세대박물관 금동십일면팔비관음입상	고려
3		한양대박물관 십일면팔비관음입상	고려
4		일본 多久頭魂神社 동제십일면관음좌상	고려
5		평양 조선역사박물관 십일면팔비관음상	고려
6		평양 조선역사박물관 십일면관음상	고려
7		국립중앙박물관 금동십일면관음상	조선초기
8		리움 대방광불화엄경변상도 십일면관음	고려
9	천수 관음	파리 기메국립동양미술관 철조천수천안관음상	고려
10		호암미술관 십일면천수관음도	고려
11		국립중앙박물관 금동십일면천수관음상	고려말~조선초
12		수종사 팔각오층석탑 금동관음입상	조선(1493경)
13		일본 廣島 持光寺 천수관음좌상	조선(1532)
14		홍천사 극락보전 천수관음좌상	조선(18세기)

6세기 후반 야사굴다가 『십일면관세음신주경』을 한역한 것은 시간의 문제로 이해할 수 있다. 다시 말해 인도에서 십일면관음이 유행하면서 자연스럽게 신주(神州)에도 전래된 것이라 볼 수 있다. 그런데 점차 변화관음 문헌의 한역이 증가하는 까닭을 오로지 시간의 문제로만 말할 수는 없을 것이다. 여기서 6~7세기 당의 사람들에게 '관음'이 어떤 의미였을지 살펴볼 필요가 있다.

다른 사람의 기쁨을 함께 기뻐해주고[자(慈)] 다른 사람의 슬픔을 함께 슬퍼해주며[비(悲)] 현실의 고난에서 구제해주는 관음[구고관음(救苦觀音)]은 불교가 전파된 어느 장소, 어느 시기에나 인기가 있었기에 불교계에서는 대중 교화에 적극 활용하였다. 이는 당에서도 마찬가지였다. 당 초기의 관음은 이처럼 '구고관음'의 성격이 강하였음이 용문석굴 관음상의 조상 명문들을 통해 설명되어 왔다.[64]

494년 낙양 천도 이후 조성하기 시작한 용문석굴에는 조상기를 지닌 관음상들이 많다.[65] 그 가운데 7세기의 관음상들은 죽은 자형(慈兄)을 위해,[66] 과거에 죽은 딸을 위해,[67] 과거에 죽은 부모를 위해[68] 조각하는 경우가 많았다. 관음상을 만든 공덕으로 망자(亡者)가 정토에 왕생하기를 기원하고, 망자의 빠른 환생을 기원하였다. 또한 스승

---

64) 리란, 2018, 「龍門石窟 唐代 觀音造像의 형상변천 - 紀年造像을 중심으로」, 『동양미술사학』 6 참조. 이 글은 용문석굴의 관음 造像에 대한 중국학계의 선행 연구 소개가 자세하다.

65) 리란, 2018, 앞의 논문, 47~50쪽. 아래의 용문석굴 관음상 조상기 원문은 이 논문에서 인용하였다.

66) 노양동 제222감 永徽2년(651) '爲亡慈兄 …… 敬造等身救苦觀世音像.'

67) 약방동 외남벽 제28감 永徽3년(652) '爲過去亡女有相 造救苦觀世音菩薩像.'

68) 약방동 외남벽 제24감 永徽4년(653) '敬爲過亡父母 敬造觀音像一龕 願亡者早生.'

과 법계 중생을 위해,[69] 법계 중생이 해탈하고 깨달음을 얻기를 기원하며[70] 관음상을 만들었다. 즉 현재의 권속들이 평안하고 법계의 중생들이 모두 괴로움에서 벗어날 것을 동시에 바랬다. 법계 중생의 해탈·등정각을 기원하기도 하고, 자연재해의 환난으로부터 벗어나기를 기원하였다. 아미타불과 함께 관음을 조성한 경우도 있었는데, 기원 내용은 관음을 독존으로 만들 때와 크게 다르지 않았다. 시간이 흐를수록 바라는 것이 많아져 황제로부터 백성들까지 9대 부모가 정토 왕생하고 현존 권속들 평안하라는 기원을 담았다.[71] 이처럼 7세기 중엽까지도 관음을 통해 현실 구제와 정토 왕생을 이루고자 하는 서원이 대부분이었다.

관음을 조성한 많은 사례들이 있긴 하지만, 이러한 사례들만으로는 당에서 관음이 특별히 선택된 이유를 설명하기에 부족하다. 그런데 639년(정관13) 당 태종(재위 626~649)과 법림(法琳, 572~640) 사이에 하나의 해프닝이라고 하기에는 그 파장이 매우 큰 사건이 발생하였다.

> 황제가 칙서를 내렸다. "(그대가) 지은 『변정론(辯正論)』 「신훼교보편(信毁交報篇)」을 보니, '관음을 염하는 자는 칼이 다가와도 다치지 않는다'고 하던데, 우선 7일 동안 풀어줄 테니 그대 스스로 염한다면, 형결(刑決)이 미쳐도 다치지 않게 할 수 있겠는가?"[72]

---

69) 약방동 서벽 제9감 顯慶 원년(656) '爲師僧法界衆生 …… 造救苦觀世音菩薩.'

70) 약방동 외남벽 제6감 永徽3년(652) '敬造救苦觀世音菩薩一軀 願法界含生 悉令解脫 廻向菩提 俱登正覺.'

71) 조객사동 북벽 제8감 顯慶5년(660).

72) 『續高僧傳』 권24, 「護法」下, 唐終南山龍田寺釋法琳傳(T50, 2060, 638b16~19), "勅云 所著辯正論 信毁交報篇曰 有念觀音者 臨刃不傷 且赦七日令爾自念 試及刑

166

사건의 전말은 이러하다. 639년 황건(黃巾) 진세영(秦世英)이 방술에 능해 황태자의 환심을 얻게 되자 법림이 『변정론』에서 황실을 헐뜯었다며 무고하였다. 그리하여 법림을 심문하게 되었는데,[73] 이때 태종이 『변정론』에 나오는 관음의 영험을 거론하며 법림을 겁박하였던 것이다.

법림이 누구인가? 그는 당 건국 후 불교가 국가와 민중에게 유해하다는 상소를 올렸던 도사(道士) 부혁(傅奕, 554~639)을 가장 먼저 공개 반박했던 승려이다. 부혁은 유배갔던 부풍(扶風, 협서성 중서부)에서 훗날 당을 건국한 이연(李淵, 고조, 재위 618~626)을 만난 인연으로, 태사령(太史令)에 제수되었다. 부혁은 621년 '당상폐성불승표(唐上廢省佛僧表)'를 시작으로 이후 7차례에 걸쳐 배불상서(排佛上書)를 올렸다. 부혁의 주장은 불사(佛事)로 인한 낭비와 승려들의 탐욕이 국가 재정에 해를 끼치므로, 불교는 천축으로 쫓아내야 하고 도교와 유교의 가르침으로 국가를 다스려야 한다는 것이었다.[74] 유교·도교에 밝았던 법림은 622년(무덕5) 『파사론(破邪論)』을 지어 도교의 부정적인 면을 강조하고,[75] 『변정론(辨正論)』을 지어 불교의 우위를 주장하였다.

決能無傷不."

73) 『續高僧傳』권24, 「護法」下, 唐終南山龍田寺釋法琳傳(T50, 2060, 636b23). 『開元釋敎錄』에도 수록되어 있다.

74) 강문호, 2007, 「傅奕의 배불론과 당초의 불교정책」, 『신라문화』 30, 276~279쪽.

75) 법림은 부혁이 올린 문장을 따져가며 『파사론』 2권을 지었다. 법림의 책이 황실에까지 알려지며 지지를 받자, 부혁은 황건을 부추겨 반박하게 하였다. 李仲卿의 『十異九迷論』, 劉進喜의 『顯正論』 등이 그것이다.

고조는 결국 626년(무덕9) 5월 불교·도교 사태를 반포하였다. 그 결과 경사의 승려 천 명만 남기고 나머지는 모두 환속시켜 고향으로 돌려보냈다. 이때 법림도 내쫓겼으나 627년(정관초) 태종이 종남산 대화궁의 옛 집터에 용전사(龍田寺)를 세우고 선황(先皇, 고조)의 유교 (遺敎)에 따라 법림 등을 머물게 하였다. 그러던 중 639년에 위의 사건이 발생한 것이다. 법림은 『변정론』에서 역대 왕조의 봉불(奉佛) 사례를 나열하는 와중에 권7 「신훼교보편(信毀交報篇)」에서 『감응전 (感應傳)』, 『진록(晉錄)』, 『선험기(宣驗記)』, 『명상기(冥祥記)』 등을 인 용하여 관음의 공덕을 강조하였다.[76] 황제가 법림에게 엄포한 7일이 지나 형을 집행하려 할 때 법림이 다음과 같은 글을 썼다.

수 말부터 소란하고 사해가 들끓어 역병이 유행하고 전쟁이 다투어 일어났습니다. 군대를 일으켜 치게 하니 저마다 군대의 위엄을 뽐냅니 다. 신하는 아첨하고 군주는 황망하여 올바른 정치를 하지 못하고, 왕로는 막혀 한 모퉁이만 고집합니다. 황제께서 불쌍히 여겨 징벌함으 로써 육지와 바다를 밝게 하셨습니다. 이것이 바로 관음의 힘이며 모두 대세지의 은혜를 입은 것입니다. 견줄만한 덕이 연이어 따르고 도가 으뜸가는 성인과 같아서 황제의 마당에서 비명횡사하는 것을 구제하고 도읍의 저자에서 부당한 형벌을 받는 데서 면하게 되었습니 다. 저는 7일 동안 관음을 염하지 않고 오직 폐하만을 염하였습니다.[77]

---

76) 『辨正論』 권7, 「信毀交報篇」 9(T52, 2110, 537b05~537c01).

77) 道宣撰, 『續高僧傳』(T.50, 2060, 638b24~638c01), "琳援筆答曰 自隋季擾攘四海 沸騰 役毒流行干戈競起 興師相伐舍檀兵威 臣佞君荒不爲正治 遏絶王路固執一隅 自皇王弔伐載淸陸海 斯寔觀音之力 咸資勢至之因 比德連蹤道齊上聖 救橫死於帝

법림은 황제가 전쟁, 전염병으로 혼란한 세상을 평정하는 것이 바로 관음의 힘이라며, 자신의 목숨을 구제해주는 황제가 바로 관음이라고 말하고 있다. 이어서 다시 한 번 "지금 폐하께서 백성들을 경전과 같이 항상 동등하게 기르시니 바로 관음이십니다. 이미 그 영감이 서로 부합되므로 오직 폐하만을 염하였습니다(今陛下子育恒品如經卽是觀音 旣其靈鑒相符 所以惟念陛下)"라며 당 태종이 바로 관음이라고 말하고 있다. 그리고 『변정론』에 잘못된 것이 있으면 마음대로 고치라는 말도 덧붙이고 있다. 마침내 법림은 풀려났지만 황제의 명을 받아 익부(益部)의 사찰로 가는 길에 죽었다.[78]

황제가 바로 관음이다! 신주에는 일찍부터 왕즉불(王卽佛) 전통이 있었으니 자연스럽게 받아들일 수 있는 것일까. 물론 황제가 부처와 동일한 지위에 있다고 여기며 불교계를 통제하였던 북위·북주의 전통이 수(隋)·당(唐)에도 이어져 불교계가 국가 권력 하에 예속되어 있었지만, 수 양제는 스스로 보살계제자임을 표방하며 불법(정법)에 의한 통치를 꾀하였었고 당 태종도 자신이 쓴 글(641)에서 '황제보살계제자(皇帝菩薩戒弟子)'라 하고 있다.[79] 그런데 법림이 스스로 황제를 바로 관음이라고 높이고 있다. 7세기 전반 불교계를 대표하며 법림이 수행했던 역할을 생각한다면, 이는 법림 한 개인의 패배가 아니라 불교계 전체의 패배였다. 종남산에 머물던 도선이 장안으로 나와 호법을 위해 애쓰게 된 데에는 이러한 배경이 있다.[80] 이 사건은

　　庭 免淫刑於都市 琳於七日已來 不念觀音 惟念陛下."

78) 道宣撰, 『續高僧傳』(T.50, 2060, 638c03~638c10).

79) 박광연, 2013, 「동아시아의 '왕즉불' 전통과 미륵불 궁예」, 『사학연구』 110, 95~96쪽.

당나라 사람들에게, 특히 불교계를 이끌어가던 지도자들에게 관음을 주지시킨 결정적 사건이 되었을 것이다.

법림의 죽음 이후『집신주삼보감통록(集神州三寶感通錄)』등 영험담을 결집하며 불법의 이로움이 무엇인가를 설파하던 불교계의 지도부들에게 기존의 관음보다 더 직접적으로 더 많은 공덕을 지닌 십일면관음 등의 변화관음은 매력적으로 다가왔을 것이다. 현장이 한역한『십일면신주심경』에서는 관자재보살이 자신이 부처님께 받은 신주심(神呪心)으로 몸을 지키고 받아 지니며, 신주를 지니고 머무는 곳마다 결계를 함으로써 일체의 재난과 횡액이 모두 멀리 떠나게 된다고 설하고 있다. 현세 고난에서 구제해주고 극락왕생을 도와주는 기존의 관음의 역할과 크게 다르지 않으나『십일면신주심경』에서는 공덕을 받는 방법이나 내용이 구체적이다. 예를 들어 업장이 두터운 자는 오색실을 사용하여 신주를 한 번 욀 때 매듭을 하나 만들어 108개의 매듭을 만들어 아픈 사람 목이나 팔에 묶으면 병이 곧 낫는다고 한 것처럼 신주를 염송하는 구체적인 방법과 치유가능한 구체적인 병명을 설명하고 있다.[81] 이무첨이 한역한『불공견삭다라니경』에서도

---

80) 藤善眞澄, 2002,『道宣傳の研究』, 京都大學學術出版會, 158쪽.

81) 『十一面神呪心經』(T20, 1071). 내용을 요약하면 다음과 같다. 매일 아침 이 주를 108번 염송하면 열 가지 승리와 네 가지 공덕이 있다고 한다. 열 가지 승리는 ① 몸에 항상 병이 없고 ② 항상 시방의 모든 부처님께서 섭수하시며 ③ 재보와 衣食이 다함이 없고 ④ 怨敵을 조복시켜 두려움이 없고 ⑤ 모든 존귀한 사람들이 공경하여 먼저 말하게 하고 ⑥ 蠱毒과 歸妹에 상하지 않고 ⑦ 칼과 몽둥이에 해를 입지 않고 ⑧ 물에 빠지지 않고 ⑨ 불에 데지 않고 ⑩ 횡사하지 않는 것이고, 네 가지 공덕은 ⓐ 명을 마칠 때 모든 부처님을 만날 수 있고 ⓑ 모든 악취에 떨어지지 않고 ⓒ 험한 액난으로 죽지 않고 ⓓ 극락세계에 태어나는 것이다.

불공견삭다라니주를 지니고 외움으로써 성취하게 되는 공덕과 그 성취하는 방법을 자세하게 설명하고 있다. 하는 일이 모두 빨리 성취되고, 모든 업장이 소멸하고, 지옥과 축생 등 악취에 떨어지지 않으며, 지혜의 눈이 열리고, 청정한 마음이 늘어난다. 신통의 경지를 얻게 하는 안선나약을 성취할 수도 있으며, 환자에게 붙은 모든 병을 영원히 여의게 하는 마니주(摩尼呪)와 주(呪)와 약을 성취할 수도 있으며, 귀신을 쫓아낼 수도 있다고 한다.[82] 변화관음 관련 문헌들의 특징은 구체적인 공덕의 실천 방법과 보다 강력하고 빠른 공덕의 효험을 제시하는 것이다.

관음의 공덕을 강조하던 분위기가 무측천 집권 이후 불교계가 정치에 더욱 예속되는 경향과 맞물리게 되면서 변화관음이 등장하게 되었다. 병약한 고종을 대신해 황제에 오른 무측천은 그 자리를 유지하기 위해 불교를 적극 활용하였다. 불교계의 입장에서는 부흥의 기회를 놓치지 않기 위해 무측천에게 적극적으로 호응하였다. 다수의 연구들에서 변화관음이 성행하게 된 배경이 '호국(護國)'에 있다고 하였는데,[83] 이는 변화관음만의 문제가 아니라 이 시기 불교계 전체 분위기였다. 무측천 시기의 역경을 주도한 의정(義淨, 635~713)의 방향성이 '호국'의 강조에 있었다고 말할 수 있다.[84] 의정의 역경장에서 활동하

---

82) 李無諂譯, 『不空羂索陀羅尼經』(T20, 1096, 409b05~421b12).

83) 697년 법장이 무측천의 명을 받아 거란의 침입에 대비하여 십일면도량을 건립한 사실을 주요 근거로 삼고 있다. 『唐大薦福寺故寺主翻經大德法藏和尙傳』(T50, 2054, 283c16~25) ; 배진달, 2000, 『연화장세계의 도상학』, 일지사 참조.

84) 의정은 『합부금광명경』「사천왕품」을 『금광명최승왕경』「사천왕호국품」으로 바꾸었고, 『불설약사여래본원경』을 다시 번역한 『약사유리광칠불본

던 혜소(慧沼, 648~714)가『십일면신주심경의소』에서 국가의 안위와 자연의 조화, 원적의 제거 등 호국토(護國土)를 직접 거론하고 있는 것은 이러한 시대 분위기를 반영하고 있다고 하겠다.[85]

나당전쟁 이후 신라와 당의 관계가 안정적이진 않았지만 신문왕(재위 681~692)은 당과의 교류에 정성을 기울였다. 686년(신문왕6) 신문왕이 당에 사신을 보내『예기(禮記)』와 문장을 청하자 무측천이 담당 관청에 명해 길흉요례 등을 베껴주게 하였다고 한다.[86] 무측천은 신문왕의 장례에도 사신을 보냈고,[87] 효소왕의 상례 때는 조회를 이틀간 멈추기도 하였다.[88] 의정이 703년(장안3) 10월에 서명사에서 번역을 마친『금광명최승왕경』을[89] 다음해(704, 성덕왕3) 3월에 김사양이 돌아와 성덕왕에게 바친 것은[90] 특별히 당 황제(무측천)의 하사가 있었기 때문일 것이다. 이를 통해 당에서 새롭게 한역된 불교문헌들이 곧바로 신라로 유입되었을 것임을 짐작할 수 있다.

그런데 앞에서 살펴보았듯이『삼국유사』나〈석굴암 십일면관음

원공덕경』에서는 칠불여래를 공양하여 받들면 그 여래의 본원력으로 전염병과 도적을 막고 전쟁, 송사, 흉년, 장마 등의 공포를 제거해주어 나라가 안온해진다는 점을 강조하였다(조준호, 2012,「경전 상에 나타난 호국불교의 검토」,『대각사상』17, 28~30쪽).

85)顔娟英, 2006, 앞의 논문, 95쪽.

86)『삼국사기』권8,「신라본기」8, 神文王 6년(686).

87)『삼국사기』권8,「신라본기」8, 孝昭王 원년(692) 07월.

88)『삼국사기』권8,「신라본기」8, 聖德王 원년(702) 07월.

89)『개원석교록』권9, "沙門釋義淨六十一部二百三十九卷經律論傳 金光明最勝王經十卷 第五出 與北涼曇無讖四卷金光明等同本 長安三年十月四日於西明寺譯畢 沙門波崙惠表筆受."

90)『삼국사기』권8,「신라본기」8, 성덕왕 3년.

상〉〈굴불사지 십일면육비관음상〉 등으로 볼 때 신라에서 변화관음
사례가 등장하는 것은 8세기 중반이다. 김무림이 아들 낳기를 바라며
관음상을 만든 것처럼 구복(求福)의 관음신앙이 일찍부터 나타났고,
많은 연구들에서 관음신앙이 신라의 주요한 불교신앙이었음을 논하
였다. 관음신앙이라는 토대가 형성되어 있었음에도 불구하고, 그리고
8세기를 전후한 시기에 변화관음이 당으로부터 전래되었을 가능성이
있음에도 불구하고 신라에서 적극적으로 수용하지 않은 까닭은 무엇
일까. 함께 생각해봐야 할 것이 『무구정광대다라니경』이다. 당에서
는 704년 미타산이 한역을 마친 후 별다른 관심을 기울이지 않았던
『무구정광대다라니경』을 신라에서는 706년(성덕왕5)부터 왕실 불사
에 활용하였고, 신라 하대까지 지속적으로 탑 안에 봉안하거나 이에
의거하여 불탑을 조성하였다.[91] 신라인들은 분명 변화관음과『무구
정광대다라니경』에 다른 태도를 보였는데, 그 까닭이 무엇인지 궁금
하다.

　다양한 해석이 가능하리라 보는데, 필자는 당과 신라 사회(또는
조정)에서 불교계에 요구한 것이 달랐고, 국가와 불교계의 관계가
달랐다는 관점에서 해석해보았다.

　첫째, 불교문화의 사회적 위치가 달랐다. 당에서 유교·도교문화는
토착이고 불교문화는 외래였다. 당의 지도자들은 늘 불교도의 증가를
경계하였고 도사들의 손을 들어주며 불교계에 대한 사태를 반복하였
다. 그런데 신라인들에게는 유교도 불교도 외래였다. 중고기에는

---

91) 김영미, 1992, 「신라 하대의 아미타신앙−『무구정광대다라니경』을 중심으
　　로」, 『이지관화갑기념 한국불교문화사상사(상)』 ; 1994, 앞의 책 재수록.

불교를, 중대에는 유교를 통치의 이데올로기로 삼았다고 보기도 하지만, 예를 들면 선덕왕이 불교에 의지하는 바가 컸던 것처럼 통치자에 따라 정도의 차이가 있을 뿐, 신라의 왕들은 유교와 불교를 모두 통치에 활용하였다. 때문에 신라에서는 당에서처럼 유교·도교와 불교가 경쟁하는 양상은 없었으며 공인 이후에 불교계를 사태하는 사건도 없었다.

둘째, 국가와 불교계의 관계가 달랐다. 붓다의 말씀을 격의로 이해하거나[격의불교] 자의적으로 이해하는[천태학] 단계를 지나 7세기 당에서는 불교 본래의 의미를 찾으려는 시도가 이어지면서 교학 불교의 전성기를 맞게 된다. 산스크리트어 문헌, 팔리어 문헌의 한역을 국가 차원에서 적극 지원하였다. 때문에 7세기를 중국 불교문화의 전성기라고도 말하지만, 앞에서 살펴본 것처럼 불교계의 성쇠가 황제의 손에 달려 있었다. 법림이 태종을 관음의 화신이라고 한 것이나 무측천을 미륵불로 미화한 것은 그 극단적인 예라 할 수 있다.

7세기 신라에서는 600년(진평왕22) 원광의 귀국 이후 교학에 대한 관심이 자라났고, 당 유학승의 증가와 문헌의 빠른 전래로 원효(617~686)를 전후하여 교학에 대한 이해가 당에 버금가는 수준이 되었다. 국가 차원에서 역경이나 사경을 후원하는 사례를 찾긴 힘들지만, 선덕왕은 자장에게 불교계 운영의 자율권을 부여하였다. 진덕왕 이후 관료제를 정비하고 장기간의 전쟁을 겪은 이후 신라 불교계의 지도자들에게 선덕왕 때만큼의 자율권이 부여되었는지는 확인할 길이 없으나 당에서처럼 불교계의 생존을 위해 일부러 '호국'이나 불법의 영험을 내세울 필요는 없었다. 문무왕이 664년(문무왕4)에 사찰[佛寺]에 마음대로 시주하는 것을 금하였는데,[92] 이는 불교계에 대한 탄압이 아니라 전쟁이라는 시대 상황 속에서 국가가 경제력을 효율적으로 이용하기 위함이었다는 측면에서 이해할 수 있다. 신문왕대부터 사찰에 성전(成典)을 두어, 오히려 각종 불사(佛事)를 국가에서 주도하였다.

셋째, 불교계에게 요구된 사회적 역할이 달랐다. 7세기 후반 신라 불교계의 동향도 전쟁과 무관할 수 없었을 것이다. 676년(문무왕16) 11월 기벌포 전투 이후에 전쟁이 끝났다. 전후 문무왕(재위 661~681)은 모든 중앙 관부의 관원을 5단계로 체계화하였고, 675년(문무왕15) 1월에는 각 관청 및 주군에 구리 인장을 만들어 내려주어[93] 행정 절차를 일원화하였다. 중고기부터 주변 나라의 영향을 받아 진행했던 격자형 가로구획을[94] 문무왕은 도성의 전 영역으로 확대하는 정비 사업을 진행하였다. 궁역을 월성 북쪽으로 확장하며 왕궁의 공간 구조를 재편하였고,[95] 679년(문무왕19) 2월에는 궁궐을 화려하게 다시 고쳤다.[96] '의봉사년개토(儀鳳四年皆土)' 기와가 관부 건물지과 사찰터를 중심으로 도성 전역에서 발견되고 있는데,[97] 의봉4년이 바로 679년이다. 이때 궁궐 동쪽 낭산 아래에서는 사천왕사 공사도 한창이었다. 당시 도성 전역이 '공사중'이었던 듯하다. 이때 불교계에서는

---

92) 『삼국사기』 권6, 「신라본기」 6, 文武王 4년.

93) 『삼국사기』 권7, 「신라본기」 7, 文武王 15년(675).

94) 양정석, 2018, 『한국 고대 정전의 계보와 도성제』, 서경, 172~173쪽.

95) 여호규, 2019, 「삼국통일 전후 신라 도성의 공간구조 변화」, 『역사비평』 128, 255~256쪽.

96) 『삼국사기』 권7, 「신라본기」 7, 文武王 19년(679) 2월.

97) 최민희, 2002, 「「의봉4년개토」 글씨기와를 통해본 신라의 삼국통일의식과 통일기년」, 『경주사학』 21 참조.

문무왕 주도의 도성 재생 공사에 건축 기술과 자재를 제공하였을 것이다.

뿐만 아니라 불교계에서는 신라인들의 정서적·종교적 구원을 말하였다. 7세기 중반에 수용된 아미타신앙으로 대표되는 정토신앙이 더욱 확산되었고,[98] 정토왕생의 보조자로서의 관음의 역할이 강조되었다. 법위(法位), 의적(義寂), 현일(玄一), 경흥(憬興) 등의 학승들이 『무량수경』 및 『미륵경』을 주석하면서 '정불국토'를 설파하였다.[99] 그리고 당에서는 관심을 기울이지 않았던 『무구정광대다라니경』에 주목하여 이를 통해 성덕왕은 부모(신문왕, 신목태후)와 형(효소왕)을 추선하고, 자신과 왕비의 안녕과 장수를 기원하였다.[100] 『무구정광대다라니경』에서는 "너의 목숨이 다시 늘어날 것이고, 오랜 뒤에 수명이 다하였을 때 극락계에 태어나 백천 겁 동안 매우 뛰어난 즐거움을 받을 것이다."라며 극락왕생을 말하고 있다.

이와 같은 7세기 후반~8세기 초반 당과 신라 사회에서 불교계의 위치 및 부여받은 역할의 차이가 신라에서 변화관음이 성행하지 않은 직접적인 이유가 아니라고 말할 수도 있을 것이다. 하지만 8세기 초 신라에서 『무구정광대다라니경』은 선택적으로 수용하고, 변화관음을 선택적으로 배제한 것이라고 할 때, 그 선택에는 '8세기 초'라는 시간과 '신라의 도성'이라는 공간 속에서 형성된 신라인들이 인식이 중요하게 작용했다는 점에서 중요하다고 생각한다.

---

98) 김영미, 1985, 「統一新羅時代 阿彌陀信仰의 歷史的 性格」, 『한국사연구』 50·51 ; 1994, 『신라불교사상사연구』, 민족사 재수록.
99) 자세한 내용은 앞의 3장을 참조하기 바란다.
100) 「황복사지 삼층석탑 금동사리함」 명문 참조.

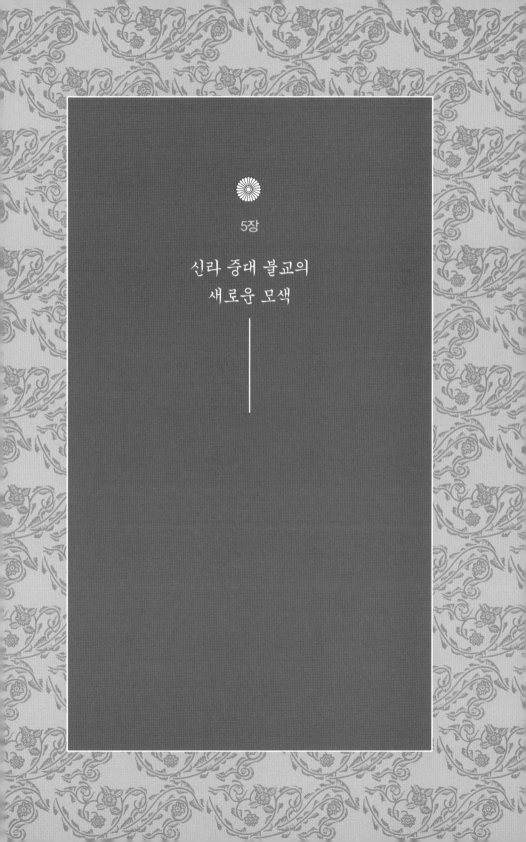

5장

신라 중대 불교의
새로운 모색

마지막으로 중대 사회의 흐름 속에서 신라 불교문화의 성격 변화를 살펴보도록 하겠다. 선행 연구에서 말하기를, 신라 중대에 접어들면서 불교가 통치이념으로서의 역할을 상실하였고, 불교계는 국가에 예속되었다고 한다. 그런데 이러한 분위기 속에서 사천왕사지의 녹유신장상처럼 정교한 불교 조형물들은 어떻게 출현할 수 있었을까. 불교가 통치이념으로서의 역할을 상실하였다는 것은 어떤 의미이며 무엇으로 논증할 수 있는가. 그리고 중대에는 국가·왕실 불사의 목적이 호국에서 추선으로 바뀌었으며 승관제의 전개 속에 종파가 성립하였다고 하는데, 이 또한 의문이 든다. 의문에 대한 모든 해답을 찾지는 못하였지만, 현재 학계에서 신라 중대의 불교계와 불교문화를 설명하는 대표적인 논리인 '불교에서 유교로', '호국에서 추선으로', '승관제와 종파'라는 틀이 과연 타당한가 하는 질문을 던져 함께 고민해볼 것을 제안하는 것이 이 글의 목표이다.

　고구려, 백제에는 대륙의 국가들과 조공-책봉 관계를 맺음과 동시에 때론 약간의 시간 차를 두고 불교 승려나 불경, 불상 등이 전래되었다. 고구려는 372년(소수림왕2)에 태학을 설립하여 『논어』 등의 한학(漢學)을 익히게 하였고, 이 해에 전진에서 승려 순도와 불상, 경문을 보내왔다. 율령을 반포한 것은 다음해(373)였다. 백제는 율령 반포 기사가 없지만,[1] 근초고왕(재위 346~375)이 마한·대방을 병합하고 대륙문화를 수용한 이후에 한학이 발전하게 되었고 이때(384년, 침류

---

1) 이 책 서장의 각주 84)를 참조바란다.

경주 사천왕사지 녹유신장상전

왕 원년) 동진에서 불교가 전해졌다. 신라는 지증왕, 법흥왕, 진흥왕 때 비로소 한학을 바탕으로 고대국가 체제를 마련해갔다고 하는데, 법흥왕 때 율령 반포(520)와 불교 공인(527)이 진행되었다.

고대에서 '국가'로서의 정체성은 외부 정치체와의 교류를 통해 명확해졌는데, 정치 목적의 외교 활동과 경제 목적의 교역 활동이 결합된 형태의 교류가 이루어졌다.[2] 삼국에서 한학이나 불교를 처음 받아들인 것은 정치 목적의 외교 활동의 성격이 강하였다. 중고기 왕실에서는 전래된 한학과 불교를 모두 통치에 활용하였다고 봐야 할 것이다. 신라인들에게는 한학도 불교도 외래(外來)였다. 때문에 신라에서는 당에서처럼 유교·도교와 불교가 경쟁하는 양상은 없었으며 공인 이후에는 불교계를 사태하는 사건도 없었다.

한국 고대에서 '유교문화'와 '불교문화'의 관계에 대한 재논의가 이루어져야 생각한다. 최근 중고기를 대상으로 이러한 관점의 연구들이 진행되고 있기도 하고, 다방면에서의 검토가 필요한 주제이기도 하다. 장기간 대규모 전쟁을 치르고 이를 승리로 매듭지으면서 신라 사회는 변화의 전기를 맞이하였고, 중고기 왕실의 후원을 받으며 신라 사회에 정착한 불교계도 시대의 영향을 받을 수밖에 없었다. 이러한 시대의 변화에 보다 주목해야 하지 않을까 한다.

이 글에서는 「황복사지 삼층석탑 금동사리함」 명문(이하 '황복사지

---

2) 강화된 왕권을 바탕으로 국왕이 교역을 주도하였는데, 이를 국가교역이라 한다. 국가교역은 집권체제가 수립되고 국가 간 외교관계의 틀이 성립된 후에 이루어졌다. 국가교역에서는 책봉−조공관계에서 비롯된 의례적인 예물 교환이 이루어졌는데, 초기에는 왕실이 주도하다가 점차 고위 귀족도 동참하였다. 김병준, 2019, 「고대 동아시아의 해양 네트워크와 使行 교역」, 『한국상고사학보』 106, 109~136쪽.

황복사지 삼층석탑(ⓒ 문화재청)

명문'이라 함)³)을 통해 의문의 답을 찾아보고자 한다. 황복사지 명문

---

3) 문화재청 국보「경주 황복사지 삼층석탑(慶州 皇福寺址 三層石塔)」명칭을
   따랐다. 문화재청 국가문화유산포털 https://www.heritage.go.kr/main/
   ?v=1693728135507

은 692년(효소왕1) 신문왕이 승천하자 당시 왕비였던 신목태후와 태자였던 효소왕이 황복사지에 삼층석탑을 건립하였고, 706년(성덕왕5) 성덕왕이 어머니와 형을 위해 이 탑에 사리, 금미타상,『무구정광대다라니경』등을 봉안하는 불사를 기록한 18행 344자의 글이다. 이 명문은 현존하는 것으로는 신라 최초의 불교금석문이라는 사료적 가치가 있는 자료이다.

1942년 6월 25일 '황복사지'[4] 삼층석탑을 해체 수리할 때 2층 옥개석 상면 중앙의 방형석개(6×30㎝) 안에서 금동사리외함이 발견되었다. 사리함 안에서 순금불상 2구와 금동고배 2점, 은제고배 2점, 은제사리함, 금제사리함, 사리, 팔찌, 깨진 유리병 파편, 각종 구슬, 대나무편, 금실 등이 수습되었다.[5] 무엇보다 사리외함 뚜껑의 안쪽 면에 명문(銘文) 18행 344자가 있어 학계의 주목을 받았다. '황복사지 명문'을 통해 석탑을 창건한 연대(692년)와 중수한 연대(706년)를 알 수 있어 신라의 역사와 문화를 이해하는 데 많은 기여를 하였다. 삼층석탑,[6] 불상,[7] 사리장엄구,[8] 십이지신상 등 미술사학에서의 연구가

---

4) 황복사지의 행정 주소는 경상북도 경주시 구황동 100이고, 낭산 동북쪽, 황룡사지의 동남쪽에 위치하고 있다.

5) 황수영, 1968,「경주 전황복사지의 제문제」,『미술사학연구』97, 430~432쪽.

6) 박경식, 2003,「新羅 典型期 石塔에 대한 考察」,『문화사학』20 ; 신용철, 2009,「통일신라시대 불탑의 발원자와 제작자」,『문화사학』31 ; 김지현, 2015,「경주 구황동 塔址의 石塔材 고찰 : 異型石塔說에 대한 再論을 중심으로」,『불교미술사학』20 참조.

7) 주수완, 2006,「皇福寺 全金佛立像 연구」,『불교미술사학』4 ; 박영민, 2012, 「경주 구황동 금제여래좌상의 양식 고찰」,『불교미술』23 ; 임세운, 2014, 「경주 구황동 삼층석탑 발견 금제여래좌상 연구」,『미술사학연구』281 참조.

8) 장충식, 1976,「신라시대 탑파사리장엄에 대하여」,『백산학보』21 ; 한정호, 2006,「경주 구황동 삼층석탑 사리장엄구의 재조명」,『미술사논단』22 ; 주경

선도적 역할을 하였고, 2016년부터 2021년까지 총 다섯 차례의 발굴 결과를 토대로 고고학 연구가 뒤를 잇고 있다.[9]

'황복사지 명문'에 대한 서지학·역사학에서의 분석도 적지 않다. 1942년 발견 당시 대나무 막대기의 부식 잔재가 많아『무구정광대다라니경』이 권자본이었을 것이라는 추론이 있었고, '황복사지 명문'에서 권(卷)이라 표현하였으므로 사경이었을 것이라고 보는 견해도 있었다.[10] 최근의 발굴 이후 삼층석탑이 위치한 사명(寺名)에 대한 의문이 부각되고 있는데,[11] 이는 1960년대에 이미 고민하였던 문제이다.[12] 의상이 출가했던 황복사로 보고 그 성격을 설명하기도 하였고,[13] '황복사지 명문'에 '종묘성령(宗廟聖靈) 선원가람(禪院伽藍)'이라

미, 2015, 「한국 석탑출현기 사리장엄방식의 변화양상」,『백제연구』62 참조.

9) 김은화, 2009, 「경주 구황동 폐탑지의 복원적 고찰」,『고구려발해연구』33 ; 장호진·강량지, 2020, 「신라 황복사지 동편 폐고분지의 성격」,『문화재』53-1 ; 성림문화재연구원, 2021,『경주 낭산 일원 내 추정 고분지(傳황복사지) 정비 유적 문화재 발굴(시굴)조사 약식보고서』참조.

10) 심우준, 2004, 「경주 구황리 황복사 석탑장 무구정광대다라니경 명문과 실물」,『서지학연구』29, 12쪽.

11) 황복사지는 발굴 이후 혼돈의 상태인 것 같다. 발굴 유구의 연대 비정에 대한 견해가 상충하고 있고, 寺名이 기존 해석대로 황복사라는 입장(장호진, 김복순)과 봉성사라는 새로운 입장으로 나뉘어 있다. 장호진, 2019, 「新羅 皇福寺의 창건과 변천」,『역사교육논집』71 ; 김복순, 2022, 「경주 皇福寺址의 역사적 가치 및 특성 – 신라 중대왕실의 宗廟가람과 禪院가람으로서의 특성을 중심으로」,『신라문화』60 ; 문화재청, 경주시, 2022.3,『경주 황복사지 – 역사적 의미 및 발굴성과 조명을 위한 학술대회 자료집』참조.

12) 황수영, 1968, 앞의 논문, 431쪽, "다만 '황복'이라는 소지명 또는 기왕에 발견된 와명 중에 '황복'(동아대 소장) 또는 '왕복'(동국대 소장)이라 있어 황복사로서의 호칭이 그대로 행하여 지고 있을 따름이다."

13) 김복순, 1996, 「의상과 황복사」,『신라문화제학술발표논문집』17. 황복사를 성전사원의 하나로 비정한 연구도 있다(윤선태, 2000, 「新羅의 寺院成典과 衿荷臣」,『한국사연구』108 참조).

황복사지 삼층석탑 사리장엄구(ⓒ 국립경주박물관)

는 구절이 있어 신라 종묘제 관련 연구들에서도 대부분 언급하고 있고, 신라에서『무구정광대다라니경』을 언급한 최초 사례여서 관련 연구들에서도 빠뜨리지 않고 이 '황복사지 명문'을 소개하고 있다.

이처럼 '황복사지 명문'에 대해서는 종묘제, 탑, 무구정광대다라니경 등 특정 용어에 주목하여 분석하는 연구가 주를 이루고 있다. 그런데 '황복사지 명문'이 692년, 706년 신라의 왕실에서 주도한 불사의 내용을 담고 있는 불교금석문이라는 사실이 가지는 의미에 대한 해석이 부족하다. '황복사지 명문'은 중대 불교의 성격을 새로운 각도에서 조명해볼 수 있는 사료이다. 예를 들면『삼국사기』에 674년(문무왕14) 9월에 의안법사를 대서성으로 삼았다는 기사를[14] 마지막으로

---

14)『삼국사기』권7,「신라본기」7, 문무왕 14년.

중대에는 정관(政官) 임명 기사가 없고 신문왕대부터 사원 성전이 나타나는데,[15] 흥미롭게도 706년(성덕왕5)에 삼층석탑에 사리함을 넣으면서 새긴 이 '황복사지 명문'에 사주(寺主)가 등장하고 있다.[16]

그러므로 이 글에서는 먼저 '황복사지 명문'이 가지는 사료적 가치를 설명하고, 이를 통해 국왕 주도 불사의 목적과 중대 불교계의 정치적 위상에 대해 생각해보도록 하겠다. 성덕왕(재위 702~737)이 '황복사지 명문'을 작성하게 한 의도를 분석함으로써 앞서 제기한 '호국에서 추선으로', '불교에서 유교로'라는 해석의 타당성을 다루고, '황복사지 명문'에 등장하는 인명을 분석하여 승관제 운영의 실재에 의문을 던지고 중고기(법흥왕~진덕왕)와는 달라진 중대(무열왕~혜공왕) 전반 불교계의 위상을 확인해보고자 한다.

1. '황복사지 명문'의 사료적 가치

진평왕이 즉위하였다. 이름이 백정이고, 진흥왕의 태자 동륜(銅輪)의 아들이다.[17]

---

15) 『삼국사기』 권37, 「잡지」 7, 직관 상. 신문왕 4년은 684년이다.

16) 寺主는 政官으로서의 사주가 있고, 사원 내 삼강의 최고 자리로서의 사주가 있는데, '황복사지 명문'에 나오는 寺主에 대해 두 가지 해석이 공존하고 있다.

17) 『삼국사기』 권4, 「신라본기」 4, 진평왕 원년 7월.

이는 『삼국사기』에서 진평왕(재위 579~632)을 소개한 문장이다. 여기에 나오는 진흥왕(재위 540~576) 아들의 이름이 동륜임을 근거로 진흥왕 때부터 전륜성왕 인식이 있었고, 진평왕의 이름이 백정임을 근거로 석가족 인식도 있었다고 해석하였다. 중고 시기를 '불교식 왕명시대'라고도 불렀다.[18]

551년(진흥왕12) 고구려에서 내려온 혜량에게 승통(僧統)을 부여하였고, 578년(진지왕3) 「대구무술명오작비」에는 도유나(都唯那)가 등장하였다.[19] 선덕왕(재위 632~647)은 왕족 출신의 자장을 대국통(大國統)이라 높였다.[20] 뿐만 아니라 법흥왕은 귀족들의 반발을 무릅쓰고 흥륜사 공사를 시작하였고 이후 영흥사, 황룡사, 분황사, 영묘사 등의 사찰이 도성 안에 창건되었다.

이상과 같은 인식과 상황을 근거로 중고기 지배층의 통치이념이

---

18) 김철준, 1952, 「신라 상대 사회의 Dual Organization(하)」, 『역사학보』 2, 251~255쪽 ; 김영태, 1967, 「신라 진흥왕대의 信佛과 그 사상 연구」, 『불교학보』 5, 19~30쪽.

19) "都唯那寶藏阿尺干 都唯那慧藏阿尼"(「大邱戊戌銘塢作碑」 하일식, 2009, 「무술오작비 추가 조사 및 판독 교정」, 『목간과 문자』 3의 판독에 따름). 도유나에 대해 하일식은 '승직'이라 하였고(하일식, 2009, 앞의 논문, 155쪽), 이미란은 승관이라고 하면서 이 둘을 '고위급의 경위 또는 존칭을 띤 남녀 승려'라고 보았다(이미란, 2016, 「고대 동아시아 공역에서의 '공(功)'과 대구무술오작비」, 『대구사학』 124, 25~26쪽). 최근 김영미는 "중국의 造像記를 살펴보면, 도유나는 남녀 재가신도와 승려 모두에게 사용되었다. 따라서 여성신자에게만 해당되는 것은 아니었다. 더구나 「대구무술오작비」의 도유나는 이름으로 보아 승려였다고 생각되므로, '혜장 아니'는 비구니라고 보아야 할 것이다." 라고 하였다(김영미, 2022, 「신라 비구니 僧伽와 都唯那娘」, 『신라문화』 61, 121~122쪽).

20) 이를 『삼국사기』 권40, 「잡지」 9, 武官조에서는 政官이라 통칭하고 있다. 남동신은 일찍이 승관제라는 용어의 타당성에 의문을 제기하였다(남동신, 2000, 「신라의 승정기구와 승정제도」, 『한국고대사논총』 9, 147쪽).

불교였다고 이해하고 있다. 이웃한 백제의 경우도 4세기에 이미 불교를 수용하여 매우 융성했지만 신라에서처럼 석가족 인식이나 불교식 왕명은 없었다는 점에서, 신라에서는 국왕 권력의 정당성을 불법(佛法)에서 찾으려는 노력이 특별하였다고 평가하였다. 이러한 맥락에서 중고기 불교의 특징을 '호국불교'라고도 하였다. 그런데 고구려나 백제와 비교하였을 때, 중고기의 신라에서 조성된 불교 관련 조형물에는 명문이 보이지 않는다는 점이 의아하다.

고구려에서는 주변 국가의 영향으로 불상 광배에 조상기를 새기는 것이 유행하였다. 태화십삼년명석불상(489, 동아대박물관), 건흥오년명금동불상(536 또는 596, 국립중앙박물관), 연가칠년명금동여래입상(539 또는 599, 국립중앙박물관) 등이 남아 있는데, '죽은 어머니를 위해[爲亡母] …… 원컨대 죽은 이에게[願令亡者]'(연가칠년명금동광배) '원컨대 죽은 스승과 부모[願亡師父母]'(신묘명금동삼존불광배)처럼 죽은 부모의 추선을 서원하는 내용이 많다. 오매리 절골 유적에서 1988년에 출토된 금동명문판은 546년(양원왕2) 혹은 604년(영양왕15)에 고구려에서 만든 탑지였을 것으로 추정한다.[21]

백제에서도 불상에 명문을 새겼다. 명문이 있는 불상으로는 금동석가여래입상(6세기, 국립부여박물관), 갑신명금동석가좌상(624?, 일본 藤谷宗順) 등이 있다. '현재의 부모[現在父母] …… 원컨대 부모[願父母]'(갑인명석가상광배), '죽은 아버지를 위해[爲亡父]'(금동계미명삼존불입상)와 같이 살아있는 혹은 죽은 부모를 위한 서원을 담고 있다.

---

21) 「新浦市 절골터 金銅版 銘文」, "□和三年歲次 丙寅二月卄六日 □戌朔 記首" 한국사DB 개관 참조.

그리고 왕실에서는 별도의 사리감을 만들어 글씨를 새기거나 탑지를 남기기도 하였다. 능산리사지 출토 석조 사리감(567, 국립부여박물관)에는 567년에 위덕왕의 누이 매형공주가 사리를 공양했다는 명문이 있고, 왕흥사 목탑지에서 출토된 사리함 명문에는 577년 2월 위덕왕이 죽은 왕자를 위해 탑을 세웠고, 사리가 분신한 내용이 적혀있다.[22]

그런데 '황복사지 명문' 이전에 신라에서 만든 불상과 탑 등에 글씨를 새긴 흔적이 없다. 대부분 관음보살로 비정되는 많은 상들이 도읍뿐만 아니라 선산 등 지방에서도 발견되었지만 명문이 없다.[23] 중고기에 조성된 탑 가운데 유일하게 남아 있는 분황사탑에서 사리장엄구가 발견되었고 이 가운데 금속제 방울, 상평오수전, 허리띠장식, 곡옥, 은제원반형 이전(耳栓), 바늘, 가위, 침통, 청자고동 패각, 운주 등이 창건기의 유물이라고 하는데[24] 창건기의 유물 어디에도 명문이 없다. 황룡사탑에서 발견된 찰주본기는 872년(경문왕12)에 만든 것이었다. 소판 김무림이 아들을 원하여 천부관음을 조성하였다는 『삼국유사』의 기록을 보건대 불교의 존격을 기도의 대상으로 삼지 않았던 것은

---

22) 이도학, 2008, 「〈王興寺址 舍利器 銘文〉 분석을 통해 본 백제 위덕왕대의 정치와 불교」, 『한국사연구』 142, 11쪽.

23) 7세기 신라의 불상에 대해서는 신승오, 2006, 「7세기 新羅菩薩像 硏究」, 홍익대 미술사학과 석사학위논문 참조. 7세기 신라 불상에 명문이 없는 까닭이 궁금하다. 임영애 선생님은 고구려와 백제의 경우 일광삼존불이나 일광단독불 양식 불상의 광배에 명문이 적혀 있는데, 신라에서 불상을 조성하기 시작한 7세기에는 이러한 형식이 유행하지 않은 점도 불상에 명문이 없는 이유로 생각할 수 있다고 하였다.

24) 한정호, 2022, 「분황사 석탑의 중수와 사리장엄구」, 『신라문화』 61, 334~341쪽.

아닐 것이다.25) 그런데 왜 중고기 신라 때 작성한 불교금석문이 없는 것일까?

일부에서는 도인(道人), 비구(比丘), 사미(沙彌), 중사(衆士)와 같은 불교 출가자·재가자를 지칭하는 용어가 나오는 「울주천전리서석(을묘명)」이나 사문도인(沙門道人)이 등장하는 「마운령·황초령진흥왕순수비」, 도유나가 나오는 「대구무술명오작비」를 불교금석문이라 지칭하기도 한다.26) 이 자료들을 통해 불교 수용 초창기의 실상을 살필 수 있다는 점에서 매우 중요한 자료이지만 해당 금석문의 전체 내용이 불교와 유관하진 않다. 불교금석문을 승(僧)의 행적, 사원 창건 또는 중수 과정을 새긴 글, 그리고 탑·불상·종·석등·당간(지주) 등 사원 내에 있는 조상물에 새긴 글, 그밖에 반자(금구, 금고), 향완 등 사원에서 사용하는 도구에 새긴 글처럼 주인공이 불교도나 사찰이거나 불교 조형물에 새긴 명문이라고 정의한다면,27) 현재 확인할 수 있는 신라에서 가장 오래된 불교금석문은 바로 706년(성덕왕5)에 작성된, 이 글에서 다루고 있는 '황복사지 명문'이다.28) 문무왕(재위 661~681)이

---

25) 『삼국유사』 권4, 「의해」 5, 자장정률.

26) 김창호, 1995, 「古新羅의 佛敎 관련 金石文」, 『영남고고학』 16, 47~55쪽.

27) 불교금석문의 개념과 종류에 대해서는 박광연, 2017, 「금석문」, 『테마한국불교』 5, 115~129쪽. 한편 불교금석문을 집성한 『三國新羅時代佛敎金石文考證』(김영태, 1992, 민족사)이 있는데, 이 책에서는 眞興王磨雲嶺巡狩碑, 四天王寺碑片도 포함시키고 있다.

28) 그동안 7세기 전반으로 비정했던 「단석산신선사마애불조상기」를 필자는 중고기의 명문이 아니라고 판단하고 있는데, 이에 대해서는 지면 관계상 별도의 논고를 준비하고 있다. 최근 단석산 신선사 마애불 명문을 9세기의 것이라 주장한 연구가 발표되었으므로 참조바란다. 이용현, 2022.6, 「단석산 신선사 조상명기에 대한 해석」(2022경북문화포럼) 또 『금석유문』에는 「갑진명금동광배」가 704년(성덕왕3)의 것으로 실려 있지만, 聖德王三年이라는

670년에 창건하기 시작하여 전쟁이 종결된 뒤 완공한 사천왕사에서도 불교금석문이 발견되지 않았다는 사실이 흥미롭다.[29]

'황복사지 명문'이 지니는 사료적 가치를 두 측면에서 설명할 수 있다. 첫째는 신라의 문자문화 측면이고, 둘째는 성덕왕대 불교문화의 변화라는 측면이다.

신문왕(재위 681~692)이 즉위한 후 만든 감은사탑에 화려한 사리장엄구를 넣었지만, 별도의 사리봉안기가 없고 사리함에도 명문이 없다. 그런데 1959년『감은사지발굴보고서』에 의하면, 서삼층석탑의 1층에서 백지에 묵서한 지편이 발견되었다고 한다. 작게 접혀있던 종이는 발견된 상태로 보아 탑을 처음 세울 때 넣었을 것이라고 추정하였다.[30] 감은사 초창 때의 묵서가 맞다면 7세기 후반에 불사(佛事)와 관련된 문자 기록을 남기기 시작했다고 볼 수 있다. 다만 중수 때의 것이라면 그 연대는 더 내려봐야 할 것이다.

신라에서 돌에 글씨를 새긴 사례는 남산신성비, 명활성비, 단양적성비, 포항냉수리비, 울진봉평비, 진흥왕순수비, 태종무열왕릉비, 문

표현을 볼 때 당대 자료라고 볼 수 없다. 「甲辰銘金銅光背」(1999, 『황수영전집4 - 금석유문』, 혜안, 283쪽), "歲在甲□聖德王三年/□月 日僧法隆/造阿彌陀佛侍尊/□切衆生寶法成願."

29) 사천왕사 터에 귀부가 2개 남아 있고, 이들은 창건 때 만들었을 것으로 보고 있다. 귀부 하나에는 문무왕릉비가 있었고, 다른 하나에는 사적비가 있었을 것이라고 추정하고 있다(경주 사천왕사지 해설판 참조). 그런데 사적비라는 것은 추정일 뿐 증명하기가 어렵다. 청운동사적비의 연대 문제와 함께 고민해봐야 할 것이다. 한편 7세기 후반 연기지역의 아미타불비상 등에는 명문이 있는데, 이는 신라인이 아니라 백제 유민이 만든 것으로 보아 논외로 하였다. 서악동 마애여래삼존입상의 협시상 배면에 '聖'이라는 글자가 새겨져 있는데, 새긴 시기를 알 수 없다.

30) 『감은사지발굴보고서』, 1959, 64쪽.

무왕릉비(681) 등 대부분 국가사업, 국왕의 교(敎), 국왕의 묘비처럼
국가 업무와 연관되어 있다.[31] 당시 신라인들이 문자를 기록한 주요
매체는 목간이었다. 학습용으로『논어』를 목간에 적기도 하고, 관청
장부 같은 공문서 성격의 것도 많이 발견되었다. 목간이 발견되는
지역은 도성 유적이나 지방의 관아 유적으로 6세기부터 사용한 것으
로 보고 있으며 월지 목간은 8세기의 것이다.[32] 목간과 종이를 병용하
다가 8세기 중반에 점차적으로 종이가 목간을 대신하게 되었다고
한다.[33] 이러한 정황에서 생각해보면, 7세기까지 신라인들이 불교
존격을 대상으로 서원을 기도하지 않은 것이 아니라 그 내용을 금석에
담는 문화가 없었던 것으로 봐야 할 것이다.

오늘날 현존하는 유물은 실재했던 것들의 빙산의 일각에 불과하다.
그러므로 신라에서 불교 서원을 담은 문장을 작성하고 그것을 금석에
새기는 문화가 성덕왕 때 시작되었다고 단정적으로 말하기 어렵다.

[표 1] 성덕왕 재위 시 불교금석문

유형	명칭	시기	장소
사리함	皇福寺石塔金銅舍利函記	706 성덕왕5	도읍
사리함	神龍二年銘金銅舍利函記[34]	706 성덕왕5	지방
종	上院寺銅鐘銘[35]	725 성덕왕24	지방

31) 임신서기석처럼 예외도 존재한다.
32) 고구려나 백제는 4~5세기에, 일본은 7세기 말 이후에 목간을 주매체로 사용
하였다고 한다.
33) 윤선태, 2007, 「목간으로 본 신라 왕경인의 문자생활」, 『신라문화제학술발
표논문집』 28, 109~120쪽.
34) "神龍二年景午三月八日 …… 門徒梵兮等□□成"(「神龍二年銘金銅舍利函記」,
『역주한국고대금석문 3』, 351~352쪽).
35) "開元十三年 …… 旦越有休大舍宅夫人休道里"(「上院寺鐘銘」, 『역주한국고대
금석문 3』, 378~380쪽).

다만 '황복사지 명문'을 시작으로 성덕왕 재위 시에 작성한 불교금석
문이 세 점이 남아 있다는 것은 분명 변화라고 말할 수 있다. 탑에
봉안한 사리함에 글씨를 새겼을 뿐만 아니라 종이라는 조형물을 만들
어 종 표면에 글씨를 새겼다.

2. 국왕 주도 불사의 목적

이제 '황복사지 명문'의 내용을 들여다보자. '황복사지 명문'은 ①
도입 ② '황복사지 명문'을 쓰게 된 배경 ③ 입탑 물목 ④ 성덕왕의
서원 ⑤ 706년 불사 참가자, 이렇게 다섯 부분으로 구성되어 있다.[36]
이해를 돕기 위해 명문 내용을 간략히 표로 정리해보았다.

[표 2] 「황복사지 삼층석탑 금동사리함」 명문의 구조와 내용

구조		내용	원문
① 도입		붓다가 인간세상에 머물며 중생을 구제함[변화토] 신문대왕이 불법으로 통치함[정법치국]	夫聖人垂拱 處濁世而育蒼生 至德無爲 應閻浮而濟群有 神文大王 五戒應世 十善御民 治定功成
② 배 경	ⓐ 692년 탑 조성	692년 신문대왕이 승천하여 왕비(신목태후)와 태자(효소왕)가 삼층석탑을 건립함	天授三年壬辰七月二日乘天 所以神睦太后 孝照大王 奉爲宗廟聖靈 禪院伽藍 建立三層石塔
	ⓑ 706년	699년 신목태후가 淨國에 올라감	

36) 정병삼, 「皇福寺 金銅舍利函記」, 『역주한국고대금석문 3』, 347~349쪽.

	명문 작성	702년 효소왕이 신선세계로 올라감	聖曆三年庚子六月一日 神睦太后遂以長辭 高昇淨國 大足二年壬寅七月廿七日 孝照大王登霞
③ 물목		706년 성덕왕이 불사리 4, 6촌 크기 순금미타상 1구, 무구정광대다라니경 1권을 석탑 두 번째 층에 안치함	神龍二年丙午五月卅日 今主大王 佛舍利四 全金彌陀像六寸一軀 無垢淨光大陀羅尼經一卷 安置石塔第二層
④ 서원		ⓐ 신문왕, 신목태후, 효소왕의 해탈과 득도	以卜以此福田 上資神文大王 神睦太后 孝照大王 代代聖廟 枕涅盤之山 坐菩提之樹
		ⓑ 성덕왕의 장수와 권위[전륜성왕]	隆基大王 壽共山河同久 位與軋川等大 千子具足 七寶呈祥
		ⓒ 왕후(성덕왕비)의 건강과 장수 ⓓ 친속의 번영과 자손의 번성	王后 體類月精 命同劫數 內外親屬 長大玉樹 茂實寶枝
		ⓔ 천하 태평과 중생의 불도 성취	梵釋四王 威德增明 氣力自在 天下太平 恒轉法輪 三塗勉難 六趣受樂 法界含靈 俱成佛道

	寺主 沙門善倫		蘇判金順元金興宗
⑤ 참가자	特奉教旨	僧令偁 僧令太	韓奈痲阿摸 韓舍季歷
	塔典	僧惠岸 僧心尙 僧元覺 僧玄昉	韓舍一仁 韓舍全極 舍知朝陽 舍知純節
	匠	季生 閼溫	

① 도입에서는 이 땅이 붓다가 중생 교화를 머물고 계신 변화토이며, 신문왕이 붓다의 말씀을 받들어 통치하여 안정을 이루었다, 즉 정법치국(正法治國)을 실천하였다고 말하고 있다. 이는 왕실 주도의 불사에 상투적으로 등장하는 표현이라 볼 수 있지만, "신문대왕이 오계로 세상에 응하고 십선으로 백성에게 다가가 통치가 안정되고 공적이 성취되었다"는 문장을 ④ 서원 부분에 나오는 "융기대왕께서는 …… 천 명의 아들을 갖추고 일곱 보배가 상서를 드리우소서."

「황복사지 삼층석탑 금동사리함」과 명문(ⓒ 국립경주박물관)

문장과 연결시켜 보면, 신문왕~성덕왕 시기에 국왕이 정법으로 나라를 다스리는 전륜성왕이라는 인식이 있었음을 확인할 수 있다. 이는 중고기의 신라 왕실은 통치이념으로 불교를 적극 허용한 반면 삼국을 통일한 문무왕 이후로는 불교를 중시하지 않고, 중대 들어서는 전륜성왕 인식이 보이지 않는다는 해석과는[37] 다른 면모이다. '천자(千子)', '칠보(七寶)'는 불교 경전에서 전륜성왕을 형용하는 수식어임에 틀림없다.[38]

국가에서 주력하는 이념의 변화로 불교계 및 출가자들의 정치적 역할이 축소되었다는 것이 중고기에서 중대로의 전환 과정에서 불교의 역할 변화에 대한 일반적인 이해이다. 삼국통일을 이룬 신라 왕실이 당 문화를 적극 수용하면서 국가 체제를 정비하는 데 유교를 새로운 정치이념으로 채택하였고, 국왕 권위도 유교 이념으로 정당화하였다고 한다.[39] 불교식 왕호 대신에 유교적인 한식(漢式) 시호(諡號)를 사용한 점, 중고기처럼 국왕을 전륜성왕이라고 표방한 사례가 없는 점, 664년(문무왕4) 문무왕이 재화와 전지를 함부로 사원에 바치는 것을 금지함으로써 불교 세력의 팽창을 막고 중고기와 달리 불교 교단의 자율성을 배제하고 국가 권력에 예속시켰다는 점 등을 논거로

---

37) 남동신, 2001, 「삼국통일과 사상계의 동향―중대초 국가와 불교 교단의 관계를 중심으로」, 『한국고대사연구』 23, 174쪽 ; 최병헌, 2013, 「한국의 역사와 불교―사회전환과 불교변화」, 『한국불교사연구입문(상)』, 지식산업사, 110쪽.

38) 김영미, 1995, 「통일신라시대 아미타신앙의 역사적 성격」, 『한국사연구』 50·51, 69~70쪽. '千子具足 七寶呈祥'은 경전에서 전륜성왕을 형용하는 표현으로 자주 등장한다.

39) 남동신, 1993, 「한국 고대 불교의 국가관·사회관」, 『역사비평』 25, 204~216쪽.

삼고 있다. 여기서는 '황복사지 명문'을 통해 중대에도 전륜성왕 인식이 있었음을 논증하였을 뿐이지만 앞으로 이 논거들 전반에 대한 재논의가 필요하다고 생각한다.[40)

진덕왕(재위 647~654)~문무왕(재위 661~681) 시기의 신라 조정은 관료 조직을 확대하면서 그 역할을 담당할 관원의 양성도 체계화하였다. 신문왕 때는 국학(國學)이라는 인력양성기관도 공식적으로 운영하였다. 이 과정에서 유교의 활용이 늘어난 것은 사실이다. 하지만 신라에서는 불교와 유교를 동시에 수용하였고 늘 공존하였기에, 중고기의 문화를 불교만으로 설명할 수 없는 것처럼 중대도 유교만으로 설명할 수는 없다.

② 배경의 문장을 통해 신목태후가 삼층석탑의 조성을 명하였음을 알 수 있다. 692년 효소왕이 즉위하였을 때 나이가 6세로, 어머니 신목왕후는 700년(효소왕 9) 6월 1일 생을 마칠 때까지 섭정하였다.[41) 신목왕후가 삼층석탑을 조성한 것은 신문왕이 아버지 문무왕을 위해 감은사를 세우고 삼층석탑을 건립한 것과 같은 의도였을 것이다. 감은사탑에 사리장엄구를 봉안한 것처럼 황복사지 삼층석탑을 처음 건립했을 때도 사리장엄구를 납입하였을 것이다.

---

40) 한편 한국 고대사에서는 중고기 왕실에 전륜성왕 인식이 있었다는 사실에 과대한 정치적 의미를 부여하고 있다. 그런데 전륜성왕 인식이 불교를 수용한 국가에서 보편적으로 나타나고 있다는 사실, 그리고 전륜성왕 인식이 국왕을 미화하는 것임에는 틀림없지만 佛法을 옹호하는 한에서 유효하기 때문에 현실적 존재로서의 국왕 내지 왕권을 전부 그대로 미화할 정도의 적극적인 효과는 없었을 것이라는 견해를 함께 생각해볼 필요가 있다(黑田俊雄, 1987, 「王法佛法相依論の軌跡」, 『國王と天皇』, 春秋社, 17쪽).

41) 이영호, 2003, 「신라의 왕권과 귀족사회―중대 국왕의 혼인 문제를 중심으로」, 『신라문화』 22 참조.

699년 5월 이찬 경영의 난 직후 신목왕후가 죽고('황복사지 명문'에서는 고승정국[高昇淨國]), 이후 병환을 앓던 효소왕마저 702년 죽은('황복사지 명문'에서는 등하[登霞]) 후 국인(國人)의 추대로 효소왕의 동생인 성덕왕이 즉위하였다. 이때 국인이 효소왕권에 반대한 세력들이라는 해석이 있지만,42) 성덕왕은 모후와 형을 위한 불사를 거행하였다. 성덕왕은 전례에 따라 선왕이자 형인 효소왕을 위해 새로이 사찰과 탑을 세울 수 있었을텐데, 삼층석탑을 다시 열어 방형의 금동 사리외함을 넣고 함의 덮개 안쪽 면에 '황복사지 명문'을 새기는 것으로 그친 것 같다.43) 삼층석탑에서 발견된 일체를 성덕왕이 납입한 것이라 볼 수는 없지만, ③ 입탑 물목인 불사리 4, 전금미타상 1구, 무구정광대다라니경 1권은 성덕왕이 706년에 납입한 것이다.

성덕왕이 삼층석탑에 추가 납입하는 불사를 일으킴으로써 의도했던 바는 무엇일까. 이를 해석하기 위해서는 ④ 서원 부분을 살펴봐야 한다. ⓐ 돌아가신 신문왕, 신목태후, 효소왕 즉 대대성묘(代代聖廟)의 해탈과 득도, ⓑ 성덕왕의 장수와 권위, ⓒ 왕후(성덕왕비)의 건강과 장수, ⓓ 친속의 번영과 자손의 번성, ⓔ 천하태평과 중생의 불도

---

42) 박해현, 2003, 「신라 성덕왕대 정치세력의 추이」, 『한국고대사연구』 31, 328~329쪽.

43) 황복사지 발굴 보고서에 의하면 통일신라시대 이전의 것으로 남-북 축을 중심으로 하는 금당지, 추정동서목탑지, 중문지, 회랑지 등의 유구가, 통일신라시대의 것으로 동-서 축을 중심으로 하는 십이지신상 기단 건물지, 황복사지 삼층석탑, 동서 귀부, 대석단 및 회랑지 등의 유구가, 고려시대의 것으로 초석건물지 및 관련시설 등이 각각 확인되었다고 한다(성림문화재연구원, 2021.5, 『경주 낭산 일원 내 추정 고분지(傳황복사지) 정비 유적 문화재 발굴(시굴)조사 약식보고서』 참조). 다만 황복사지 유구의 시기 비정에 대해서는 다른 견해들이 많다.

성취. 이 가운데 성덕왕이 가장 중요하게 생각한 것은 무엇이었을까. 최근 전쟁 이후의 왕실 불사의 주 목적이 추선이었다고 해석하는 미술사 논문들에 입각하면[44] ⓐ를 중시했다고 볼 수 있을 것이고, 성덕왕이 일반적이지 않은 절차로 왕위에 올랐기에 1년간의 조세를 면제해주는 등의 은사와 적극적인 외교로 정권의 타당성을 보완하려 하였다는 정치사 논문들에 입각하면[45] ⓑ와 ⓒ가 핵심이라 할 수 있다. ⓒ에 나오는 왕후는 704년(성덕왕3) 5월 혼인한 아간 김원태의 딸 배소왕후(=엄정왕후=성정왕후)이다.[46]

명문의 함의를 이해하기 위해 국왕 주도의 불사이며 같은 문장 구조를 가진 846년(문성왕8) 작 「법광사석탑기(法光寺石塔記)」(이하 '석탑기'라고 함)와 비교해보도록 하겠다. '석탑기'는 입패 모양으로 아래의 [1면], [2면]에 더하여 '법광사석탑기' '내사리입이매 상좌도흥(內舍利卄二枚 上座道興)' 총 네 면으로 구성되어 있다. 네 면의 판독 순서에 이견이 있지만 여기서는 논외로 하고, 내용 이해에 중요한 [1면]과 [2면]을 시간 순으로 정리해보았다.

현재 주소로 경북 포항시 북구 신광면 상읍리에 위치했던 법광사는 828년(흥덕왕2)에 김균정이 대단월이었고, 향조 비구와 원적 비구니 도 자신의 재물을 희사하여 건립한 사찰이다. 김균정은 원성왕(재위 785~798)의 손자로, 진골이다. 그는 822년(헌덕왕14) 김헌창의 반란

---

44) 최선아, 2021, 「신라 陵墓와 추선 佛事 I - 서악동 고분군과 선도산 아미타삼 존불입상」, 『신라문화』 59 등 참조.

45) 김영미, 1988, 「성덕왕대 전제왕권에 대한 일고찰 - 감산사 미륵상·아미타 상 명문과 관련하여」, 『이대사원』 22·23 ; 박해현, 2003 앞의 논문 참조.

46) 『삼국사기』 卷8, 「신라본기」 8, 성덕왕 3년.

[표 3] 「법광사석탑기」 명문 일부

	대화 2년(828, 흥덕왕2) 무신 7월에 향조 법사와 원적 비구니가 재물을 희사하여 탑과 절을 세웠다.[47]	大和二年戊申七月　香照師圓寂尼捨財建塔寺
[1면]	단월은 성덕대왕(김균정)이고, (탑사 건립의) 담당자는 향순이다.[48]	檀越成德大王　典香純
[2면]	회창 6년(846, 회창8) 병인 9월에 옮겨 세우고 다듬었다.	會昌六年丙寅九月　移建兼脩治
	원컨대 ⓐ대대 단월이 정토에 태어나고, ⓑ지금 임금의 복과 수명이 길고 원대하소서.	願代代檀越生淨土　今上福命長遠

을 토벌한 공을 세웠고, 흥덕왕 사후 왕위를 노려보긴 했으나 실패했다. 그렇지만 839년에 아들 신무왕(재위 839)이 왕위에 오른 뒤 성덕대왕(成德大王)으로 추봉되었다. 그는 헌안왕(재위 857~861)의 아버지이기도 하다. 법광사는 김균정 가문의 원찰이었을 것으로 보고 있다. 김균정 가문에 의해 법광사가 건립(또는 중창)[49]되었다는 사실이 중요하지만, 이 사실을 전하는 '석탑기'의 작성을 명한 이는 문성왕(재위 839~857)으로, 찬자는 ⓐ '대대 단월' 즉 김균정과 신무왕이

---

47) '建塔寺檀越' 이 구절을 기존에는 '탑을 건립하였다. 절의 단월은[建塔 寺檀越]'으로 해석하면서 寺檀越은 이 명문에만 나오는 특이한 표현이라고 말해왔다. 그런데 '탑과 절을 건립하였다. 단월은'이라고 해석하는 것이 자연스럽다는 정병삼 선생님의 견해를 수용하여 이와 같이 번역하였다.

48) '檀越成德大王典香純' 이 구절을 '단월은 성덕대왕전의 향순'이라고 번역하였지만(박남수, 2013, 「신라 「法光寺石塔記」와 御龍省의 願堂 운영」, 『한국고대사연구』 69, 222~226쪽), 성덕대왕 즉 김균정이 단월이고 향순이 탑사 건립의 담당자로 봄이 좋을 듯하다.

49) 최근 발굴 성과를 토대로 7세기대 수막새가 확인되어 당시 건물이 존재하였을 가능성이 있으나 법광사의 초창 시기를 단정할 수는 없다고 보았다. 함윤아, 2021, 「포항 법광사 건립과 중창에 대한 일고찰」, 『지역과 역사』 49, 92~93쪽.

포항 법광사석탑기

정토왕생하고, ⓑ 문성왕의 장수와 복을 바라는 서원을 담았다.50)

'황복사지 명문'과 '석탑기'를 비교해보면, '황복사지 명문'의 ④-ⓐ

---

50) 포항 법광사지 발굴이 현재 진행중이다. 1993년 지표조사 보고서(경주시, 1993, 『법광사터 지표조사』, 국립경주문화재연구소) 이후 2019년 중간보고서VI이 간행되었다(경상북도문화재연구원, 2019, 『포항 법광사지 발굴조사 중간보고 VI』, 경상북도). 법광사지 소재의 쌍귀부, 비로자나불상, 삼층석탑의 유물들은 경주 창림사지의 것과 유사성이 크기 때문에, 법광사 중수는 문성왕 때 왕실 불사의 성격으로 이해할 수 있을 것 같다. 법광사와 창림사의 성격 비교에 대해서는 박광연, 「남산 창림사와 신라 문성왕대(839~857)의 불교」 '경주 남산과 호국불교' 학술대회자료집(2023.8.18.) 참조.

와 '석탑기'의 ⓐ가 일치하고 '황복사지 명문'의 ④-ⓑ와 '석탑기'의
ⓑ가 일치한다. ⓐ를 먼 조상의 추복, ⓑ를 현 국왕의 이익이라 요약한
다면, ⓐ와 ⓑ의 상관 관계는 어떻게 정의해야 할까. ⓐ가 ⓑ보다
중요하다거나, ⓑ가 ⓐ보다 중요한 것이 아니다. ⓑ가 궁극적 목적인
반면 ⓐ는 명분이다라고 말할 수도 없다. 이 관계는 불교 용어로 말하면
'상즉(相卽)'이라 할 수 있는데, 상즉을 영어로는 mutual identification이
라 번역하고 있다.51) 중고기에 행해진 불사의 서원에 조상이나 전쟁
에서 죽은 이들에 대한 추복이 없지 않았고, 중대 이후 불사의 서원에
국왕이나 국가를 위한다는 내용이 없지 않다. 성덕왕은 황복사지
삼층석탑에 사리함을 봉안하면서 아버지, 어머니, 형의 해탈과 득도
를 바라면서 아울러 전륜성왕으로서의 자신과 왕실 전체의 권위를
높이고자 하였다.

다만 7세기 후반~8세기 전반 신라에서의 호국은 당에서의 호국과
는 그 성격이 달랐다. 고조(재위 618~626), 태종(재위 626~649), 고종
(재위 649~683) 등 당의 황제들은 불교계에 강압적이었다. 당 초기
유교계, 도교계의 대표들과 논쟁하며 불교를 옹호했던 대표적인 인물
이 법림(法琳, ?~640)이었지만, 앞의 4장에서 살펴본 바와 같이 그는
감옥에 갇힌 이후 '황제가 바로 관음이다'라고 외치며 자신의 저술
『변정론』의 내용을 수정하겠다고 하였다. 북위·북주의 전통이 수(隋)
·당(唐)에도 이어져 불교계가 국가 권력 하에 예속되어 있었고, 황제

---

51) Digital Dictionary of Buddhism(http://www.buddhism-dict.net/ddb/) '相
卽'. 『佛光大辭典』에서는 '相卽'을 다음과 같이 정의하고 있다. "宇宙萬象互融
無礙之作用 其間保持著無限密切之關係.「相卽」卽一與多之關係 無一則不成多 由
多必有一 一與多乃密切不離者."

의 명령 하에 자행되는 사태 앞에 불교계를 이끌던 이들이 납작 엎드릴 수밖에 없었다. 종남산에 머물며 계율을 연구하던 도선(道宣, 596~665)은 장안으로 나와 불교계를 지켜내기 위해 노력하였다. 불교를 신앙함으로써 얻게 되는 이익이 무엇인지를, 다른 한편으로는 삼보(三寶)를 비방하고 훼손하면 어떤 벌을 받게 되는지 말하면서 국왕이 '호법(護法)'해야 함을 강조하였다.[52] 무측천이 황제로 등극한 시기(690~705)에는 불교계가 정치에 더욱 예속되었다. 불교계의 입장에서는 오히려 부흥의 기회로 삼아 무측천에게 적극적으로 호응하였다. 무측천 시기의 역경을 주도한 의정(義淨, 635~713)을 비롯하여 정권을 비호하던 많은 승려들이 '호국'의 논리를 만들어냈다.[53]

문무왕이 국왕 주도로 국정을 운영하고 관료체제 및 도성의 공간을 재건하면서 불교계 또한 중고 시기보다는 자율성을 상실하였지만 그렇다고 당처럼 예속되어 있었다고 말할 수는 없다. 성덕왕을 비롯한 중대 왕실 불사의 목적을 호국으로 해석할 수 있다는 것은, 전륜성왕(轉輪聖王)임을 표방한 것처럼, 불교를 국왕 통치의 안정성을 확보하려는 공적인 목적으로 활용하였다는 의미이다. 물론 이러한 양상은 신라 중고기에도 있었고, 신라 하대에도 있었다.

---

52) 藤善眞澄, 2002, 『道宣傳の研究』, 京都大學學術出版會, 158~159쪽 ; 박광연, 2007, 「의적의 『법화경집험기』 편찬 배경과 특징」, 『역사와 현실』 66, 278~279쪽에서 재인용.

53) 의정은 『합부금광명경』 「사천왕품」을 『금광명최승왕경』 「사천왕호국품」으로 바꾸었고, 『불설약사여래본원경』을 다시 번역한 『약사유리광칠불본원공덕경』에서는 칠불여래를 공양하여 받들면 그 여래의 본원력으로 전염병과 도적을 막고 전쟁, 송사, 흉년, 장마 등의 공포를 제거해주어 나라가 안온해진다는 점을 강조하였다(조준호, 2012, 「경전 상에 나타난 호국불교의 검토」, 『대각사상』 17, 28~30쪽).

3. 중대 불교계의 정치적 위상

'황복사지 명문'의 ⑤ 참가자를 분석하여 중대 초반 불교계의 정치적 위상을 생각해보자. 분석에 앞서 선행 연구들에서 해당 문장을 어떻게 해석해왔는지 검토할 필요가 있다.

(1) 사주는 사문 선륜이다. 소판 김순원과 김흥종이 특별히 왕명을 받든다. 승 영전, 승 영태, 대나마 아모, 대사 계력. 탑전은 승 혜안, 승 심상, 승 원각, 승 현방, 대사 일인, 대사 전극, 사지 조양, 사지 순절이다. 만든 이는 계생과 알온이다.[54]

(2) 사주는 사문 선륜과 소판 김순원 김흥종이다. 특봉교지는 승령 휴와 승령 대한과 내모 아모와 한사 계력이다. 탑전은 승 혜안과 승 심상과 승 원각과 승 현방과 한사 일인과 한사 전극과 사지 조양과 사지 순절이다. 장은 계생 알온이다.[55]

위의 (1) 번역과 (2) 번역의 가장 큰 차이점은 사주(寺主)를 어디까지로 보는가와 교지를 특별히 받든 이가 누구인가이다. (1)에서는 사문 선륜만 사주라고 하였고, (2)에서는 소판 김순원과 김흥종도 사주에 포함된다고 보았다. 사주가 사찰의 주지이며, 승통(또는 국통)을 혹

---

54) 정병삼 역, 1992, 「皇福寺 金銅舍利函記」, 『역주한국고대금석문 3』, 349~350쪽.
55) 심우준, 2014, 앞의 논문, 10쪽.

사주라고도 한다는 『삼국사기』 기록을 고려한다면[56] (1)의 해석이 맞을 것이다. 때문에 그동안 소판 김순원과 김흥종을 아래 나오는 특봉교지에 붙여서 해석하였다. 그 결과 이어서 나오는 승 영전, 승 영태, 대나마 아모, 대사 계력은 어떤 역할을 하였는지 알 수가 없게 되었다.

학계에서는 일반적으로 (1) 번역을 따르고 있다. 그런데 '황복사지 명문'과 가장 가까운 시기의 불교금석문인 「감산사석조아미타여래입상조상기」(이하 '조상기'라고 함)에 대한 최근 연구 결과를 참조하면 이를 다시 생각해볼 필요가 있다.

나마 총이 교를 받들어 지었고 사문 석경융 대사 김취원이 □□□.
奈麻聰撰奉教, 沙門釋京融·大舍金驟源□□□.[57]

문제가 되는 것은 위의 문장이다. 남동신은 그동안 이 문장의 마지막 □□□ 부분이 결락이고 결락된 글자가 '書奉教'라고 추정하여 719년(개원7) 기미년 2월 15일에 '교를 받들어 찬하였다'고 해석을 해왔지만, 정밀 조사 결과 김취원 아래는 원래부터 글자가 없었음을 확인하였다고 하였다. 그리고 다음과 같이 새로운 번역도 제시하였다.[58]

56) 『삼국사기』 권40, 「잡지」 9, 武官, "國統一人(一云寺主) 眞興王十二年 以高句麗 惠亮法師爲寺主."

57) 국사편찬위원회 한국사DB(https://db.history.go.kr/)의 원문과 번역이다.

58) 남동신, 2020, 「감산사 아미타불상과 미륵보살상 조상기의 연구」, 『미술자료』 98, 37~38쪽.

나마 총이 찬하다. 왕명을 받든 이는 사문 석경융과 대사 김취원이다.
奈麻聰撰. 奉敎沙門釋京融·大舍金驟源.

여기서 '왕명을 받든 이가 사문 석경융과 대사 김취원이다'라는
해석은 '황복사지 명문'의 인명을 해석하는 데 중요한 힌트를 제공한
다. 승려도 교서를 받았다는 사실, 교서를 받은 명단을 출가자－재가
자 순으로 나열하였다는 사실이 유의미하다. 이를 '황복사지 명문'에
적용시켜 ⑤ 참가자 부분을 번역하면 다음의 [표 4]와 같다.[59]

[표 4] 「황복사지 삼층석탑 금동사리함」 명문에 나오는 인명

역할	출가자	재가자	
		관등	이름
(총책임자)	사주 사문선윤	소판	김순원
			김흥종
특봉교지 (특별히 교지를 받은 자)	영준 영태	한내마	아모
		한사	계력
탑전(탑 당당자)	혜안 심상 원각 현방	한사	일인
			전극
		사지	조양
			순절
장(만든 자)	계생 알온		

[표 4]는 위 번역들 가운에 (2)와 유사하다. 다만 (2)에서는 사문
선윤과 김순원, 김흥종을 모두 사주(寺主)라고 보았지만, 재가자를

---

59) 다음과 같이 끊어읽기를 제안해본다.
寺主 沙門善倫, 蘇判金順元·金興宗.
特奉敎旨 僧令儁, 僧令太, 韓奈麻阿摸, 韓舍季歷.
塔典 僧惠岸, 僧心尙, 僧元覺, 僧玄昉, 韓舍一仁, 韓舍全極, 舍知朝陽, 舍知純節.
匠 季生, 闕溫.

사주라고 불렀다고 보기는 어려울 것 같다. 이 명단에서 두 가지 문제에 천착해보겠다. 첫째는 이름을 출가자-재가자 순으로 적은 것이 의미하는 바가 무엇인가 이고, 둘째는 사주의 성격이 무엇인가 하는 것이다.

첫 번째 문제는 '황복사지 명문'을 국왕의 교서를 받아 찬술한 다른 금석문들과 비교하는 방법으로 풀어보도록 하겠다. 신라 중고기~중대 시기에 국왕의 교서를 받아 찬술한 금석문, 특히 불교의 내용을 담고 있는 금석문은 사례가 많지 않다. 구체적인 비교 대상은 진흥왕(재위 540~576)의 명으로 작성한 「마운령·황초령진흥왕순수비」의 문장과 혜공왕(재위 765~780)의 명으로 작성한 「성덕대왕신종명」의 문장이다.

[1] ① 이때 수레를 따른 이들이다. <u>사문도인 법장, 혜인</u>, 태등 탁부 거질부지 이간, 내부지 이간, 사탁부 령역지 잡간, 탁부 복동지 대아간 (하략)[60]

② 이때 수레를 따른 이들이다. <u>사문도인 법장, 혜인</u>, 태등 탁부 □□□부 … □지 잡간, 탁부 복동지 대아간 (하략)[61]

[2] 한림랑 급찬 김필오가 조서를 받들어 찬하다
대조(待詔) 대나마 요단이 쓰다.

---

60) "于是, 隨駕, <u>沙門道人法藏慧忍</u>. 太等喙部居朼夫智伊干, 內夫智伊干, 沙喙部另力智迊干, 喙部服冬智大阿干 (하략)"(「磨雲嶺新羅眞興王巡狩碑」).

61) "于是, 隨駕, <u>沙門道人法藏慧忍</u>. 太等喙□□□夫 … □知迊干, 喙部服冬知大阿干 (하략)"(「黃草嶺新羅眞興王巡狩碑」).

검교사 병부령 겸 전중령 사노부령 수성부령 감사천왕사부령
　　병 검교진지대왕사사 상상 대각간 신 김옹
검교사 숙정대령 겸 수성부령 검교감은사사 각간 신 김양상
부사 집사부시랑 아찬 김체신
판관 우사록관사 급찬 김충득
판관 급찬 김충봉
판관 대나마 김여잉유
녹사 나마 김일진
녹사 나마 김장간
녹사 대사 김□□
대력 6년 세차 신해 12월 14일
주종대박사 대나마 박종일 차박사 나마 박빈나 나마 박한미 대사
　　박부부62)

위 [1] 인용문은 568년(진흥왕29)에 찬한 「마운령·황초령진흥왕순
수비」에서 왕을 따라 다니던 이들의 이름을 적은 부분이다. 이때
수종 인원의 명단 첫머리에 사문도인 법장(法藏)·혜인(慧忍)이 등장한
다. 이어진 명단이 정치적 위상이 높은 순대로 나열되었고, 마운령,
황초령 두 「진흥왕순수비」가 동일한 어순을 지닌 것으로 보아 의도적

---

62) "翰林郎級湌金弼奧奉詔撰. 待詔大奈麻姚湍書. 檢校使兵部令兼殿中令司駅府令
修城府令監四天王寺府令幷檢校眞智大王寺使上相大角干臣金邕. 檢校使肅政臺
令兼修城府令檢校感恩寺使角干臣金良相. 副使執事部侍郎金湌金體信. 判官右司
祿館使級湌金忠得. 判官級湌金忠封. 判官大奈麻金如芀庚. 錄事奈麻金一珍. 錄
事奈麻金張幹. 錄事大舍金□□. 大曆六年歲次辛亥十二月十四日. 鑄鍾大博士大
奈麻朴從鎰 次博士奈麻朴賓奈 奈麻朴韓味 大舍朴負缶"(「성덕대왕신종명」).

으로 승려 이름을 앞에 적은 것으로 보고 있다. 비문 전체를 읽어보면, 다른 불교적 수식어는 보이지 않는다.[63] 사문도인 즉 승려를 앞에 적었다는 것은, 많은 연구들에서 언급하였듯이, 승려의 위상이 일반 관료보다 높았음을 의미한다. 다만 승려에 대한 우대는 정치적인 성격이라기보다는 종교적인 성격이 강했을 것이다. 동아시아 고대 왕실에서 불교를 수용하던 초창기에 출가자들은 그들의 신통력이나 치유력을 드러냄으로써 통치자의 호감을 얻었는데, 진흥왕을 따르던 승려들의 성격도 크게 다르지 않았을 것이다.

[2] 인용문은 771년(혜공왕7)에 작성한 「성덕대왕신종명」(이하 「종명」이라 함)의 마지막 부분에 참가자들을 정리한 것이다. 도입부에 찬자의 이름[김필오(金弼奧)]을 적은 것과 사(詞) 앞에 서자의 이름[김부완(金符烷)] 적은 것을 제외하고는 명단은 여기뿐이다. 「종명」에는 승려의 이름이 전혀 등장하지 않는다. 그리고 사원의 성전도 고위 관직자가 맡고 있다. 대각간 김옹(金邕)이 사천왕사의 감부령(監府令)과 진지대왕사의 검교사를 겸하였는데, 김옹은 경덕왕의 차비이자 혜공왕의 모후인 만월부인과 남매 사이로, 혜공왕 당시 최고권력자였다. 당시 검교사, 부사, 판관, 녹사는 759년(경덕왕18) 이후 776년(혜공왕12) 복고되기 이전 사원에 설치된 성전의 관직인 '검교사─부사─판관─녹사─전'과 일치한다.[64] 검교사·부사·녹사는 수영○○사

---

63) 561년 「昌寧新羅眞興王拓境碑」에 나오는 '四方軍主'를 진흥왕의 전륜성왕 인식과 연결시켜 해석하기도 한다(임평섭, 2020, 「진흥왕 집권 후반기 사방(四方) 의식의 표방과 불교의례─사방의 구심점으로서 '신라 만들기'」, 『역사와 경계』 115 ; 윤선태, 2021, 「「昌寧拓境碑」의 '四方軍主'와 新羅의 天下觀」, 『한국고대사연구』 102). 하지만 문장 전체 맥락은 불교와는 무관한 것 같다.
64) 검교사는 금하신, 부사는 상당, 판관은 적위, 녹사는 청위, 전은 사에 해당한다.

성덕대왕신종 명문 부분

사원(修營○○寺使院), 즉 성전사원에만 활용되었다고 한다.[65] 그러
므로 성덕대왕신종의 제작은 성전에서 주관하였다고 볼 수 있다.

성전사원에 대해서는 그동안 왕실 원당, 관사, 국가 의례 장소 등

---

65) 정덕기, 2019, 「『삼국사기』 직관 상으로 본 신라 중대 성전의 구성 원리와
운영방식」, 『신라사학보』 49, 116쪽.

다양한 해석이 있었는데,[66] 이렇게 관심이 집중된 것은 통일 이후 중대 사회에서 불교계의 역할을 설명할 만한 자료가 성전사원밖에 없기 때문이기도 하다. 최근 제도사 관점에서 성전을 공부(工部) 관계 관청이라고 해석하면서, 성전사원이라 하지 않고, 『삼국사기』 직관지 표현 그대로 사성전(寺成典)이라 하며 그 구성과 운영을 분석한 연구가 있어 흥미롭다. 이 연구에서는 성전은 경 이상의 고관을 둔 관청이나 고관의 겸직이 당연한 직이며, 그 고관에게 성전 관직은 본직이 아니라고 한다. 그리고 성전은 일반 관청에 비해 업무 양이 적고 중요도가 낮은 구성을 지니고 있다고 한다. 정사(正使)를 후대에 관호만 남게 되는 '검교사'라 한 것도 그 역할 비중이나 위상과 관련 있다고 한다.[67]

경덕왕~혜공왕대 국가 주도의 최고 불사(佛事) 가운데 하나였을 성덕대왕신종의 제작 과정에 승려들이 참여한 기록이 없고, 제작을 주관한 성전의 정치적 위상이 상대적으로 높지 않았다는 사실을 어떻게 이해해야 할까. 경덕왕(재위 742~765)이 753년(경덕왕12) 유식학승의 대표로 태현을 내전으로 불러 『금광명경』을 강의하게 하였고, 754년(경덕왕13) 화엄학승의 대표로 법해를 황룡사에 초청하여 『화엄경』을 강하게 하였을 뿐만 아니라, 월명, 충담, 진표 등을 불러

---

66) 정덕기, 2019, 앞의 논문, 91~95쪽에서 성전사원 연구사를 상세히 소개하고 있으므로 참조바란다. 성전이 工部 관계 관청이라는 해석도 이 논문에 의거하였다.

67) 정덕기, 2019, 앞의 논문, 119~120쪽. 한편 『삼국사기』 권9, 「신라본기」 9, 경덕왕 24년(765) 4월 기사를 보면, 당 황제가 신라 사신에게 檢校禮部尙書 벼슬을 주었다고 한다. 그러므로 성덕대왕신종을 제작할 당시에 검교의 의미를 신라에서도 알았을 것이다.

우대하였다. 그런데 왜 경덕왕의 명으로 만들기 시작한 성덕대왕신종의 「종명」에 승려가 등장하지 않는 것일까. 경덕왕이 한화 개혁의 일환으로 불교 세력을 유입한 것이라는 해석에 따라[68] 혜공왕(재위 765~780)대 들어 경덕왕의 정책에 대한 반동으로 의도적으로 승려들을 배제한 것으로 봐야 할지, 중대 들어 승려나 불교계의 정치적 위상이 지속적으로 낮아졌기 때문으로 봐야 할지 혼란스럽다.

현재 확인할 수 있는 것은 '황복사지 명문'이 [1] 「진흥왕순수비」와 [2] 「종명」의 과도기적 형태를 띠고 있다는 사실이다. 「진흥왕순수비」처럼 승려 이름을 앞에 적고 있다. 불사 책임자, 교지를 받은 자, 탑 담당자 명단이 출가자─재자가의 순서를 지키고 있다.[69] 이렇게 승려 이름을 일반 관료들보다 앞서 적었다는 것은 8세기 초까지는 승려들이 지니는 종교적 권위를 국가에서 인정해주었음을 의미한다고 하겠다.

마지막으로 사주(寺主)의 성격을 생각해보자. 신라 기록의 사주는 중의적 성격을 지닌다. 『삼국사기』에서 국통을 사주라고도 한다고 하였으므로 정관(政官)으로서 사주가 있고, 사원 내 삼강의 최고 자리로서의 사주가 있다. '황복사지 명문'의 사주는 국통일까, 삼강일까. '황복사지 명문'의 사주를 국통이라고 말하려면 황복사로 추정되는 이 사원이 진흥왕 때의 흥륜사, 선덕왕 때의 황룡사에 견줄 수 있는 대표성을 지닌 사원이어야 하는데 이를 증명하기가 어렵다. 김영미는 신라의 삼강제를 설명하면서 '황복사지 명문'의 사주를 삼층석탑을

---

68) 김재경, 1980, 「신라 경덕왕대 불교계의 동향」, 『경북공전논문집』 17, 27~29쪽.

69) 장인은 이름만으로 출가, 재가 여부를 알 수가 없다.

세운 사원의 주지였을 것이라고 보고 있는데[70] 이에 동의한다. '황복사지 명문'에 나오는 사주는 국통이 아니라 사찰의 대표 자격으로 불사의 책임자 역할을 맡았다는 것이다.

『삼국사기』에서 국통을 설명하면서 혜량을 예로 들고 있어[71] 국통이 곧 사주이자 승통인 것처럼 보이지만, 사주와 국통이 신라 전시기에 걸쳐 동일한 대상을 가리키는 용어로 사용되지는 않았을 것이다. 무엇보다 중대에는 금석문은 물론[72] 『삼국유사』에도 국통 용례가 없다.[73] 중고기에 설치된 관직인 국통(승통), 대도유나, 도유나랑, 대서성이 중대에도 존속하였다면, 다른 부서처럼 관원의 증치가 계속 이루어져야 하지 않았을까. 진덕왕 원년에 대도유나 1명과 대서성 1명을 둔 것을 제외하고는 증치가 보이지 않는다. 그리고 문무왕 때 정관에 실무 관원인 1명의 대사(大舍)와 2명의 사(史)를 두고 669년(문무왕9)에 신혜법사를 정관대서성으로 삼고,[74] 674년(문무왕14)에

---

70) 김영미, 2013, 「신라 中古期 三綱制의 시행과 그 기능」, 『한국고대사연구』 72, 231쪽에서 황복사 사주로 보고 있다.

71) 『삼국사기』 권44, 「열전」 4, 거칠부.

72) 금석문의 경우 모두 신라 하대 자료로, 삼척 흥전리사지에서 출토된 '國統' 비편9를 제외하고는 前國統 용례만 있는 것도 흥미롭다. 「皇龍寺九層木塔金銅刹柱本記」(872), "前國統僧惠興";「實相寺秀澈和尙塔碑」(905), "是時前國統釋惠威大法師".

73) 『삼국유사』 국통 용례는 다음이 전부이다. 『삼국유사』 권4, 「의해」 5, 慈藏定律, "朝廷議曰 佛教東漸 雖百千齡 其於住持修奉軌儀 闕如也. 非夫綱理無以肅淸. 啓勅藏爲大國統 凡僧尼一切規猷摠委僧統主之.";『삼국유사』 권4, 「의해」 5, 慈藏定律, "高麗惠亮法師(爲國統亦云寺主)";『삼국유사』 권3, 「흥법」 3, 原宗興法厭髑滅身, "降有國統惠隆·法主孝圓·金相郎·大統鹿風·大書省眞怒·波珍喰金嶷等 建舊塋樹豊碑. 元和十二年丁酉八月五日 卽第四十一憲德大王九年也."

74) 『삼국사기』 권6, 「신라본기」 6, 문무왕 9년(669).

의안법사를 대서성으로 삼은 것이[75] 원성왕 즉위 이전의 마지막 정관 임명 기사이다. 이런 상황에서 사원에 성전이 설치된 것이다. 남동신은 중고기에는 승관 중심의 승정을, 중대에는 속관에 의한 일원적인 승정을 펼쳤다고 한다.[76] 이 해석에 의하면, 중대에는 국통 이하의 출가자들이 중앙 행정 조직에서 활동하지 않았던 것이라 할 수 있다.

'황복사지 명문'에서 탑을 중수하는 불사의 총책임자로 승통이나 국통이 아닌 소재 사찰의 주지를 선임하였고, 승려뿐만 아니라 당시 실권자의 이름을 병기한 것은 신문왕 이후 불교계의 위상이 중고기보다는 낮아졌음을 반증하고 있다.

---

75) 『삼국사기』 권7, 「신라본기」 7, 문무왕 14년(674).
76) 남동신, 2020, 앞의 논문, 148~167쪽.

종장

'왕경'이라 불리는 신라의 도읍은 산들로 둘러싸인 분지이며, 동해로 들어가는 서천 형산강과 지류인 북천과 남천이 흐르고 있다. 인구 증가로 인한 토양 침식이 발생하기 이전의 형산강에서는 수운이 가능하였을 것이라고 한다.[1] 이 형산강변을 따라 그 동안(東岸)에 남북 방향으로 불교 사원이 들어서기 시작했다. 544년(진흥왕5) 완공된 흥륜사(興輪寺)를 시작으로 북단에는 삼랑사, 남단에는 기원사와 실제사가 건립되었다고 한다.[2] 6세기에 월성의 서쪽이 주요 주거공간이었으며, 월성 서문인 귀정문(歸政門)을 나와 영묘사(靈妙寺)-흥륜사-금교(金橋)로 이어지는 길이 대륙으로 가는 교통로였다고 한다.[3] 사람들이 많이 살고 많이 다니던 길부터 사찰을 건립하였던 것이다.

북천의 범람 문제를 해결하고 저습지 개발 기술을 터득한 후에야 월성의 북쪽에 사찰을 건립할 수 있었다. 553년(진흥왕4)부터 황룡사(皇龍寺) 공사를 시작하였지만, 이 지역의 저습지와 황무지 정지 작업은 634년(선덕왕3)에 분황사(芬皇寺)를 창건하고 645년(선덕왕14) 황룡사 구층탑을 완성할 때까지 이어졌을 것으로 본다.[4] 이렇게 형산강

---

1) 황상일, 2013, 「고대국가 사로국과 신라의 수도 경주의 입지에 미친 지형 특성」, 『한국지형학회지』 20-3, 86쪽.

2) 이근직, 2010, 「신라 왕경의 형성과정과 사원」, 『동악미술사학』 11, 106~107 쪽. 중고기에 건립된 10개의 사원 가운데 월성 주변에 창건된 황룡사(566년 완공), 천주사(진평왕대), 분황사를 제외한 사원들이 월성과 1.2~2.5㎞ 내외 거리의 서쪽 또는 서남쪽 지역에 위치하고 있다고 한다. 천주사는 월지의 남쪽에 있었다고 한다. 이현태, 2023, 「신라 天柱寺의 위치 비정 재고」, 『영남학』 85 참조.

3) 이근직, 2010, 앞의 논문, 108~109쪽.

의 동안과 월성 북쪽에 사원을 세우다가 한동안 소강 상태였다. 642년 (선덕왕11) 8월 대야성이 함락되자 신라의 김춘추는 고구려와 당에 찾아가 군대를 요청하였다. 국제전이 시작된 이후 신라가 백제·고구려를 멸망시킬 때까지 신라의 도읍에서는 사원의 창건이 없었다. 당의 눈을 피해 문두루법을 거행할 공간으로 월성의 서쪽에 있는 낭산이 선정되어 670년(문무왕10)에 낭산 남단에 사천왕사(四天王寺)를 짓기 시작하였다. 당의 사신을 속이기 위해 급하게 지은 망덕사(望德寺)도 사천왕사 인근에 있다.

문무왕은 30년간의 국제전, 길게는 110년 동안 이어온 전쟁이 끝나갈 무렵에 월성 공사를 시작하였다. 문무왕은 674년(문무왕14) 궁 안에 못을 파고 산을 만드는 것을 시작으로[5] 679년(문무왕19) 2월에는 궁궐을 웅장하고 화려하게 다시 고쳤고, 이 해 8월에는 동궁을 짓고 궁궐문의 이름을 정하였다.[6] 이에 앞서 676년(문무왕16) 7월에는 이궁인 양궁(壤宮)도 지었고,[7] 677년(문무왕17)에는 영창궁성전(永昌宮成典)도 두었다.[8] 문무왕 시기 대대적인 궁궐 공사를 입증하는 고고학적 자료가 「의봉4년개토(儀鳳四年皆土)」명(679) 암키와와 월지 출토 「조로2년(調露二年)」명(680) 보상화문전이다.[9]

---

4) 이근직, 2010, 앞의 논문, 111~113쪽.

5) 『삼국사기』 권7, 「신라본기」 7, 문무왕 14년.

6) 『삼국사기』 권7, 「신라본기」 7, 문무왕 19년.

7) 『삼국사기』 권7, 「신라본기」 7, 문무왕 16년.

8) 『삼국사기』 권38, 「잡지」 7, 직관 상.

9) 최병현, 2016, 「경주 월성과 신라 왕성체제의 변천」, 『한국고고학보』 98, 56~57, 70쪽.

(문무왕) 14년 봄 정월
당에 들어가 숙위하던 대
나마 덕복(德福)이 역술
을 전해 배우고 돌아왔고
새 역법(曆法)을 고쳐 사
용하였다.[10]

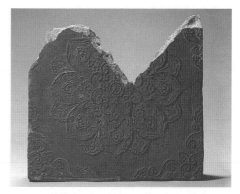

「조로 2년(調露二年)」명 보상화문전(ⓒ e뮤지엄)

문무왕이 궁궐 공사를
시작하던 674년 1월에 새
역법(曆法)을 고쳐 사용하였다는 기사가 있다. 역법이란 하늘의 현상
들과 운행 상태를 체계화한 천문(天文)에 음양, 오행, 사방(四方), 사시
(四時) 등의 사고가 결합되어 만들어진 것으로, 하늘의 여러 변화를
예측하여 인간 사회 활동의 질서를 잡아는 것이라고 한다.[11] 신라에
서는 650년(진덕왕4) 당의 연호와 함께 역법을 도입하여 사용하기
시작하였고, 문무왕도 백제 멸망 후 당의 역법인 무인력(戊寅曆)을
사용하였고, 당에서 인덕력(麟德曆)으로 교체된 뒤에는 신라에서도
인덕력을 사용하였다고 한다.[12]

그런데 문무왕은 왜 674년 1월에 새 역법을 고쳐 사용한 것일까.

---

10) 『삼국사기』 권7, 「신라본기」 7, 문무왕 14년.

11) 이연승, 2003, 「중국의 고대 역법의 사상적 특징과 문화적 의미」, 『중국과
중국학』 1, 79~81쪽.

12) 674년 1월 새 역법을 고쳐 사용하였다는 것은 당의 인덕력을 고쳐서 신라에
맞는 역법으로 바꾸었다는 것이고, 그 역법이 바로 '儀鳳曆'이라는 해석이
있어 흥미롭다. 고현정, 2013, 「신라 문무왕대의 曆法 改用과 儀鳳曆」, 고려대
석사학위논문, 11~21쪽.

불과 4개월 전인 673년 9월에만 해도 국원성(國原城), 북형산성(北兄山城), 소문성(召文城), 이산성(耳山城), 수약주(首若州)에 주양성(走壤城), 달함군(達含郡)에 주잠성(主岑城), 거열주(居烈州)에 만흥사산성(萬興寺山城), 삽량주(歃良州)에 골쟁현성(骨爭峴城)을 쌓아 육로로 쳐들어오는 당·말갈·거란군을 방어하게 하였고, 서해는 병선 100척으로 지키게 하였다. 철저한 대비 결과, 신라가 아홉 번 싸워 이겨 북쪽 변경선을 막아냈다.[13] 내륙에서 당군을 물리치자, 문무왕은 신라 도성이 전장(戰場)이 될 위험이 완전히 사라졌다고 판단하였던 것 같다. 그리하여 새 역법을 반포하여 신라의 새로운 도약을 꾀하였고, 이어서 궁궐 공사를 시작하였다.

676년(문무왕16) 전쟁이 완전히 끝난 이후에는 신라 월성의 공사가 본격화되었고, 이 와중에 앞서 당의 침략 소식을 접하고서 명랑이 문두루법을 실행하기 위해 서둘러 지었던 사천왕사도 완공하였다(679).[14] 그런데 문무왕 때 사천왕사 외의 사원 건립 기록은 없다. 재위 초반(664) 군수 물자의 마련 등 전쟁에 전력하기 위해 사원에 마음대로 시주하는 것을 금하였던[15] 문무왕이, 전쟁이 끝난 뒤에도 불교계에 적극적인 지원을 하였던 흔적은 보이지 않는다. 그렇다고 문무왕의 통치 이념이 유교였기 때문에 불교계를 홀대한 것이라고 볼 필요도 없다. 궁궐 공사가 먼저였던 것이 아닐까. 궁궐 공사에 먼저 인력을 총동원하고 그 다음에 사원을 짓기 시작하였기에, 679년

---

13) 『삼국사기』 권7, 「신라본기」 7, 문무왕 13년 9월.
14) 『삼국사기』 권7, 「신라본기」 7, 문무왕 19년 8월.
15) 『삼국사기』 권6, 「신라본기」 6, 문무왕 4년.

사천왕사 완공 이후 신문왕대(재위 681~692) 들어 감은사(感恩寺, 682),[16) 봉성사(奉聖寺, 685년 3월), 망덕사(望德寺, 685년 4월)[17)가 연이어 건립될 수 있었던 것이 아닌가 한다. 성전을 설치한 사원도 이때 등장한다.

승려들이 전쟁통에는 침략 소식을 알리고(의상), 적장이 쓴 편지를 전달하고(임윤), 적들을 물리치기 위한 의례를 주관하는(명랑) 등의 방식으로 자신의 역할을 다하였다면, 전쟁이 종식된 후에는 신라 사회에서 어떠한 역할을 수행하였을까를 고민하였다. 7세기 후반 불교계에 나타난 새로운 변화 가운데 하나는 불교 경론(經論)에 해박한 지식을 지닌 학승(學僧)들이 많았다는 것이다. 600년 원광이 신라로 귀국한 이후 7세기 전반부터 시작된 신라에서 대륙으로의 유학 붐과 645년 현장이 천축에서 당으로 돌아온 이후 활기를 찾은 당장안 불교계의 변화가 맞물리면서 7세기 중반 이후 불교 교학에 정통한 신라 학승들이 늘어났다. 사신 왕래 등 공적 교류를 통해 새롭게 한역된 불교문헌들이 대량 유입되었고 유학승들이 귀국하였다. 이후 신라 내에서 찬자의 독자적인 해석을 담은 주석서를 찬술해내기 시작하였다.

7세기 후반에서 8세기 전반 사이에 신라 찬술문헌이 대거 등장한 것은 승려 개인의 역량만으로 이루어진 것은 아니었을 것이다. 그리하여 2장에서는 관련 기록이 매우 부실하지만 신라 학승들의 주석서 찬술, 수집, 필사의 과정이 왕실·조정의 후원 하에 공적으로 진행되

---

16) 『삼국유사』 권2, 「기이」 2, 만파식적.
17) 『삼국사기』 권8, 「신라본기」 8, 신문왕 5년.

었을 가능성을 논해보았다. 앞으로 신라 찬술문헌들이 동아시아에서 유통된 상황에 대한 보완이 이루어진다면 이 글의 추론을 보완할 수 있으리라 기대한다.

다음 3장에서는 신라 학승들은 그들이 찬술한 문헌에서 무엇을 말하였는가를 살펴보았다. 신라 찬술문헌들 가운데 정토 교학에 관한 것들이 많고, 관련 주석서들에서 '정불국토(淨佛國土)'를 강조하고 있음에 주목하였다. 정불국토 인식이란 개개인의 수행을 통해 국토를 깨끗한 불토로 만들 수 있다는 믿음이다. 신라 학승들의 정불국토 강조가 전쟁의 트라우마에 고통받던 신라인들을 위로하는 메시지였을 것이라는 필자의 해석이 타당한지 앞으로 논의가 있었으면 한다. 다만 8세기 이후 신라가 불국토라는 관념이 형성되고 정착된 데에는 7세기 중반 수용되어 확산되고 있던 정토왕생 신앙과 더불어 정불국토 인식의 영향이 미쳤을 것이라고 본다.

신라다운 방식으로 외래 문화를 소화하여 수용해가던 신라인들은 불교 교학에 대한 깊은 이해를 바탕으로 불교문화도 선택적으로 수용하였다. 장안에서 한역된 수천 권의 불교문헌들과 더불어 장안에 새롭게 전해진 도상·의례들도 사신을 통해, 귀국하는 유학승을 통해 신라로 전해졌을 텐데, 신라에서는 그것을 모두 수용할 수도 없었고, 모두 수용하지도 않았다. 신라 왕실에서는 당에서 주목하지 않았던 『무구정광대다라니경』을 적극 활용하여 탑을 중수한 반면, 무측천 시기에 유행하기 시작한 변화관음의 수용에는 소극적이었다. 선택적 수용의 하나의 사례로서 변화관음의 수용을 다룬 것이 4장이다. 일본과는 다른 수용 태도를 보였던 신라의 불교문화를 글로컬리티의 관점에서 바라볼 필요가 있다.

222

5장에서는 신라 중대의 불교문화를 '불교에서 유교로' '호국에서 추선으로' '승관제 전개 하의 종파 형성'이라는 틀 속에서 이해하는 것이 타당한가 하는 문제를 던져보았다. 책의 첫 장이 아닌 5장에서 문제제기를 한 것은 아직까지 그 해답을 명확하게 찾지 못했다는 고백이며, 앞으로 이에 대한 논의들을 진척시켜보겠다는 의지이기도 하다.

　　「황복사지 삼층석탑 금동사리함」 명문(706)보다 먼저 작성된 신라의 불교금석문이 남아 있지 않다는 사실의 자각은[18] 필자에게도 놀라웠다. 전륜성왕·석가족 인식 등 불교를 통치 이념으로 활용했기에 불교식 왕명시대라 불리는 중고기에 왜 신라인들은 금석(金石)에 불교적 서원을 담지 않았을까. 681년(신문왕1) 사천왕사에 세운 문무왕릉비에는 왜 불교 용어가 없을까. 최근 6세기 불교의 수용과 공인 이후 신라 사회의 변화에 미친 불교의 영향에 대해 더욱 강조하는 추세인데, 이 문제에 대해서도 앞으로 함께 논의해보았으면 한다.

---

18) 필자가 정의한 불교금석문 개념에 대해서는 5장의 내용을 참고바란다.

참고문헌

1) 사료

H 『韓國佛教全書』 https://kabc.dongguk.edu/
K 『高麗大藏經』 https://kabc.dongguk.edu/
T 『大正新修大藏經』 https://21dzk.l.u-tokyo.ac.jp/SAT/
한국고대금석문 https://db.history.go.kr/(한국사DB)

『高麗史』(한국사DB)
『三國史記』(한국사DB)
『三國遺事』(한국사DB)
『海東高僧傳』(한국사DB)

『兩卷無量壽經宗要』(H1, 12)
『阿彌陀經疏』(H1, 13)
『無量壽經義疏』(H2, 30)
『無量壽經連義述文贊』(H2, 31)
『三彌勒經疏』(H2, 32)
『無量壽經記』(H2, 35)
『菩薩戒本疏』 卷上(H2, 36)

『開元釋教錄』(T55, 2154)
『高僧傳』(T50, 2059)
『廣弘明集』(T52, 2103)
『唐大薦福寺故寺主翻經大德法藏和尙傳』(T50, 2054)
『大方等大集經』(T13, 397)

225

『大毘盧遮那經供養次第法疏』(H3, 45)

『大智度論』(T25, 1509)

『東域傳燈目錄』(T55, 2183)

『歷代三寶紀』(T49, 2034)

『摩訶般若波羅蜜經』(T8, 223)

『無垢淨光大陀羅尼經』(T19, 1024)

『無量壽經優波提舍』(T26, 1524)

『菩薩從兜術天降神母胎說廣普經(T12, 384)

『攝大乘論本』(T31, 1594)

『成唯識論本文抄』(T65, 2262)

『成唯識論』(T31, 1585)

『續高僧傳』(T50, 2060)

『宋高僧傳』(T50, 2061)

『維摩詰所說經』(T14, 538)

『貞元新定釋教目錄』(T55, 2157)

『集古今佛道論衡』(T52, 2104)

『集古今佛道論衡(K32, 1066)

『通典』 https://ctext.org/zh

2) 단행본

강희정, 2004, 『중국 관음보살상 연구 : 남북조시대에서 당까지』, 일지사.

국립경주문화재연구소, 2022, 『신라 왕경의 도시구조와 월성』, 국립경주문화재
연구소·한국고대사학회.

권덕영, 1997, 『고대한중외교사 : 견당사연구』, 일조각.

權相老, 1917, 『朝鮮佛敎略史』, 新文館.

금강대학교 불교문화연구소, 2016, 『동아시아 종파불교 — 역사적 현상과 개념적
이해』, 민족사.

김복순, 2016, 『신라 사상사 연구』, 경인문화사.

김영미, 1994, 『신라불교사상사연구』, 민족사.

김영태, 1987, 『신라불교연구』, 민족문화사.

김영태, 1992, 『三國新羅時代佛敎金石文考證』, 민족사.

김영태·고익진, 1976, 『한국불교찬술문헌총록』, 동국대 불교문화연구원.

木村淸孝, 정병삼 외 옮김, 2005, 『중국화엄사상사』, 민족사.

박치완, 2019, 『호모 글로칼리쿠스-왜 세계화, 세계 지역화가 아닌 지역 세계화인가?』, 한국외대 지식출판콘텐츠원.

서영교, 2006, 『나당전쟁사 연구』, 아세아문화사.

안계현, 1987, 『신라정토사상사연구』, 현음사.

안계현, 1990, 『한국불교사상사연구』, 동국대출판부.

양정석, 2018, 『한국 고대 정전의 계보와 도성제』, 서경.

박광연, 2013, 『신라 법화사상사 연구』, 혜안.

배진달, 2000, 『연화장세계의 도상학』, 일지사.

임영애, 2008, 『교류로 본 한국 불교 조각』, 학연문화사.

사카에하라 토와오 지음, 이병호 옮김, 2012, 『정창원문서 입문』, 태학사.

石井公成, 최연식 옮김, 2020, 『동아시아 불교사』, 씨아이알.

우정상·김영태, 1969, 『한국불교사』, 신흥인쇄공사.

이기영, 1983, 『한국불교연구』, 한국불교연구원출판부.

李能和, 1918, 『朝鮮佛敎通史』, 新文館.

이숙희, 2009, 『통일신라시대 밀교계 불교조각 연구』, 학연문화사.

이홍직, 1971, 『한국고대사의 연구』, 신구문화사.

정병삼, 2001, 『의상 화엄사상 연구』, 서울대출판부.

조명기, 1962, 『신라 불교의 이념과 역사』, 신태양사.

최병헌 외, 2013, 『한국불교사연구입문(상)』, 지식산업사.

최원식, 1999, 『신라보살계사상사연구』, 민족사.

최재석, 2010, 『고대한일관계사연구』, 경인문화사.

최재석, 2010, 『고대한일관계사 연구 비판』, 경인문화사.

한국고대사회연구소, 1992, 『역주한국고대금석문3』, 가락국사적개발연구원.

황수영, 1999, 『황수영전집4-금석유문』, 혜안.

3) 국내 논문

강문호, 2007, 「傅奕의 배불론과 당초의 불교정책」, 『신라문화』 30.

강봉룡, 1997, 「신라의 승관제와 지방지배」, 『전남사학』 11.

강삼혜, 2015, 「토함산석굴의 11면관음보살상 연구」, 『강좌미술사』 44.

강삼혜, 2022, 「낭산의 두 관음보살상 연구」, 『신라문물연구』 15.

강우방, 1995, 「석굴암 불교조각의 도상적 고찰」, 『미술자료』 56.

강희정, 2004, 「백제 양류관음상고-호림박물관 소장 양류관음상 2구를 중심으로」,『미술자료』70·71.

강희정, 2010,「통일신라 관음보살상 연구 시론」,『인문논총』63.

고익진, 1973,「불교사상이 신라의 삼국통일에 미친 영향」,『동국대학교논문집』 12.

고익진, 1986,「신라밀교의 사상 내용과 전개 양상」,『한국밀교사상연구』, 동국 대출판부.

고현정, 2013,「신라 문무왕대의 曆法 改用과 儀鳳曆」, 고려대 석사학위논문.

곽   뢰, 2010,「7~8세기 唐代 譯經事業과 新羅學僧」,『동국사학』48.

구문회, 2005,「감산사 미륵보살상·아미타불상 조상기를 통해 본 7~8세기 신라 귀족의 삶－김지성(金志誠)의 일생과 사회적 배경을 중심으로」,『생활문 물연구』17.

권인한, 2013,「목간을 통해서 본 신라 사경소의 풍경」,『진단학보』119.

김남윤, 1995,「신라 법상종 연구」, 서울대 박사학위논문.

김동하, 2010,「경주 낭산 출토 불·보살상 재검토－석조십일면관음보살입상과 석조약사불좌상의 관계에 대하여」,『대구사학』100.

김두진, 2000,「삼국유사의 체제와 내용」,『한국학논총』23.

김병준, 2019,「고대 동아시아의 해양 네트워크와 使行 교역」,『한국상고사학보』 106.

김복순, 1993,「8·9세기 신라 瑜伽系 佛敎」,『한국고대사연구』6.

김복순, 1996,「의상과 황복사」,『신라문화제학술발표논문집』17.

김복순, 2005,「신라 중대의 불교」,『신라문화』25.

김복순, 2006,「신라 왕경 사찰의 분포와 체계」,『신라문화제학술발표논문집』 27.

김복순, 2011,「『삼국유사』'명랑신인'조의 구성과 신인종 성립의 문제」,『신라문 화제학술발표논문집』32.

김복순, 2022,「경주 皇福寺址의 역사적 가치 및 특성－신라 중대왕실의 宗廟가람 과 禪院가람으로서의 특성을 중심으로」,『신라문화』60.

김상한, 2005,「경주 불국사의 입지특성」,『금구논총』11, 경북과학대학.

김상현, 1976,「고려시대의 호국불교 연구－금광명경 신앙을 중심으로」,『단국 대학술논총』1.

김상현, 1996,「사천왕사의 창건과 의의」,『신라문화제학술발표논문집』17.

김상현, 1996,「『추동기』와 그 이본『화엄경문답』」,『한국학보』22-3.

김상현, 1999,「삼국유사 자장 기록의 검토」,『전운덕총무원장화갑기념불교학 논총』.

김상현 집, 2000, 「(輯逸)金光明最勝王經憬興疏」, 『신라문화』 17·18.

김상현, 2007, 「7세기 후반 신라불교의 정법치국론 - 원효와 경흥의 국왕론을 중심으로」, 『신라문화』 30.

김수태, 2019, 「신라 중대의 대신과 재상 - 〈성덕대왕신종명〉을 중심으로」, 『신라사학보』 45.

김양순, 2009, 「憬興의 『無量壽經連義述文贊』 연구」, 한국학중앙연구원 박사학위 논문.

김연민, 2008, 「신라 문무왕대 명랑의 밀교사상과 의미」, 『한국학논총』 30.

김영미, 1985, 「통일신라시대 아미타신앙의 역사적 성격」, 『한국사연구』 50·51.

김영미, 1988, 「성덕왕대 전제왕권에 대한 일고찰 - 감산사 미륵상·아미타상 명문과 관련하여」, 『이대사원』 22·23.

김영미, 1992, 「신라 하대의 아미타신앙 - 『무구정광대다라니경』을 중심으로」, 『이지관화갑기념 한국불교문화사상사(상)』.

김영미, 1992, 「자장의 불국토사상」, 『한국사시민강좌』 10, 일조각.

김영미, 1993, 「신라 아미타신앙과 신라인의 현실인식」, 『국사학논총』 42.

김영미, 1994, 「신라통일기 불교계의 동향과 추이」, 『역사와 현실』 14.

김영미, 1999, 「불교의 죽음관」, 『전주사학』 7.

김영미, 2000, 「불교의 수용과 신라인의 죽음관의 변화」, 『한국고대사연구』 20.

김영미, 2013, 「신라 中古期 三綱制의 시행과 그 기능」, 『한국고대사연구』 72.

김영미, 2022, 「신라 비구니 僧伽와 都唯那娘」, 『신라문화』 61.

김영수, 1937, 「五敎兩宗에 對하여」, 『진단학보』 8.

김영태, 1967, 「신라 진흥왕대의 信佛과 그 사상 연구」, 『불교학보』 5.

김영태, 1974, 「삼국유사의 체제와 그 성격」, 『동국대학교논문집』 13.

김영태, 1975, 「신라불교사상」, 『한국불교사상사』, 숭산박길진박사화갑기념사업회.

김영태, 1976, 「신라의 관음사상」, 『불교학보』 13.

김영태, 1977, 「법화신앙의 전래와 그 전개」, 『한국불교학』 3.

김영하, 1999, 「신라의 백제통합전쟁과 체제변화 : 7세기 동아시아의 국제전과 사회변동의 일환」, 『한국고대사연구』 16.

김은정, 2020, 「唐代 譯經事業과 監護」, 『역사문화연구』 76.

김재경, 1980, 「신라 경덕왕대 불교계의 동향」, 『경북공전논문집』 17.

김정희, 2012, 「한국의 천수관음 신앙과 천수관음도」, 『정토학연구』 17.

김지연, 2020, 「『석마하연론(釋摩訶衍論)』의 주요 내용과 특징」, 『불교철학』 6.

김창호, 1995, 「古新羅의 佛敎 관련 金石文」, 『영남고고학』 16.

김천학, 2014, 「원홍은 신라승려인가?-법화경론자주』의 인용문헌을 중심으로」, 『동아시아불교문화』 17.

김천학, 2017, 「쇼묘지 소장 가나자와문고 관리 원효 기신론별기의 기초연구」, 『한국사상사학』 56.

김천학, 2017, 「한국찬술불교문헌의 확장성에 대한 일고찰-태현의 『보살계본종요』를 중심으로」, 『서지학연구』 70.

김천학, 2021, 「주석서」, 『테마한국불교 9』, 동국대출판부.

김철준, 1952, 「신라 상대 사회의 Dual Organization(하)」, 『역사학보』 2.

남동신, 1993, 「한국 고대 불교의 국가관·사회관」, 『역사비평』 25.

남동신, 1996, 「의상 화엄사상의 역사적 이해」, 『역사와 현실』 20.

남동신, 2000, 「신라의 승정기구와 승정제도」, 『한국고대사논총』 9.

남동신, 2001, 「삼국통일과 사상계의 동향-중대초 국가와 불교 교단의 관계를 중심으로」, 『한국고대사연구』 23.

남동신, 2007, 「『三國遺事』의 史書로서의 特性」, 『불교학연구』 16.

남동신, 2009, 「고려 전기 금석문과 法相宗」, 『불교연구』 30.

남동신, 2020, 「감산사 아미타불상과 미륵보살상 조상기의 연구」, 『미술자료』 98.

남풍현, 2013, 「東大寺 所藏 新羅華嚴經寫經과 그 釋讀口訣에 대하여」, 『구결연구』 30.

노성환, 1981, 「신라와 나라(奈良)의 불국토왕생사상의 비교연구-유사와 금석을 중심으로」, 『동방』 1, 한국외국어대 동양어학회.

동 파, 2016, 「신라승려의 입당 교류활동과 그 의의-당의 불교발전에 대한 공헌을 중심으로」, 『CHINA연구』 19권 1호.

藤能成, 2001, 「정토의 成辨因과 莊嚴」, 『원효의 정토사상 연구』, 민족사.

라정숙, 2009, 「『삼국유사』를 통해 본 신라와 고려의 관음신앙」, 『역사와 현실』 71.

류종민, 1984, 「석굴암 십일면관음상의 전래 및 전파고」, 『關大論文集』 12-2.

리 란, 2018, 「龍門石窟 唐代 觀音造像의 형상변천-紀年造像을 중심으로」, 『동양미술사학』 6.

리링(李翎), 2018, 「十一面觀音像 圖像 연구-한족 지역과 티베트 지역 조상의 비교를 중심으로」, 『미술사논단』 19.

리송재, 2014, 「동아시아 불교 서사문화와 통일신라 사경」, 『석당논총』 58.

문명대, 1974, 「신라 법상종(유가종)의 성립문제와 그 미술(하)」, 『역사학보』 63.

문명대, 1976, 「신라 신인종의 연구-신라 밀교와 통일신라사회」, 『진단학보』
41.

민영규, 1959, 「신라장소록장편(新羅章疏錄長編)」, 『백성욱박사송수기념불교학
논문집』.

박광연, 2002, 「원광(圓光)의 점찰법회(占察法會) 시행과 그 의미」, 『역사와 현
실』 43.

박광연, 2006, 「진표(眞表)의 점찰법회(占察法會)와 밀교(密敎) 수용」, 『한국사상
사학』 26.

박광연, 2007, 「의적의 『법화경집험기』 편찬 배경과 특징」, 『역사와 현실』 66.

박광연, 2011, 「『삼국유사』 '월명사 도솔가'의 일고찰」, 『신라문화제학술발표논
문집』 32.

박광연, 2012, 「『彌勒上生經述贊』의 저자 및 성격에 대한 고찰」, 『한국사상사학』
40.

박광연, 2013, 「동아시아의 '왕즉불' 전통과 미륵불 궁예」, 『사학연구』 110.

박광연, 2014, 「동아시아 미륵경 연구사에서 경흥(憬興)의 위상」, 『한국사상사
학』 47.

박광연, 2015, 「경흥 『삼미륵경소』의 도솔천 왕생관」, 『한국사연구』 171.

박광연, 2015, 「불국토」, 『테마한국불교 3』, 동국대출판부.

박광연, 2016, 「한국 불교와 '종파' : 고려초 業이 '종파'인가」, 『한국중세사연구』
44.

박광연, 2017, 「보살계 사상의 전개와 원효 『보살계본지범요기』의 성격」, 『한국
고대사연구』 86.

박광연, 2017, 「신라의 불교 교단과 '종파'-신라 중대 종차 성립설에 대한 고찰」,
『사학연구』 125.

박광연, 2017, 「의적(義寂) 『보살계본소(菩薩戒本疏)』의 기초 연구-쇼묘지(稱名
寺)·가나자와(金澤)문고 소장 사본(寫本) 소개를 겸하여」, 『한국사상사
학』 56.

박남수, 1994, 「통일신라 사원성전과 佛事의 조영체계」, 『동국사학』 28.

박남수, 2013, 「신라 「法光寺石塔記」와 御龍省의 願堂 운영」, 『한국고대사연구』
69.

박선영, 1995, 「삼국시대 관음보살상의 연구」, 『불교미술연구』 2.

박인석, 2013, 「『유가론기(瑜伽論記)』에 나타난 혜경(惠景)의 사상경향 분석-
「오식신상응지(五識身相應地)」와 「의지(意地)」의 주석을 중심으로」,
『불교학연구』 39.

박인석, 2015, 「『유가론기(瑜伽論記)』의 연구 현황과 과제」, 『한국사상사학』 50.

박인석, 2018 「『유가론기』의 신라인법사(新羅因法師)와 신라국법사(新羅國法師) 연구」, 『불교학연구』 56.

박인석, 2019, 「『유가론기(瑜伽論記)』의 달사(達師) 연구」, 『범한철학』 94-3.

박인석, 2020, 「『유가론기』에 나타난 경사(景師)의 공(空) 이해의 특징」, 『한국불교학』 96.

박지선, 2013, 「고대 사경지 제작에 관한 연구」, 『서지학연구』 56.

박태화, 1965, 「신라 밀교 전래고」, 『불교사학논총:조명기박사화갑기념』, 동국대학교도서관.

박해현, 2003, 「신라 성덕왕대 정치세력의 추이」, 『한국고대사연구』 31.

박형국, 2000, 「경주 석굴암 제불상에 관한 불교도상학적 고찰」, 『신라문화제학술발표논문집』 21.

배금란, 2020, 「신라 관음신앙 연구 : 관음성현의 구조와 기능을 중심으로」, 서울대 종교학과 박사학위논문.

배영진, 2015, 「장안 광택사 칠보대의 십일면관음상과 회과의례」, 『석당논총』 61.

배현숙, 1980, 「고려시대의 비서성」, 『도서관학논집』 7.

백진순, 2017, 「『유가론기(瑜伽論記)』에 나타난 신라현법사(新羅玄法師)에 대한 연구」, 『불교학연구』 52.

변동명, 2010, 「신라의 관음신앙과 바다」, 『한국학논총』 34.

肥田路美, 2017, 「서안(西安)출토 전불(塼佛)의 제작 배경과 그 의의」, 『강좌미술사』 48.

石塚晴通·吳美寧, 2008, 「正倉院本 중의 新羅寫經」, 『구결연구』 20.

소현숙, 2022, 「천수관음신앙의 신라 유입 시기 재고－경전 한역 및 도상의 제작과 유통 양상을 통한 고찰」, 『한국고대사탐구』 42.

신동하, 2000, 「신라 불국토사상의 전개 양상과 역사적 의의」, 서울대 박사학위논문.

신동하, 2001, 「신라 불국토사상과 황룡사」, 『신라문화제학술발표논문집』 22.

신동하, 2008, 「신라 불국토사상과 일본 본지수적사상의 비교 연구－석종의식과 석가수적 사례를 중심으로」, 『인문과학연구』 14, 동덕여대 인문과학연구소.

신법타, 1976, 「십일면관음연구」, 『석림』 10.

신선혜, 2006, 「新羅 中古期 불교계의 동향과 僧政」, 『韓國史學報』 25.

신승오, 2006, 「7세기 新羅菩薩像 硏究」, 홍익대 미술사학과 석사학위논문.

신종원, 1992, 「신라 중고시대의 국가와 고승」, 『신라초기불교사연구』, 민족사.

신현숙, 1986, 「불국사의 가람배치와 불국토관」, 『불교사상』 28, 불교사상사.

심재관, 2011, 「인도-동남아시아의 해양 실크로드와 7-8세기 밀교의 확산」, 『아시아리뷰』 8-2(16).

안계현, 1980, 「삼국유사와 불교종파」, 『신라문화제학술발표논문집』 1.

여호규, 2014, 「6~8세기 신라 왕궁의 구조와 정무·의례 공간의 분화」, 『역사와 현실』 94.

여호규, 2019, 「삼국통일 전후 신라 도성의 공간구조 변화」, 『역사비평』 128.

오형근, 1978, 「신라 유식사상의 특성과 그 역사적 전개」, 『한국철학연구(상)』.

옥나영, 2017, 「신라시대 밀교경전의 유통과 그 영향」, 숙명여대 박사학위논문.

윤선태, 1995, 「정창원 소장 「신라촌락문서」의 작성연대 - 일본의 『화엄경론』 유통상황을 중심으로」, 『진단학보』 80.

윤선태, 2002, 「신라 중대의 성전사원과 국가의례」, 『신라문화제학술발표논문집』 23.

윤선태, 2007, 「목간으로 본 신라 왕경인의 문자생활」, 『신라문화제학술발표논문집』 28.

윤선태, 2015, 「신라 중대 성전사원과 밀교」, 『선사와 고대』 44.

이경화, 2014, 「석굴암 십일면관음의 교학적 해석」, 『불교미술사학』 17.

이근직, 2006, 「신라 왕경의 성립과 전개」, 『건축역사연구』 15-4.

이근직, 2010, 「신라 왕경의 형성과정과 사원」, 『동악미술사학』 11.

이기동, 2000, 「신라의 국제 개혁과 골품제적 권력구조의 제문제」, 『동국사학』 34.

이기영, 1973, 「7·8세기 신라 및 일본의 불국토사상 - 산악숭배의 사방불」, 『종교사연구』 2.

이도학, 2008, 「〈王興寺址 舍利器 銘文〉 분석을 통해 본 백제 위덕왕대의 정치와 불교」, 『한국사연구』 142.

이 만, 2010, 「신라의 불교의례와 발달」, 『불교학보』 55.

이미란, 2016, 「고대 동아시아 공역에서의 '공(功)'과 대구무술오작비」, 『대구사학』 124.

이세호, 2010, 「신라 중대 왕권과 밀교」, 『동국사학』 49.

이수훈, 1990, 「신라 승관제의 성립과 기능」, 『부대사학』 14.

이승혜, 2017, 「구미학계의 중국 밀교 논쟁: 연구사적 조망」, 『불교학연구』 53.

이연숙, 1995, 「일연의 『삼국유사』 편찬 의도에 관한 일고찰 - 신주편을 중심으로」, 『동의어문논집』 9.

이연승, 2003, 「중국의 고대 역법의 사상적 특징과 문화적 의미」, 『중국과 중국학』 1.

이영호, 1983, 「신라중대 왕실사원의 관사적 기능」, 『한국사연구』 43.

이영호, 1993, 「신라 성전사원의 성립」, 『신라문화제학술발표논문집』 14.

이영호, 2003, 「신라의 왕권과 귀족사회−중대 국왕의 혼인 문제를 중심으로」, 『신라문화』 22.

이현숙, 2003, 「7세기 신라 통일전쟁과 전염병」, 『역사와 현실』 47.

이현숙, 2009, 「신라 의학의 국제성과 의약 교류」, 『백산학보』 83.

이현태, 2023, 「신라 天柱寺의 위치 비정 재고」, 『영남학』 85.

이홍직, 1959, 「신라 승관제와 불교정책의 제문제」, 『백성욱박사송수기념불교학논문집』.

임평섭, 2020, 「진흥왕 집권 후반기 사방(四方) 의식의 표방과 불교의례−사방의 구심점으로서 '신라 만들기'」, 『역사와 경계』 115.

장 익, 2015, 「명랑의 문두루법과 진호국가밀교」, 『밀교학보』 16.

장 익, 2015, 「인도 밀교의 형성과정」, 『한국불교학』 74.

장지훈, 2001, 「신라 불교의 밀교적 성격」, 『선사와 고대』 16.

장호진, 2019 「新羅 皇福寺의 창건과 변천」, 『역사교육논집』 71.

전덕재, 2012, 「백제의 율령 반포 시기와 그 변천」, 『백제문화』 47.

정덕기, 2019, 「『삼국사기』 직관 상으로 본 신라 중대 성전의 구성 원리와 운영방식」, 『신라사학보』 49.

정덕기, 2021, 「신라 진평왕대 對隋 외교와 請兵」, 『신라사학보』 52.

정병삼, 1978, 「의상의 관음신앙」, 『동국사상』 10·11.

정병삼, 1982, 「통일신라 관음신앙」, 『한국사론』 8.

정병삼, 1995, 「통일신라 금석문을 통해 본 승관제도」, 『국사관논총』 62.

정병삼, 1996, 「인도와 한국의 관음신앙 비교 연구」, 『한국학연구』 6.

정병삼, 2002, 「고대 한국과 일본의 불교교류」, 『한국고대사연구』 27.

정병삼, 2005, 「8세기 신라의 불교사상과 문화」, 『신라문화』 25.

정병삼, 2011, 「『삼국유사』 신주편과 감통편의 이해」, 『신라문화제학술발표논문집』 32.

정여선, 2020, 「황룡사 회랑외곽의 공간구조 검토」, 『신라문화』 57.

정재영, 2014, 「新羅 寫經에 대한 硏究」, 『구결연구』 33.

정주동, 1970, 「한국불교문학연구−특히 향가의 불교문학적 성격」, 『경북대논문집』 14.

정천구, 2008, 「본지수적설(本地垂迹說)과 불국토사상의 비교−『불조통기』·『삼국유사』·『원형석서』를 중심으로」, 『정신문화연구』 110.

정혁수, 2016, 「문무왕의 絹布 규격 조정과 통일정책」, 『신라사학보』 38.

조준호, 2012, 「경전 상에 나타난 호국불교의 검토」, 『대각사상』 17.

차순철·최장미, 2006, 「2006년도 사천왕사지 발굴조사의 성과와 의의」, 『신라사학보』 8.

채상식, 1984, 「신라통일기의 성전사원의 구조와 기능」, 『역사와 경계』 8.

채상식, 1993, 「신라 승관제 이해를 위한 시론」, 『한국문화연구』 6.

채상식, 1993, 「한국 중세불교의 이해방향」, 『고고역사학지』 9.

채상식, 2003, 「한국 중세 불교의 이해 방향과 인식틀」, 『민족문화논총』 27.

채인환, 1983, 「신방(神昉)과 신라 지장예참교법(地藏禮懺敎法)」, 『한국불교학』 8.

채인환, 1985, 「신라시대의 정토교학」, 『한국정토사상연구』, 동국대출판부.

최민희, 2007, 「「의봉4년개토」 글씨기와를 통해본 신라의 삼국통일의식과 통일기년」, 『경주사학』 21.

최민희, 2007, 「신라 불국토사상의 정화(꽃)인 경주남산에 관한 고찰」, 『경주문화논총』 10.

최병헌, 1984, 「신라 불교사상의 전개」, 『역사도시 경주』.

최병헌, 1987, 「삼국유사에 나타난 한국고대불교사 인식」, 『삼국유사의 종합적 검토』, 한국정신문화연구원.

최병헌, 2019, 「신라 진흥왕대의 국가발전과 정치사상 – 진흥왕순수비·황룡사 장육존상 조성의 역사적 의의」, 『신라문화』 54.

최병현, 2016, 「경주 월성과 신라 왕성체제의 변천」, 『한국고고학보』 98.

최선아, 2016, 「주문, 상, 만다라: 밀교 의례의 전개과정」, 『인문과학연구논총』 37-4.

최선아, 2021, 「신라 陵墓와 추선 佛事 I – 서악동 고분군과 선도산 아미타삼존불입상」, 『신라문화』 59.

최연식, 2009, 「8세기 중엽 日本의 新羅 華嚴學 受容과 『華嚴(經)文義要決文答』」, 『구결연구』 23.

최연식, 2010, 「7-9세기 신라와 일본의 불교교류에 대한 연구동향 검토」, 『불교학리뷰』 8.

최연식, 2011, 「백제 후기의 불교학의 전개과정」, 『불교학연구』 28.

최연식, 2019, 「통일신라 시기 화엄학의 성격과 위상 – 의상의 화엄학은 어떻게 통일신라 불교계의 주류가 되었나」, 『역사비평』 128.

최영성, 1995, 「최치원과 불교사상 – 불교와 관련한 종합적 고찰」, 『동양고전연

　　　구』5.

최영성, 2010, 「新羅 鍪藏寺碑의 書者 硏究」, 『신라사학보』 20.

최완수, 2006, 「불국사와 석굴암」, 『석림』 40, 동국대 석림회.

최원식, 1992, 「신라 의적의 범망보살계관」, 『하석김창수교수화갑기념사학논
　　　총』.

최재석, 1996, 「8세기 日本의 佛經 수입과 統一新羅」, 『한국학보』 22-2.

하일식, 2009, 「무술오작비 추가 조사 및 판독 교정」, 『목간과 문자』 3.

한영화, 2020, 「신라 예부의 성립과 운영」, 『인문과학』 76.

한정호, 2022, 「분황사 석탑의 중수와 사리장엄구」, 『신라문화』 61.

함윤아, 2021, 「포항 법광사 건립과 중창에 대한 일고찰」, 『지역과 역사』 49.

홍승기, 1976, 「관음신앙과 신라사회」, 『호남학』 8.

홍승우, 2009, 「백제 율령 반포 시기와 지방지배」, 『한국고대사연구』 54.

황상일, 2013, 「고대국가 사로국과 신라의 수도 경주의 입지에 미친 지형 특성」,
　　　『한국지형학회지』 20-3.

황수영, 1968, 「경주 전황복사지의 제문제」, 『미술사학연구』 97.

4) 국외 논저

江田俊雄, 1934, 「新羅の遁倫と倫記所引の唐代諸家」, 『宗敎硏究』 11-3, 日本宗敎學
　　　會.

鎌田茂雄, 1999, 『中國佛敎史6－隋唐の佛敎(下)』, 東京大學出版會.

國際佛敎學大學院大學 日本古寫經硏究所, 2013, 『日本古寫經善本叢刊 第5集 書陵部
　　　藏 玄一撰 無量壽經記』.

堀紙春峰, 1973, 「華嚴經講說よりまた良弁と審祥」, 『南都佛敎』 31.

渡辺章悟, 2010, 「大乘敎團のなぞ」, 『新アジア佛敎史02 インドⅡ－佛敎の形成と展開』,
　　　佼成出版社.

渡邊顯正, 1978, 『新羅憬興師述文贊の硏究』, 永田文昌堂.

東國大學校 佛敎文化硏究所 編, 1982, 『韓國佛書解題辭典』, 東京 : 國書刊行會.

藤善眞澄, 2002, 『道宣傳の硏究』, 京都大學學術出版會.

呂建福, 1995, 『中國密敎史』, 中國社會科學出版社.

武內紹晃, 1987, 「唯識學と淨土敎」, 龍谷大學敎學會編, 『山岐敎授定年記念－唯識思
　　　想の硏究』.

福士慈稔, 2010-2013, 『日本佛敎各宗の新羅·高麗·李朝佛敎認識に關する硏究』 第1권

·제2권상·제2권하·제3권, 山梨 : 身延山大學.

山本信吉, 2012, 「日本における新羅寫経の發見と古代日本·朝鮮寫経」, 『書誌學報』 39.

森雅秀, 2002, 「インドの不空羂索觀音像」, 『佛敎藝術』 262.

上田晃圓, 1982, 「唯識の觀法にみる此土淨土」, 『宗敎硏究』 55-3.

石田茂作, 1966, 『(寫經より見たる)奈良朝佛敎の硏究』, 東洋文庫.

石井公成, 1990, 「朝鮮佛敎における三論敎學」, 『三論敎學の硏究』, 春秋社.

釋惠敏, 1997, 「「心淨則佛土淨」之考察」, 『中華佛學學報』 10.

水谷幸正, 1971, 「淨佛國土思想について」, 『日本佛敎學會年報』 37, 日本佛敎學會.

勝又俊敎, 1938, 「瑜伽論記に關する二三の問題」, 『佛敎硏究』 2-4, 大東出版社.

新川登龜男 編, 2015, 『仏敎文明と世俗秩序-國家·社會·聖地の形成』, 勉誠出版.

顔娟英, 2006, 「唐代十一面觀音圖像與信仰」, 『佛學硏究中心學報』 11.

王　雪, 2019, 「道宣撰『集古今仏道論衡』の日本古寫經本」, 『仙石山仏敎學論集』 11.

王　雪, 2019, 「道宣撰『集古今仏道論衡』の日本古寫経本について」, 『印度學佛敎學硏究』 149.

王招國(定源), 2018, 「敦煌遺書所見新羅義寂『菩薩戒本疏』寫本考述」, 『불교학보』 82.

林香奈, 2005, 「基の彌陀佛身觀」, 『印度學佛敎學硏究』 54-1.

定　源, 2010, 「敦煌寫本より發見された新羅元曉の著述について」, 『불교학리뷰』 7.

齊藤舜健, 1995, 「傳慈恩大師撰『阿彌陀經疏』の佛身佛土論」, 『印度學佛敎學硏究』 43-2.

爪生津隆眞, 1993, 「淨佛國土と菩薩道」, 『日本佛敎學會年報』 58.

陳昱珍, 1992, 「道世與『法苑珠林』」, 『中華佛學學報』 5.

眞田康道, 1990, 「「心淨きに隨いて佛土淨し」について」, 『印度學佛敎學硏究』 39-1.

村上眞瑞, 1985, 「『釋淨土群疑論』における阿彌陀佛の佛身佛土」, 『印度學佛敎學硏究』 34-1.

春日禮智, 1973, 『新羅佛敎硏究』, 山喜房佛書林.

平岡定海, 1972, 「新羅の審祥の敎學について」, 『印度學佛敎學硏究』 40.

平川彰 外編, 1985, 『講座 大乘佛敎5－淨土思想』, 東京 : 春秋社.

韓普光, 1991, 『新羅淨土思想の硏究』, 東方出版.

惠谷隆戒, 1976, 「新羅法位撰無量壽經義疏の復元について」, 『淨土敎の新硏究』, 山喜房佛書林.

黑田俊雄, 1987, 「王法佛法相依論の軌跡」 『國王と天皇』, 春秋社.

(財)なら·シルクロード博記念國際交流財團/シルクロード學硏究センター, 2001, 『觀音菩薩像の成立と展開─変化觀音を中心にインドから日本まで』(シルクロード學硏

究 Vol.11).

Henrik H. Sørensen, On the Sinin and Ch'ongji Schools and the Nature of Esoteric Buddhist Practice under the Koryŏ, *International Journal of Buddhist Thought & Culture* Vol.5, 2005, pp.52-53.

Youn-mi Kim, "(Dis)assembling the National Canon: Seventh-Century "Esoteric" Buddhist Ritual, the Samguk Yusa, and Sach'onwang-sa." *In New Perspectives on Early Korean Art: From Silla to Koryŏ* (Cambridge, MA: Korea Institute, Harvard University, 2013).

찾아보기

지은이 | **박광연** Kwangyoun Park

이화여자대학교 사학과 졸업. 동 대학원 문학박사. 한국고대사, 불교사상사 전공. 서울대학교 규장각한국학연구원 박사후연구원 역임. 동국대학교 불교문화연구원 HK연구교수 역임. 현재 동국대학교 WISE캠퍼스 국사학과 조교수. 동국대학교 신라문화연구소 소장.

논저 | 『신라 법화사상사 연구』(2013, 혜안), 『테마한국불교 1~7』(2013~2019, 동국대출판부, 공저), 『동아시아한국불교사료-중국문헌편』(2014, 동국대출판부, 공역), 『동아시아한국불교사료-일본문헌편』(2015, 동국대출판부, 공역), 『동아시아 종파불교-역사적 현상과 개념적 이해』(2016, 민족사, 공저), 『거란 불교사 연구』(2020, CIR, 공역) 등의 저서와 번역서가 있다. 진표(眞表)와 신라 찬술문헌들에 대한 관심에서 출발하여 신라 불교문화의 글로컬리티를 찾아가고 있다. 최근에는 불교교단, 미륵, 보살계, 신라하대 불교문화, 불교사 사료 비판 및 활용에 대해 연구하고 있다.

전쟁의 종식과 신라 불교계의 변화

박광연 지음

2023년 10월 30일 초판 1쇄 발행

펴낸이·오일주
펴낸곳·도서출판 혜안
등록번호·제22-471호
등록일자·1993년 7월 30일

주   소·⑉ 04052 서울시 마포구 와우산로 35길3(서교동) 102호
전   화·3141-3711~2 / 팩시밀리·3141-3710
E-Mail·hyeanpub@daum.net

ISBN 978-89-8494-705-4 93910

값 26,000 원

이 저서 또는 논문은 2018년 대한민국 교육부와 한국연구재단의 지원을 받아 수행된 연구임 (NRF-2018S1A6A4A01038748)

This work was supported by the Ministry of Education of the Republic of Korea and the National Research Foundation of Korea(NRF-2018S1A6A4A01038748)